VOSOTRAS, SEÑORAS Y SEÑORÍAS

Lucía García Vega

Primera edición: diciembre 2017

Diseño de interior y de cubierta: Lucía García Vega

Fotografías de cubierta: *La Esfera* (Madrid), 17 de marzo de 1928 y 13 de julio de 1929.

Impreso por *CreateSpace*

ISBN: 978-84-697-7894-4

Depósito legal: C. 2023-2017

INTRODUCCIÓN

Señaladamente vosotras, señoras. Estas fueron las primeras palabras con las que se les dio la bienvenida institucional a las mujeres recién incorporadas a la Asamblea Nacional Consultiva. Las pronunció José Yanguas Messía[1], el entonces presidente de la Mesa de la Asamblea Nacional, en la sesión plenaria celebrada el 10 de octubre de 1927, con la que se inauguraba la legislatura 1927-1929. Su saludo lo completó con un enunciado breve, pero no por ello exento de contenido: "vuestra exclusión, sobre ser injusta, hacía la obra legislativa incompleta y fragmentaria".

La abstracción de ellas, descartando, rechazando y negando la posibilidad de alzar su voz era, cuando menos, algo arbitrario, irrazonable, indebido y poco procedente en el contexto político español del primer cuarto del siglo XX. El régimen político dictatorial de Miguel Primo de Rivera[2], en lo que a la visibilidad de la mujer en el ámbito político se refiere, aspiraba a corregir la falta de disposición del ánimo que mueve a dar a cada uno lo que merece, al tiempo que pretendía la realización de una obra legislativa acabada, cabal y perfecta.

Sin lugar a duda, la incorporación femenina a las Cortes españolas fue oportuna, en tanto en cuanto fue adecuada y conveniente coyunturalmente; igualmente podría tildarse de oportunista, toda vez que dicha integración se acomodó a las circunstancias, digamos que un tanto especiales, y de lo cual se sacó un rédito político notable.

---

[1] Nació en Linares (Jaén) el 25 de febrero de 1890 y falleció el 30 de junio de 1974 en Madrid. Catedrático de Derecho Internacional de la Universidad de Madrid, fue elegido ministro de Estado desde el 3 de diciembre de 1925 al 20 de febrero de 1927. Ocupó la Presidencia de la Mesa de la Asamblea Nacional Consultiva desde el 10 de octubre de 1927 al 6 de julio de 1929. Poseía el título nobiliario de vizconde de Santa Clara de Avedillo.

[2] Nacido en Jerez de la Frontera (Cádiz) en 1870 y fallecido en París en 1930. Presidente del Consejo de Ministros (1925-1930) y ministro de Estado (1927-1928). También se le conocía por el título nobiliario de marqués de Estella.

5

La primera mujer en el uso de la palabra fue la malagueña Concepción Loring Heredia, marquesa de la Rambla. Lo hizo en la sesión plenaria celebrada el 23 de noviembre de 1927, cuya intervención tendremos oportunidad de analizar a lo largo de estas páginas. Terminado su discurso trascendental e histórico, el presidente de la Mesa de la Asamblea dedicó las palabras siguientes, a modo de saludo, a todas aquellas mujeres que se encontraban allí en aquel momento:

Antes de declarar terminada esta interpelación, cumplo un deber, interpretando, estoy seguro de ello, el sentir unánime de la Cámara al asociarme en nombre de ella a la salutación que los Sres. ministro de Instrucción Pública y presidente del Consejo de Ministros han dirigido a la Sra. marquesa de la Rambla, que en su rectificación acaba de demostrarnos lo mal que hizo antes en leer sus cuartillas. (*Muy bien. Aplausos.*) Cumplo, además, el deber de añadir algo que desde el banco azul no podía decirse, y es que la interpelación de la Sra. marquesa de la Rambla prueba el acierto que el Gobierno tuvo al traer a la mujer a esta Asamblea, porque la interpelación de la Sra. marquesa de la Rambla demuestra que el sentir, el eco, la palpitación de un sector de la sociedad española tan sano, y que antes no podía dejarse oír, como es el de la mujer, encuentra hoy aquí voz de expresión entusiasta y convencida. Y prueba de que esta voz tan femenina de la Sra. marquesa de la Rambla no es una manifestación individual, aislada, sino que recoge el sentir de ese gran sector femenino, es cómo se hallan hoy esas tribunas, tan repletas de una manifestación numerosísima del bello sexo, que pone de relieve el interés que le inspira un tema como el que la Sra. marquesa de la Rambla ha traído a la Asamblea, pasando por el sacrificio que supone para estas señoras y señoritas, no solo el permanecer largo rato soportando la incomodidad de esos asientos, sino el estar silenciosas. (*Risas. Aplausos.*).[3]

Unos meses más tarde de haber sucedido esto, a continuación de la disertación hecha por la diputada María López de Sagredo, el presidente de la Mesa de la Asamblea valoraba, de nuevo, la comparecencia femenina en el Congreso, y lo expresaba de la forma siguiente:

La interpelación de la Srta. López de Sagredo ha servido para que la Asamblea se ocupe de un problema de vital interés y para que por las manifestaciones del señor ministro de la Gobernación y de los demás señores asambleístas que han intervenido, la Asamblea y la Nación conozcan la labor del Gobierno y se preocupen de este problema tan trascendental para España.
Al mismo tiempo, esta intervención de la señorita López de Sagredo ha venido a confirmar la impresión que la Asamblea tenía de cómo la colaboración femenina dentro de ella es útil y eficaz.

---

[3] *Diario de las Sesiones*, núm. 3, 23 de noviembre de 1927, p. 58.

Tuve ocasión de declarar, complacido, cuando la primera señora asambleísta, la Sra. marquesa de la Rambla, intervino tan acertadamente en nuestras deliberaciones, que su acertada intervención había venido a demostrar hasta qué punto el Gobierno obró con acierto al traer a la mujer a la Asamblea Nacional. Aquello podía ser una promesa, puesto que era un valor individual, de la Sra. marquesa de la Rambla; pero, después, todas las señoras asambleístas que aquí han hablado han confirmado que no se trata de un valor individual aislado, sino que en la Asamblea la representación femenina está a la altura de su misma representación, y además, que con su exquisita sensibilidad la mujer sabe ver problemas que quizá a los ojos del hombre no aparecen con la importancia y finura que ella los percibe; aquí nuestras deliberaciones serían incompletas si no se escuchara la voz de la mujer para ilustrarnos y para colaborar con nosotros en esta obra de progreso nacional en todos los aspectos. Esta obra sería incompleta, repito, si mirásemos tan solo a uno de los sexos, porque aquí debemos mirar a España toda, y España toda son tanto las mujeres como los hombres, y las mujeres, no solamente por lo que a su sexo se refiere, sino porque son las madres de los hombres del mañana, pueden contribuir y vienen demostrando cómo saben hacerlo y que están a la altura de su misión, pueden contribuir, digo, a la obra nuestra. Lo que antes era una esperanza hoy es una consoladora realidad; teníamos todo el deseo, el anhelo de ver el resultado de la experiencia. Pues bien, la experiencia está hecha y creo que esta enseñanza, lo mismo para este régimen que para todos los que vengan detrás, es prueba evidente de que la mujer tiene su puesto señalado en todos aquellos sitios donde se ventilan los altos intereses de la patria. (*Muy bien. Aplausos.*).[4]

Real Decreto de 8 de marzo de 1924

El avance que supuso la integración femenina en el ámbito político español del pasado siglo es deudor, en buena parte, de un Real Decreto de 8 de marzo de 1924, a través del que se fijaban los supuestos teóricos del sufragio activo y del sufragio pasivo femeninos, entre otros aspectos, de cara a las elecciones municipales previstas para el año siguiente, esto es, las de 1925. Mas el contraste experimental no fue posible en aquella ocasión, y los referidos comicios no llegaron a celebrarse nunca.

Ahora bien, lo que sí se alcanzó fue el tan ansiado objetivo de la elegibilidad municipal femenina, que culminó con su representación institucional, algo inimaginable no mucho tiempo antes de que se produjese. Algunas de ellas ejercieron los cargos de alcaldesas —no muchas, la verdad—, también de concejalas e incluso hay algún caso de teniente de alcalde.

Sin ninguna vacilación, habría que considerar esto como una experiencia decisiva en el camino arduo de la lucha por la igualdad de los derechos de la

---

[4] *Diario de las Sesiones*, núm. 14, 15 de febrero de 1928, pp. 516-517.

mujer. De tal forma, uno de los pilares del capítulo II de este Real Decreto, dedicado a la elección de concejales, en su sección tercera, esta relativa a los concejales de elección popular, fue precisamente el artículo 51, en el que se contemplaba lo siguiente:

> Serán electores en cada municipio los españoles mayores de veintitrés años, y elegibles los mayores de veinticinco que figuren en el censo electoral formado por el centro correspondiente del Estado. Tendrán el mismo derecho de sufragio las mujeres cabeza de familia, con cuyos nombres se formará un apéndice al censo electoral de cada municipio. Figurarán en este apéndice las españolas mayores de veintitrés años que no estén sujetas a patria potestad, autoridad marital ni tutela, y sean vecinas, con casa abierta, en algún término municipal.[5]

En cuanto a las cláusulas exigidas para el cometido de edil, estas se precisaron en el artículo 84, integrado en el capítulo III del texto citado anteriormente. La elegibilidad quedaba entonces subordinada a tres hipótesis: la primera, estar en el censo electoral del respectivo municipio; la segunda, saber leer y escribir, excepto en los municipios de menos de mil habitantes; la tercera, tener veinticinco años. Eran elegibles las mujeres cabeza de familia, mientras no perdiesen esa condición, y siempre y cuando reuniesen los requisitos enumerados en el párrafo anterior[6].

Real Decreto de 12 de septiembre de 1927

Como ya se ha indicado, las elecciones municipales previstas para 1925 nunca llegaron a oficiarse. Dos años más tarde, se elaboró un Proyecto de Real Decreto Ley que el Consejo de Ministros, por mediación de su presidente, Miguel Primo de Rivera, remitió a la Casa Real para someterlo a su aprobación el 12 de septiembre de 1927.

El artículo 1 decía que el segundo lunes de octubre de 1927 se reuniría en el Palacio del Congreso de los Diputados de Madrid una asamblea deliberante, integrada por una variedad de representaciones, y a la que se le encomendaría una diversidad de asuntos. Estaría dirigida y encauzada por el Gobierno, si bien dotada de prerrogativas y facultades propias. Su misión prioritaria sería la de preparar y presentar al Gobierno, en el plazo de tres años y con carácter de anteproyectos, una legislación general y completa con el fin de someterla a un contraste de opinión pública.

Una primera cuestión, que salta a la vista en el texto, es precisamente la

---

[5] *Gaceta de Madrid*, núm. 69, 9 de marzo de 1924, p. 1226.

[6] *Ibid.*, pp. 1929-1930.

intención de que la asamblea aludida fuese *deliberante*. Es decir, se entiende que tomaría por mayoría de votos aquellos acuerdos que trascienden a la vida de una colectividad con eficacia ejecutiva. Como no podría ser de otra forma, este conjunto de personas estaría integrado no solo por el género masculino, sino también por el femenino. No sería razonable pretender algo diferente a esta realidad; en caso contrario, se estaría ante una situación incongruente y contradictoria.

Un segundo asunto para tener en cuenta es el relativo a la composición de la Asamblea, al que se le dedicó el artículo 16 del referido decreto. Se proyectó de la forma siguiente: un representante municipal y otro provincial por cada una de las provincias españolas, elegidos entre alcaldes o concejales; un representante por cada organización provincial de Unión Patriótica; representantes del Estado a los que se les confería carácter de asambleístas; representantes por derecho propio, en función de cargos y categorías; y representantes de la cultura, la producción, el trabajo, el comercio y demás actividades de la vida nacional.

Dicho esto, de las dieciocho mujeres que son objeto de este estudio, dieciséis fueron elegidas de la categoría de representantes de actividades de la cultura, la producción, el trabajo, el comercio y demás actividades de la vida nacional. Esta representación la designaba libremente el Gobierno, si bien se realizaba de forma equitativa entre las Academias Españolas de la Historia, de Bellas Artes de San Fernando, de Ciencias Morales y Políticas, de Medicina y de Jurisprudencia, entre la enseñanza en sus distintos grados, entre la agricultura, la industria y el comercio, entre la prensa y, en general, entre lo que pudiese representar algún tipo de manifestación de los intereses importantes de los ciudadanos.

Las dos mujeres restantes, que completarían la cifra de las dieciocho nominadas, fueron seleccionadas como representantes del Estado. Como en el caso anterior, el nombramiento le correspondía hacerlo al Gobierno, inclinándose por directores generales y representantes de consejos, patronatos u otros organismos de categoría similar.

En síntesis, la mujer, en genérico, estuvo representada en la Asamblea Nacional Consultiva por concejalas de Ayuntamientos, miembros de la burguesía y de la aristocracia, y personalidades distinguidas del ámbito de la cultura.

Pero, si se practica una lectura pausada y cuidada de dicho artículo 16, podrá cotejarse a las claras que no hubo representación femenina ni de las provincias, ni de los municipios, ni tampoco de las Uniones Patrióticas. Valórese, por tanto, la ausencia total de mujeres portavoces de estos sectores de la sociedad española del primer tercio del siglo XX, algo que para nada es insustancial, como se verá en este estudio.

Tampoco debe caer en saco roto otro aspecto esencial para comprender el desarrollo político de la Asamblea Nacional. Nos referimos al caso específico de la elección de cargos, detallada en el artículo 11 del Real Decreto. En él se precisó que la Asamblea tendría un presidente, cuatro vicepresidentes y cuatro secretarios. Era competencia del Gobierno los nombramientos del presidente, de los vicepresidentes primero y tercero, y de los secretarios primero y tercero. Por su parte, la Asamblea votaría para elegir a los vicepresidentes segundo y cuarto, e igualmente a los secretarios segundo y cuarto.

Esta proyección teórica dio como resultado que solamente una mujer fuese escogida para desempeñar el puesto de secretaria segunda. Y esto indudablemente es un matiz muy para tener en cuenta a la hora de analizar el proceso de integración femenina al mundo de la política española, que, como señalábamos en las líneas anteriores, no se trata de algo nimio o superficial, sino todo lo contrario.

Estructura del libro

Al prefacio, a través del que se presentan los asuntos principales que se abordan a lo largo de la obra, le sigue el capítulo **Tuvieron la palabra**. Nos hemos valido de él para trazar el camino político por el que transitaron las dieciocho precursoras que acudieron en calidad de embajadoras a la Asamblea Nacional Consultiva.

Las agasajadas son: Dolores Cebrián y Fernández de Villegas, Esperanza García de Torres, María Domènech Escotet, Clara Frías Cañizares, Isidra Quesada y Gutiérrez de los Ríos, Trinidad von Scholtz-Hermensdorff Beer, Concepción Loring Heredia, Micaela Díaz Rabaneda, María de Echarri Martínez, María López Monleón, María López de Sagredo, Teresa Luzzati Quiñones, María Dolores Perales y González Bravo, Natividad Domínguez Atalaya, Carmen Cuesta del Muro, María de Maeztu Whitney, Josefina Oloriz Arcelus, Blanca de los Ríos Nostench.

A continuación, se inserta el capítulo **Señoras y señorías**, en donde el lector podrá encontrar las reseñas biográficas de cada una de las diputadas objeto de este estudio, además de mostrarse el rol político que desempeñaron a través de sus intervenciones asamblearias.

El epígrafe **Conclusiones** se ha ideado con la intención de ser la culminación interpretativa de las materias delineadas en el apartado **Tuvieron la palabra**, con el fin de integrar y de dar continuidad a los asuntos esenciales analizados en la obra.

Por último, en la **Bibliografía** se brinda la posibilidad de ahondar, si se quiere y según los intereses de cada cual, en aquellos temas que hayan podido despertar la curiosidad del lector.

¿Por qué ellas, aquí y ahora?

Actualmente se cumple el noventa aniversario del hito político que supuso la designación, directa o indirecta por el Gobierno de Miguel Primo de Rivera, de dieciocho representantes femeninas que ocuparon tribunas en la Asamblea Nacional Consultiva, cuyos primeros pasos se dieron en octubre de 1927.

Es cierto que no es lo mismo ser que estar. Pero, en esta ocasión, sí se han ganado por méritos propios su espacio bibliográfico; están todas las que son y son todas las que están.

Aunque pueda sorprender, e incluso tornarse inexplicable, este tipo de temática no abunda en la bibliografía española. Ya de por sí, esta sería una razón que justificaría un estudio de este tipo.

Otro de los motivos es la necesidad de realizar una lectura retrospectiva y amena acerca del despertar político femenino en la España de comienzos del siglo XX.

O, dicho de otra manera, en estas páginas se ha dado preferencia a la elaboración de un texto sobre una época y unas circunstancias especialmente sugestivas, presentándose a la mente ávida de lectura de una forma atractiva y prometedora.

En consecuencia, me dirijo a usted, lector, y lanzo al aire las preguntas siguientes:

¿Sabía que la primera mujer que habló en el Congreso de los Diputados fue Concepción Loring y Heredia?

¿Sabía que María López de Sagredo fue una de las primeras concejalas del Ayuntamiento de Barcelona?

¿Sabía que Carmen Cuesta del Muro fue una de las primeras abogadas registradas en el Colegio de Abogados de Madrid, y que fue la primera doctora en Derecho de España, además de ser la primera mujer en ocupar el cargo de secretaria del Congreso?

¿Sabía que Micaela Díaz Rabaneda, Dolores Perales o María de Echarri fueron las primeras ediles del Ayuntamiento de Madrid?

¿Sabía que bajo el seudónimo de Josep Miralles se ocultaba María Domènech, la primera inspectora auxiliar de Trabajo de España?

¿Sabía que la Residencia de Señoritas de la madrileña calle Fortuny estuvo dirigida por María de Maeztu, en donde se fomentó la enseñanza universitaria femenina y en donde se crearon el Lyceum Club Femenino y la Asociación Universitaria Femenina?

¿Sabía que la escritora Blanca de los Ríos firmó sus primeros textos literarios como Carolina del Boss?

¿Sabía que la concejala del Ayuntamiento de San Sebastián Josefina Oloriz

11

fue una de las primeras tenientes de alcalde de España?

Por nuestra parte, solo resta añadir que aspiramos a que las páginas siguientes valgan, aunque sea de manera mínima, para cumplir con un justo reconocimiento a todas y a cada una de ellas.

TUVIERON LA PALABRA

Casi todas estas diputadas —no decimos todas, porque algunas no participaron en ninguna de las sesiones de la Asamblea Nacional Consultiva— desempeñaron el papel indispensable de servir de intermediarias para exponer ya no solo una serie de demandas que la sociedad española del primer cuarto del siglo XX reclamaba desde antiguo, sino también, y tanto o más importante que lo anterior, para acercar los problemas cotidianos a una élite política, con demasiada frecuencia anárquica —en su acepción de no estar sometida a ninguna autoridad— y a menudo distanciada del día a día de millares de españoles.

La actuación femenina en las Cortes, en general, se orientó hacia temas bastante específicos, de una marcada naturaleza filantrópica, social y educativa. Excepto algún caso puntual, que quiso parecer política sin serlo o que fue política sin parecerlo, todo indica que la mayoría de las intervinientes deseaban realmente lograr cambios palpables, eficaces, de los que la sociedad en su conjunto pudiese beneficiarse.

Pese a que hoy resulte difícil de entender, explicar o concebir, algunas de ellas defendieron un rol femenino tradicional, doctrinario y catolizado en exceso. No obstante, la mayoría tuvo como prioridad política el mejorar las condiciones de vida del agraviado género femenino, perjudicado desde la noche de los tiempos.

Como posiblemente podrá intuir el lector de estas líneas, no fueron pocas las cuestiones planteadas por ellas en la Asamblea y que resultaron ser, si no desoídas, sí desleídas con destreza en el ámbito de la diplomacia, casi siempre etéreo y astuto, y al que cabe, en esta ocasión, calificar de virilizado, partidista e inmóvil.

De esta manera, las respetables diputadas precursoras llegaron a ocupar sus escaños, si se nos permite el uso metafórico, todavía desperezándose de la somnolencia secular en la que permanecía la mujer en genérico. Asomaba, entonces, el albor de un nuevo tiempo para la actividad política femenina española. Con paciencia, aguantaron unas sesiones parlamentarias en las que hubo desde malabarismos retóricos, pasando por subterfugios envueltos en una semántica hábil y cortés, hasta la más pura exhibición de una elocuencia de acentuada masculinidad.

Sobre esto último, sirva de ejemplo el comentario siguiente realizado por el presidente de la Asamblea: "el sacrificio que supone para estas señoras y señoritas no solo el permanecer largo rato soportando la incomodidad de esos asientos, sino el estar silenciosas. (*Risas. Aplausos.*)"[7]. Juzguen ustedes mismos.

Yendo más allá del mero chascarrillo que pueda surgir en torno a lo anterior, las interpelaciones de las asambleístas, y que despiertan un mayor interés en la mirada crítica actual, se cimentaron sobre asuntos sustanciales relacionados con el género. Así, por ejemplo, la protección de la mujer y del niño o los derechos civiles femeninos fueron objeto de una preminencia notoria. En mayor o en menor medida, y con los pocos medios que tenían a su alcance, todas y cada una de ellas se enfrentaron a este tipo de desafíos.

Lo que comenzó siendo un imperativo patriótico, por tanto, denotando exigibilidad, fue normalizándose a lo largo de los años. Hoy, noventa años después, echamos la vista atrás y nos situamos en el inicio del camino emprendido por Concepción Loring aquel 23 de noviembre de 1927.

A continuación, se exponen los núcleos temáticos que fueron —y siguen siendo en muchos casos— objeto de reivindicación de la mujer.

Maternidad

Concepción Loring presentaba una moción para la creación de escuelas prácticas de matronas en la sesión plenaria del 23 de mayo de 1928. Con su propuesta, se pretendía alcanzar el objetivo primordial de garantizar la maternidad social, principalmente, a dos niveles, el sanitario y el benéfico. Manifestaba su descontento por la situación tan deplorable en la que muchas mujeres tenían que dar a luz, tanto en el medio rural como también en el ámbito urbano.

Para Loring ya no solo era necesario, sino apremiante, el incremento de la natalidad en España; lo mismo cabe decir sobre la reducción inaplazable de la mortalidad y la morbilidad infantiles. Con el fin de paliar, en parte, esta problemática sociológica, veía en el perfeccionamiento y en la difusión de la enseñanza profesional de las matronas una solución factible a corto y a largo plazos. Por ello solicitaba un aumento del número de comadronas, a la par que una mayor asistencia social y económica para aquellas mujeres gestantes con menos recursos.

---

[7] *Diario de las Sesiones*, núm. 3, 23 de noviembre de 1927, p. 58.

Le pedía al Gobierno que hiciese cumplir a los Ayuntamientos el artículo 41 del Reglamento de Sanidad Municipal, promulgado por el Real Decreto de 9 de febrero de 1925: "En cada partido médico será obligatorio disponer de un servicio municipal de matronas o parteras para la asistencia gratuita de las embarazadas pobres, consignando en presupuestos el haber oportuno. El servicio de partos se establecerá en los partidos rurales, bajo la dirección del médico titular, y en las grandes poblaciones a base de médicos tocólogos y comadronas".

En la misma sesión plenaria del 23 de mayo de 1928, Micaela Díaz Rabaneda ratificaba la intervención de Concepción Loring, al tiempo que sugería la puesta en marcha de consultorios prenatales dentro de las escuelas de matronas, destinados, sobre todo, a informar y a orientar a las más jóvenes, muchas de ellas abocadas a interrumpir la gestación.

En este sentido, los seguros de maternidad despertaban un interés especial en varias de las diputadas, compartiendo con el resto de la Asamblea su preocupación por proteger a las madres y a sus hijos. De tal forma, el 30 de enero de 1929 se leyeron y pasaron a la sección 14.ª (Acción Social, Sanidad y Beneficencia) unas enmiendas de María López Monleón al dictamen sobre el Proyecto de Seguro de Maternidad.

Por su parte, María López de Sagredo intervenía en la sesión celebrada el 31 de enero de 1929. En aquel momento, exponía su conformidad a que el seguro de maternidad le otorgase a la mujer el derecho a tener seis semanas antes y después del parto. Sin embargo, lo que en la teoría era un logro extraordinario para la mujer, en la práctica, implicaba soportar una situación laboral adversa. Y, precisamente, las menos indicadas para sufrir infortunios, es decir, las embarazadas o las recién estrenadas madres, eran las más perjudicadas; estas eran reemplazadas habitualmente por trabajadoras sin cargas familiares.

Esta diputada se quejaba de la falta de medios para llevar a cabo políticas sociales en torno al amparo de los recién nacidos. Muchos de ellos estaban afectados a causa de una nutrición deficiente o, en los supuestos más dramáticos, a consecuencia del desarrollo de enfermedades congénitas, algo que, sin duda, podría evitarse con unas atenciones mínimas.

En este orden de cosas, habría que prestar atención al discurso pronunciado por Natividad Domínguez Atalaya el 13 de diciembre de 1928, centrado en la fundación de la Escuela Provincial de Puericultura de Valencia por una Real Orden de 31 de diciembre de 1925. Dos días antes, había presentado una enmienda al Proyecto de Presupuestos del Estado para 1929 y 1930, a través de la que solicitaba un aumento de treinta mil pesetas para la referida Escuela Provincial de Valencia.

La finalidad de esta institución, dependiente de la Escuela Nacional de Puericultura de Madrid, era velar por la salud de la madre y por el pleno desarrollo físico del niño. Se concedía preferencia a aspectos tan esenciales como son el aprendizaje y la práctica de una higiene y una alimentación adecuadas. Con ello se aspiraba a paliar la desgarradora cifra de doscientos mil niños muertos al año en España. Visto el estado de la cuestión, no era desacertada la solicitud de establecer escuelas de puericultura en cada una de las provincias españolas.

En referencia al apoyo laboral femenino, la asambleísta María Dolores Perales requería una subvención de seis mil pesetas el 11 de diciembre de 1928, en concreto, destinada a la bolsa de trabajo que funcionaba en la Protección al Trabajo de la Mujer. Y en la misma sesión plenaria, María de Echarri demandaba del Ministerio de Instrucción Pública un donativo de veinticinco mil pesetas para la Federación de Sindicatos Obreros Femeninos.

Beneficencia y derechos de la mujer

María López de Sagredo participó en el debate sobre el Plan General de Organización de la Beneficencia en la sesión plenaria que tuvo lugar el 15 de febrero de 1928. En aquella ocasión, recurría al Consejo Superior de Protección a la Infancia para pedir el incremento de guarderías, de salas cuna y de parques infantiles cerca de los grandes núcleos industriales y fabriles. Su intención política era velar por el bienestar de los más jóvenes, cuyos padres se veían incapaces de conciliar los horarios laboral y familiar.

En torno a un asunto más relacionado con el proletariado femenino, López de Sagredo lanzaba la propuesta de establecer comedores gratuitos o subvencionados cerca de los lugares de trabajo, en los que, aparte de vigilar la alimentación de las mujeres encinta, se les proporcionase un espacio para la lactancia.

Esta asambleísta defendió desde su escaño el cometido que tenían los institutos de reeducación para personas ciegas y sordomudas. En ellos se velaba para que pudiesen llevar una vida lo más normal posible y, sobre todo, se pretendía ofrecerles una formación útil de cara a su integración laboral.

Otra de las sugerencias hechas al Gobierno fue la de sustituir los asilos por las casas de familia para evitar las frecuentes situaciones de hacinamiento, entre otras cosas.

Asimismo, María López de Sagredo tuvo la oportunidad de explicar su forma de entender el reparto de los servicios de beneficencia, apelando a un sentido de equidad entre instituciones: "Los Ayuntamientos pagarían las estancias en sanatorios, hospitales, manicomios o asilos, de sus vecinos pobres; las Diputaciones tomarían a su cargo la construcción, sostenimiento y habilitación de los centros de beneficencia; el Estado acudiría en auxilio de las Diputaciones cuyos medios económicos no alcanzaran a subvenir a sus propias necesidades"[8].

Por otra parte, no desperdició la ocasión para mostrar su disconformidad respecto al Real Decreto Ley de Contratos de Arrendamiento de Fincas Urbanas, proponiendo alguna modificación al respecto. Así pues, en la sesión plenaria del 28 de junio de 1928, se refería a la tributación a la que tenían que hacer frente las asociaciones e instituciones benéficas de diversa índole, como la denominada Preservación de la Fe, dedicada a la enseñanza, la cual acogía en sus locales a cerca de catorce mil niños por aquel entonces.

Otra de sus contribuciones tuvo lugar en el pleno del 30 de octubre de 1928, en el que le rogaba al ministro de Gracia y Justicia que la blasfemia y el abandono de familia fuesen considerados delitos en el Código Penal, este aprobado el 8 de septiembre de 1928 y en vigor desde el 1 de enero de 1929. El Consejo de Ministros había desestimado esta modificación y, finalmente, este asunto se resolvió de una forma lo más pragmática posible; esto es, la blasfemia quedó registrada en el Código Penal como una falta contra la moralidad pública.

De tal manera, María López de Sagredo hacía público su malestar por no haber conservado la blasfemia la condición jurídica de delito, tal y como se había especificado a través del artículo 818 del texto citado: "El que con su desnudez o por medio de discursos, palabras, actos, blasfemias, cantares obscenos o de cualquier otro modo ofendiese la decencia pública, será castigado con la pena de tres a treinta días de arresto y multa de diez a doscientas cincuenta pesetas"[9].

En este sentido, apoyaba su argumento en que "como católica, creo que tengo derecho a defender los intereses, nuestros intereses, tan sagrados por lo menos como cualquiera de los otros que aquí se discuten"[10].

Eso en cuanto a la blasfemia. Pero su queja se ampliaba también al hecho de haberse suprimido el abandono de familia del Código Penal, algo que había sido aprobado inicialmente por el Consejo de Ministros: "Será castigado con la pena de seis meses a dos años de reclusión el jefe de familia que abandonare a su mujer o hijos o ascendientes recogidos o necesitados, sea por ausencia no justificada de su domicilio, sea por negarse a pasar los debidos alimentos".

Lo cierto es que, dado el caso, la mujer madre de familia se quedaba totalmente desamparada, en la práctica, igual que si estuviese viuda, pero sin la protección social derivada de ese estado de viudez. Y lo peor de todo era

---

[8] *Diario de las Sesiones*, núm. 14, 15 de febrero de 1928, p. 515.

[9] *Gaceta de Madrid*, núm. 257, 13 de septiembre de 1928, p. 1523.

[10] *Diario de las Sesiones*, núm. 30, 30 de octubre de 1928, p. 41.

que, ya crecidos los hijos, el padre que les había abandonado podía volver al domicilio, puesto que, a efectos legales, el matrimonio, y todo lo que se deriva de él, seguía en plena vigencia.

El artículo 767 del Código Penal no contemplaba este supuesto, limitándose a exponer lo siguiente de un modo general: "Los padres que para desprenderse de sus hijos que se hallen en edad o circunstancias de no bastarse a sí mismos los abandonaren totalmente, serán castigados con la pena de uno a cuatro años de prisión y multa de mil a cinco mil pesetas"[11].

Relacionado con esta materia, María López Monleón, en colaboración con otros asambleístas, propuso una enmienda al Proyecto del Código Penal el 30 de marzo de 1928, adicionando varios artículos sobre amenazas y coacciones contra la libertad de asociación.

Previa a esta iniciativa, esta diputada había participado con un discurso sobre la dignificación y la protección del trabajo de la mujer obrera. Lo hizo en la sesión plenaria que tuvo lugar el 14 de febrero de 1928, en la que expuso algunas soluciones realizables para mitigar la crisis de trabajo que afectaba sobremanera a las obreras de la aguja, así como a las trabajadoras de las fábricas y a las dependientas del comercio en general.

María López Monleón achacaba esta recesión a la suma de varios motivos, como eran la importación de ropas ya confeccionadas, el abuso de los horarios laborales o el aumento de la mano de obra poco cualificada y barata, principalmente, la proporcionada por menores de catorce años. Solicitaba a mayores el aumento de auxiliares y de inspectores de trabajo.

Por su parte, María de Echarri participó con un discurso sobre la situación de las cárceles en la sesión plenaria que tuvo lugar el 19 de enero de 1928. Aparte de la denuncia del estado ruinoso de algunos de estos edificios, como los penales de Madrid y de Segovia, verbigracia, Echarri mostraba su contrariedad por la falta de medios para hacer viable la reinserción social de las presas.

De tal forma, tras haber cumplido su condena, era habitual que muchas de ellas volviesen a delinquir, en buena parte, debido a la situación de miseria en la que estaban sumidas, sin que el sistema hiciera mucho por auxiliarlas. María de Echarri defendía la labor que realizaban los patronatos al respecto, a través de los que se daba amparo y protección a estas mujeres, al tiempo que demandaba más medios para continuar con este tipo de iniciativas asistenciales.

También Carmen Cuesta del Muro alzó su voz en defensa de los derechos civiles de las mujeres en la sesión plenaria celebrada el 23 de mayo de 1928. Se rebelaba, en aquella ocasión, contra las injusticias redactadas en el Código

---

[11] *Gaceta de Madrid*, núm. 257, 13 de septiembre de 1928, p. 1518.

Civil en materia de género. Más de lo imaginable, y en situaciones baladíes en apariencia, se rebajaba y se denigraba a la mujer en un contexto de uso, y podríamos añadir que de abuso también, consuetudinario. Por ello reclamaba la supresión de algunas restricciones jurídicas incluidas en el texto.

En consecuencia, en el punto séptimo del artículo 237 del capítulo VI, que trataba de las personas inhábiles para ser tutores y protutores, se decía que no podían ser "Las mujeres, salvo los casos en que la ley las llama expresamente", igualando en el referido artículo a los descritos en los puntos segundo, tercero, cuarto, quinto y sexto: "Los que hubiesen sido penados por los delitos de robo, hurto, estafa, falsedad, corrupción de menores o escándalo público", "Los condenados a cualquier pena corporal, mientras no extingan la condena", "Los que hubiesen sido removidos legalmente de otra tutela anterior", "Las personas de mala conducta o que no tuvieran manera de vivir conocida", "Los quebrados y concursados no rehabilitados".

Aprovechaba la ocasión para protestar acerca de la redacción de un párrafo incluido en la base cuarta del Proyecto del Real Decreto Ley de Bases para la Estructuración Agropecuaria Nacional: "La mujer casada, los menores e incapacitados votarán por medio de un representante legal o persona en quien delegue este".

Tiempo después, en la sesión plenaria del 23 de mayo de 1928, Carmen Cuesta reivindicaba un trato mejor hacia el género femenino, principalmente, en lo que incumbía a la redacción del Proyecto del Real Decreto Ley de las Bases para la Estructuración Agropecuaria Nacional: "No hago más que llamar la atención de la Asamblea y del Gobierno para que se fijen en este párrafo, en que se prohíbe el voto a la mujer casada y se la vuelva a poner en parangón y en el mismo plano que a los menores e incapacitados, viniéndose a afirmar, una vez más, el desdén y el desprecio hacia el sexo femenino, de lo cual no tenemos nosotras más remedio que protestar"[12].

Enseñanza

El ámbito de la enseñanza resultó ser objeto de varias de las reivindicaciones realizadas por las asambleístas Micaela Díaz, Josefina Oloriz, Natividad Domínguez, Concepción Loring y Teresa Luzzati. En general, sus discursos no pueden ser catalogados de vanguardistas, en tanto en cuanto, la finalidad buscada no era la de manifestar las tendencias más avanzadas de su época, algo que sí ocurría en otros países. De hecho, algunas de ellas viajaron a otros lugares para observar el funcionamiento de otros sistemas docentes, totalmente renovados en forma y en contenido.

---

[12] *Diario de las Sesiones*, núm. 23, 23 de mayo de 1928, p. 680.

Ahora bien, lo que sí debe considerarse un éxito por su parte es el haber conseguido dar una mayor visibilidad a un número ingente de obstáculos que se generaban en el ámbito instructivo, algunos de ellos endémicos y demasiado arraigados en la sociedad española del primer cuarto del siglo XX.

Concepción Loring pronunció un discurso sobre la enseñanza de la religión en los institutos en la sesión plenaria del 23 de noviembre de 1927. Explicó su descontento por el hecho de que a la asignatura de Religión se le hubiese otorgado la condición potestativa, siendo los padres quienes decidiesen, de forma unilateral, si sus hijos cursaban o no cursaban la referida materia. Esta diputada estimaba que la religión debía ser una materia más de estudio en la segunda enseñanza, la cual tendría que equipararse al resto de las asignaturas. También solicitaba que los catedráticos de Religión tuviesen el mismo trato que el resto de docentes de otras disciplinas.

Por su parte, la reivindicación hecha por Teresa Luzzati discurrió por otros derroteros, en particular, por el de reclamar una mayor justicia en el sistema de tributación de los centros docentes privados. En la sesión del 29 de marzo de 1928, mostraba su indignación por las altas contribuciones, tanto territoriales como industriales, a las que estos estaban sometidos.

De forma análoga, consideraba desproporcionados los recargos municipales que tenían que asumir los directores de instituciones docentes no públicas. De hecho, la imposibilidad de sostener estos gravámenes era un motivo más que suficiente para que no pocos de estos centros cesasen su actividad, algo que no beneficiaba absolutamente a nadie.

Por boca de Natividad Domínguez se expusieron las aspiraciones esenciales del magisterio español. Intervino en la sesión plenaria del 23 de mayo de 1928 para solicitar, entre otras cosas, la equiparación de los maestros nacionales al resto de funcionarios estatales, a la par que requería el incremento de sus sueldos o la creación de más escuelas dotadas con dependencias para todos los servicios higiénicos y pedagógicos, por citar algunos ejemplos.

A esto habría que agregarle la petición del aumento de más secciones especiales para anormales, un mayor número de escuelas de párvulos, la ampliación de las cantinas escolares, la mejora de la alimentación de los alumnos, la instalación de calefacción en los centros, un mejor uso del espacio para los niños, la creación de becas, o la necesidad de campos de juego y de clases al aire libre.

En una trayectoria semejante, habría que sopesar las enmiendas presentadas al Ministerio de Instrucción Pública, como fueron las declaradas por la asambleísta Carmen Cuesta el 11 de diciembre de 1928. Recomendaba dilatar el cupo del profesorado numerario femenino en las escuelas normales, y solicitaba con Josefina Oloriz mejoras salariales del profesorado auxiliar de estos centros.

Por su parte, María de Maeztu rogaba que se acrecentase la cifra de bienes enfocados al progreso de la docencia española, en esencia, en lo que concernía a los empleados. Decía en su uso de la palabra, y con mucho juicio, que se gastase menos en edificios y más en maestros. Su discurso estaba fundamentado, entre otras cosas, en las demandas imperiosas de ascender los sueldos de los maestros, de las profesoras de escuelas normales, de los médicos escolares y de sus auxiliares.

María de Maeztu pedía que se resolviese el asunto espinoso de los destinos de las alumnas de las escuelas de estudios superiores con una mayor celeridad, evitando así años de espera. Otra de sus reclamaciones era la de prestar más atención a la figura del maestro rural, muchas veces, solapado por su homólogo urbano. Basta quedarse con las palabras reveladoras que pronunció desde su escaño el 14 de diciembre de 1928: "(…) a los peores pueblos deben ir los mejores maestros".

El 15 de diciembre de 1928 fue una de las sesiones plenarias en las que hubo una mayor concentración de temas relacionados con la enseñanza en España. Fueron preferentes aquellos que tenían que ver con los presupuestos para la instrucción y los vinculados a la enseñanza primaria.

Este fue el caso de María López Monleón, quien había presentado, por iniciativa personal, unas enmiendas a los Presupuestos Generales del Estado el 11 de diciembre de 1928, a través de las que reivindicaba la concesión de subsidios para aquellas instituciones de las que era portavoz. Insistía en lo mismo en la sesión celebrada el 15 de diciembre de 1928. En este sentido, su principal motivación era la de evitar que las niñas abandonasen la escuela a una edad temprana para entrar a trabajar en las fábricas, como le había sucedido a ella, quien, con tan solo diez años, había tenido que cambiar la escuela por el taller, una situación demasiado asidua y poco deseable para una sociedad desarrollada.

Esta asambleísta demandaba el incremento de recursos económicos para diversas instituciones, como eran la Universidad Popular Femenina Profesional, el Patronato Social y Sindicatos de Obreras de la Virgen de los Desamparados de Valencia, y también para las Escuelas y Talleres de Aprendizaje de la Confederación y Patronato Social de Obreras Católicas de la región de Levante.

Requería del Ministerio de Instrucción Pública más medios crematísticos canalizados a la mejora de las condiciones en las que estaban los sindicatos, como el Sindicato Barcelonés de la Aguja, los Sindicatos Católicos Femeninos de la Sagrada Familia de Vitoria, o las Escuelas de los Sindicatos Femeninos de Nazaret de San Sebastián, por citar tres casos que se explicitaban en sus enmiendas.

La participación asamblearia de Micaela Díaz Rabaneda estuvo centrada en la exposición de una nómina de reclamaciones básicas, como resultaba ser la necesidad de mejorar la Ley de Asistencia Escolar, rogándole al Gobierno la pronta solución en torno al deficitario número de escuelas primarias, algo que era improrrogable.

En aquella ocasión, Micaela Díaz solicitaba el aumento de las remuneraciones del personal técnico y administrativo dependiente del Ministerio de Instrucción Pública. Además de esto, pedía reformar los locales ocupados por las escuelas normales, la construcción de edificios nuevos con campos experimentales para cultivos, la implantación de métodos pedagógicos modernos, o incluso, la descentralización de los cursillos organizados por el Ministerio de Instrucción Pública, por costumbre concentrados en la capital estatal.

En la misma sesión, el discurso de Josefina Oloriz aportaba más datos acerca de la problemática con la que convivían ella y otros maestros en el ejercicio de sus funciones docentes. Estaba convencida de que la lucha contra el auténtico *mal du siècle* —es decir, el analfabetismo— no pasaba tanto por destinar la mayor parte del presupuesto del Ministerio de Instrucción Pública a la ampliación del número de escuelas y de maestros, sino más bien por una mejora de la distribución de los recursos. Solicitaba un aumento del material asignado a cada maestro y el incremento de la cuantía propuesta para las instituciones complementarias de la escuela, las colonias escolares, las cantinas, los roperos, el perfeccionamiento del maestro y de la inspección.

En la asamblea del 21 de marzo de 1929, ambas diputadas volvían a intervenir. Micaela Díaz rogaba entonces el reforzamiento de la formación del maestro, focalizando su discurso en las prácticas de este y en su mayor preparación profesional para ganar eficacia. Valoraba como aciertos del Gobierno la recuperación de los estudios de la filosofía platónica y de la trigonometría, y también la creación de laboratorios de psicología experimental.

En lo que concierne a la contribución de Josefina Oloriz, además de ratificar lo expuesto en la alocución de Micaela Díaz acerca del estatuto de primera enseñanza, daba una vuelta de tuerca más a las aspiraciones docentes: intensificar la formación cultural femenina, o como ella misma decía, "(…) crear centros únicos en España de cultura superior por la mujer y para la mujer".

Otros asuntos

Micaela Díaz Rabaneda intervino con una disertación sobre el absentismo y la emigración en la sesión plenaria del 25 de noviembre de 1927. Lamentaba en aquel momento el abandono de determinadas regiones españolas y el perjuicio que suponía la emigración de un número exorbitante de sus pobladores. Veía en el Instituto Nacional de Previsión un medio, si no de solucionar, sí de atenuar las consecuencias negativas de este desequilibrio social.

Por su parte, la única participación de Blanca de los Ríos Nostench en la Asamblea Nacional nada tuvo que ver con lo anterior. En el pleno del 5 de julio de 1929, rogaba que se le rindiese un homenaje de admiración y de gratitud al estadounidense Charles Fletcher Lummis (1859-1928), autor del libro *Los exploradores del siglo XVI* (1893). La obra se articula en torno a la temática de los descubridores, conquistadores y misioneros españoles en tierras americanas.

SEÑORAS Y SEÑORÍAS

En lo que incumbe a la cooperación femenina en el ámbito político español, la dictadura de Miguel Primo de Rivera acarreó algunas transformaciones en el *statu quo*, digamos que de cierto calado. Uno de estos cambios se registraba en el artículo 15 del Real Decreto de 12 de septiembre de 1927, en cuya redacción se enunciaba que a la Asamblea Nacional Consultiva "(…) podrán pertenecer, indistintamente, varones y hembras, solteras, viudas o casadas, estas debidamente autorizadas por sus maridos, y siempre que los mismos no pertenezcan a la Asamblea. Los miembros de la Asamblea deberán ser todos españoles y mayores de veinticinco años y no haber sufrido condena, y tendrán tratamiento de señoría"[13].

De las *hembras, solteras, viudas o casadas* españolas elegibles, mayores de veinticinco años y sin arrastrar ninguna condena, fueron dieciocho las seleccionadas por el Gobierno de Primo de Rivera. De estas, cuatro renunciaron al cargo —Dolores Cebrián y Fernández de Villegas, Esperanza García de Torres, María Domènech Escotet, Clara Frías Cañizares—, mientras que las catorce restantes aceptaron el cometido —Isidra Quesada y Gutiérrez de los Ríos, Trinidad von Scholtz-Hermensdorff Beer, Concepción Loring Heredia, Micaela Díaz Rabaneda, María de Echarri Martínez, María López Monleón, María López de Sagredo, Teresa Luzzati Quiñones, María Dolores Perales y González Bravo, Natividad Domínguez Atalaya, Carmen Cuesta del Muro, María de Maeztu Whitney, Josefina Oloriz Arcelus, Blanca de los Ríos Nostench—.

Para abordar todas las cuestiones que se pretende en este estudio, se ha diseñado una estructura acorde con la materia tratada, a veces, densa y monótona. Por tal motivo, entre nuestros propósitos están el acceso fácil a la información, la practicidad y una eficaz redacción que de fluidez a la lectura. Se renuncia, por tanto, a elaborar una taxonomía rígida o a la rotulación de clichés estereotipados que poco o nada aportarían a la obra en su conjunto.

---

[13] *Gaceta de Madrid*, núm. 257, 14 de septiembre de 1927, p. 1500.

Dicho esto, en primer lugar, se sitúan las señoras que, pese a ser nominadas, rehusaron el cometido de formar parte de la Asamblea Nacional Consultiva. A continuación, se insertan aquellas que, a diferencia de las precedentes, sí acataron la misión confiada por el Gobierno.

Como no podría ser de otra manera, a cada una de estas *señoras y señorías* se les dedica un espacio específico, encabezado por las notas biográficas correspondientes. Sucesivamente, se aborda su actuación política en la dictadura militar implantada por Miguel Primo de Rivera, para ser más precisos, durante la etapa del Directorio civil (1925-1930) comprendida entre 1927 y 1929.

RENUNCIARON AL CARGO

DOLORES CEBRIÁN Y FERNÁNDEZ DE VILLEGAS

Nació en Salamanca. Estudió en el Colegio de las Hijas de Jesús (Jesuitinas) de su ciudad natal, en donde, entre otras cosas, aprendió francés, una lengua que le serviría en el futuro para prorrogar su formación en el extranjero.

Como un dato curioso de su época infantil, cabe destacar la amistad que existió entre su familia y el célebre Miguel de Unamuno (1864-1936), salmantino de adopción, quien le dedicaría a ella y a su hermana Amparo el texto "Un incendio de noche" (1935); a ellas se refería como "salmantinas del entonces de antaño".

Fue nombrada profesora supernumeraria de la Escuela Normal de Maestras de Salamanca en 1900, con carácter provisional y por concurso. Tres años más tarde, se la autorizaba a continuar su formación en la Central de Madrid, orientada al nivel de párvulos.

Dirigió el Colegio de los Santos Reyes, para señoritas y párvulos, durante un breve período en 1904. Ese mismo año, presentaba una instancia para tomar parte en las oposiciones a plazas de profesores numerarios de la sección de Ciencias de las Escuelas Normales Superiores de Maestras. Culminadas las pruebas, consiguió el número tres en los referidos exámenes. Su puesto como profesora numeraria de la sección de Ciencias de las Escuelas Normales Superiores de Maestras de Toledo se hizo efectivo el 30 de julio de 1905.

Instalada en esta ciudad manchega, ocupó algún que otro cargo, como el de vocal de la comisión organizadora de un campo escolar de juegos y experimentación agrícola del Ayuntamiento de Toledo.

También le daba bastante importancia a la naturaleza práctica que la asignatura de Agricultura tenía en el día a día de la maestra. Este interés la llevó a solicitar una beca para ampliar estudios en el extranjero, y que la Junta para Ampliación de Estudios e Investigaciones Científicas le concedería finalmente. Dolores Cebrián planteaba lo siguiente en una de sus instancias:

> Creemos que sería de grandísima importancia y contribuiría al desenvolvimiento de las pequeñas industrias del campo, el que las mujeres auxiliasen al hombre en todas aquellas faenas compatibles con su sexo y careciendo España de las escuelas femeninas de Agricultura que serían de desear, el capacitar a las jóvenes para estos fines corresponde por ahora a las Escuelas Normales de Maestras.[14]

El viaje lo realizó en grupo a Londres (Reino Unido), como miembro de la comisión de la sección de Pedagogía que el Gobierno español había presentado para la Exposición Franco Británica. Una muestra de parte del aprendizaje conseguido en esta primera experiencia en el extranjero puede leerse en su estudio "Métodos y prácticas para la enseñanza de las ciencias naturales", publicado en los *Anales de la Junta para Ampliación de Estudios e Investigaciones Científicas* en 1909.

Su afán de superación profesional la motivó a ganar la plaza de profesora numeraria de la sección de Ciencias de la Escuela Normal Superior de Maestras de Madrid, dotada con un sueldo de tres mil pesetas, según la Real Orden de 17 de marzo de 1908.

En cualquier caso, esta situación laboral le traería más de un quebradero de cabeza. El 21 de junio de 1910, en la Sala de lo Contencioso Administrativo del Tribunal Supremo de Justicia, se hacía pública la sentencia sobre el recurso interpuesto contra ella por Mercedes Rico Soriano, profesora numeraria de la sección de Ciencias de la Escuela Normal de Granada, y en el que solicitaba su revocación.

Se falló a favor de Dolores Cebrián, considerando que Mercedes Rico había obtenido "(...) el número uno de la propuesta del tribunal de oposiciones en 1905 y señalando el número tres a D.ª Dolores Cebrián en dicha propuesta, es evidente que el derecho de esta última era de preferencia"[15].

Con carácter provisional formó parte de la comisión organizadora de la Asociación Amigos de Europa en 1911. Esta sociedad promovía excursiones

---

[14] Teresa Marín Eced: *Innovadores de la educación en España (Becarios de la Junta para ampliación de estudios)*. Cuenca: Servicio de Publicaciones de la Universidad de Castilla-La Mancha, 1991, p. 82.

[15] Suplemento a *La Escuela Moderna*, 20 de agosto de 1910, p. 1232.

colectivas para visitar centros docentes, instituciones sociales y museos de toda España y del extranjero. Otro de sus objetivos era estudiar las organizaciones pedagógicas de otros países, algo que conseguiría cumplir en diferentes épocas de su vida.

Poco tiempo después, la Junta para Ampliación de Estudios e Investigaciones Científicas le otorgó una beca para realizar estudios de Fisiología en Francia y en Alemania durante un año, con una dotación de trescientas cincuenta pesetas mensuales, quinientas pesetas para viajes y trescientas pesetas para matrículas. Se le prorrogó por "(…) nueve meses y trece días, con trescientas cincuenta pesetas mensuales y doscientas cincuenta del viaje de vuelta"[16].

En 1924, solicitó otra subvención a la Junta para Ampliación de Estudios e Investigaciones Científicas. En aquella ocasión, su objetivo era estudiar en Inglaterra "(…) la formación de maestros y la organización de los *Training Colleges*, y dentro de ellos, la preparación de los alumnos de Ciencias Naturales".

La referida pensión le fue adjudicada, eso sí, sin retribución, según aparece reflejado en la Real Orden de 23 de enero de 1924. Una muestra de lo allí aprendido se publicó con el título "El jardín botánico de una escuela inglesa" en el *Boletín de la Institución Libre de Enseñanza* (1925).

Hizo algún guiño al mundo de la política en las elecciones del 12 de septiembre de 1927. Poco después, el Gobierno de Primo de Rivera la nombró asambleísta por representación de actividades de la vida nacional, pero declinó el encargo.

Dolores Cebrián prefirió centrarse totalmente en el ámbito docente. En atención a sus méritos fue designada directora de la Escuela Normal Central de Maestras en septiembre de 1930.

Por su parte, el Gobierno Provisional de la República se había propuesto reorganizar el Consejo de Instrucción Pública, para lo cual nombró nuevos miembros. Fue nominada para el puesto de consejera de la sección de Primera Enseñanza en 1931.

La Liga Internacional de Mujeres Hispano Latina y Americana celebró en Madrid su V Congreso en mayo de 1933, a la par que organizó una exposición de libros y periódicos escritos exclusivamente por mujeres latinoamericanas. Dolores Cebrián formó parte del comité organizador y de propaganda en los asuntos que atañían a España, además de incorporar su nombre a las presidentas honorarias.

Llegados a este punto, se hace necesario echar la vista atrás y retomar la cuestión relativa a su puesto de directora de la Escuela Normal Central de

---

[16] Suplemento a *La Escuela Moderna*, 25 de enero de 1913, p. 174.

Maestras de Madrid. En aquel momento, se llevó a cabo la inauguración del nuevo edificio de la Normal, realizada en abril de 1934 y no exenta de controversia.

El centro estaba ubicado en el paseo de la Castellana, y en él se integraron el Museo Pedagógico Nacional, las Misiones Pedagógicas y también la Escuela Práctica Aneja.

Como era de esperar, no tardaron en verterse críticas en torno al edificio, a su localización y, por supuesto, a la cabeza visible del proyecto, es decir, la persona que ocupaba la dirección, o lo que es lo mismo, a Dolores Cebrián.

El detonante de la polémica parece ser que fue un malentendido sobre el presupuesto destinado a realizar reparaciones en la antigua Escuela Normal situada en la calle de San Bernardo. Allí, era inviable continuar "(…) dando clases en la Normal, por la salud de los profesores y de los niños y por las necesidades de la enseñanza", decretándose el traslado de la escuela aludida al paseo de la Castellana.

Teniendo en cuenta que su esposo, Julián Besteiro Fernández (1870-1940), ocupaba la presidencia del Congreso de los Diputados por aquel entonces, no semeja una tarea dificultosa relacionar ambas cuestiones.

El ministro de Instrucción Pública en aquel momento, el médico salmantino Filiberto Villalobos González (1879-1955), tuvo que hacer una aclaración pública sobre el asunto del edificio de la Normal. Explicaba sobre Dolores Cebrián que había aceptado "(…) la resolución del ministerio, como siempre hace con todas las disposiciones de la superioridad, pero no tuvo la menor intervención".

Es más, el ministro añadía sobre ella que se trataba de "(…) una profesora dignísima que, por su inteligencia, su preparación y su amor a la enseñanza, es una de las figuras más destacadas del magisterio español".

Por otra parte, en abril de 1934, se la nombraba vocal de la sección de invalidez del Patronato Nacional de Cultura de los Deficientes, un organismo dependiente del Ministerio de Instrucción Pública.

Ese mismo año, de nuevo, otra situación controvertida ensombrecía su nombre. La causa fue una presunta subida de sueldo a raíz de actualizarse los escalafones por vacantes de jubilaciones en el Ministerio de Instrucción Pública. De este modo, se difundía una información sesgada y poco veraz sobre esta cuestión, y que el propio Julián Besteiro no tardaría en desmentir a través de una carta enviada al medio de comunicación responsable de la noticia:

Señor director de *El Debate*. Muy señor mío y de mi mayor consideración: En el número correspondiente al día de hoy del periódico que usted tan dignamente dirige, aparece una información acerca de la Ley de Jubilación del Profesorado de Escuelas Normales, en el cual se comete un error que me afecta directamente, y que considero necesario desvanecer.

Se dice en esa información que, mediante la aplicación de dicha ley, doña Dolores Cebrián de Besteiro, mi mujer, ascendió, del sueldo de diez mil pesetas, al de doce mil pesetas.

El dato está completamente equivocado. Desde el primero de enero de 1931, mi mujer disfrutaba del sueldo máximo en el escalafón (quince mil pesetas), y, por tanto, no podía afectarle la Ley de Jubilación, cualquiera que fuera la corrida de escala que ocasionase.

Seguro de que, en servicio de la verdad, habrá usted de dar publicidad en su periódico a esta carta, cosa que le ruego y agradezco, queda su afectísimo seguro servidor, q.e.s.m. Julián Besteiro.

Madrid, 30 de noviembre de 1934.[17]

Julián Besteiro hacía honor a la verdad. Ciertamente, tres años antes, se había divulgado una Real Orden en la que, entre otras cosas, a Dolores Cebrián se le reconocía el derecho a ascender a la primera categoría en el escalafón de maestros. Con efectos desde el 1 de enero de 1931 y con un sueldo anual de quince mil pesetas, figuraba como profesora numeraria de la Escuela Normal Central de Maestras.

Apenas había transcurrido medio año, cuando se aceptó su solicitud de dimisión del puesto de directora de la Escuela Normal de Magisterio Primario de Madrid, en concreto, con fecha del 30 de mayo de 1935.

No mucho tiempo después, Dolores Cebrián aducía tener problemas de salud para desempeñar la misión de consejera nacional de Cultura; renunciaba, entonces, a la presidencia del tribunal de oposiciones para la cátedra de Historia Universal Contemporánea de la Facultad de Filosofía y Letras de la Universidad de Madrid.

Se le concedió una licencia de tres meses, sin sueldo, el 11 de junio de 1937. Parece bastante probable que la salud deficitaria de su esposo fuese el motivo principal para hacerlo.

Fue agregada al personal de los Laboratorios del Museo Nacional de Ciencias Naturales de Madrid en junio de 1938, para que "(…) mientras duren las actuales circunstancias, atienda a la conservación de las colecciones zoológicas que en él se guardan"[18].

Fue suspendida como profesora de la Escuela Normal de Madrid y destituida del cuerpo del Magisterio recién terminada la guerra Civil en España. Lo último que se sabe de su vida laboral dilatada hace referencia a su

---

[17] *La Época*, 1 de diciembre de 1934.

[18] *Gaceta de la República*, núm. 160, 9 de junio de 1938.

jubilación como profesora numeraria de la Escuela de Magisterio de Madrid, según una Orden de 14 de agosto de 1951.

A Julián Besteiro se le apartó de su cátedra de Filosofía y Letras de la Universidad Central, al tiempo que se cursó su baja en el escalafón correspondiente. La Orden de 4 de febrero de 1939 aludía a él y a otros catedráticos en estos términos:

> (...) es pública y notoria la desafección de los catedráticos universitarios que se mencionarán al nuevo régimen implantado en España, no solamente por sus actuaciones en las zonas que han sufrido y en las que sufren la dominación marxista, sino también por su pertinaz política antinacional y antiespañola en los tiempos precedentes al glorioso movimiento nacional.
>
> La evidencia de sus conductas perniciosas para el país hace totalmente inútiles las garantías procesales, que en otro caso constituyen la condición fundamental de todo enjuiciamiento y, por ello, este Ministerio ha resuelto separar definitivamente del servicio y dar de baja en sus respectivos escalafones.[19]

Finalmente fue condenado a treinta años de prisión. A pesar de todos los intentos de Dolores Cebrián para ayudarle, su esposo fallecía en la cárcel de Carmona (Sevilla) en 1940. Ella murió en Madrid en 1973. Ambos están enterrados en el cementerio civil de Madrid.

Como señoría...

Fue nombrada asambleísta por representación de actividades de la vida nacional en la sesión plenaria del 10 de octubre de 1927.[20]

Pocos días después, en la sesión celebrada el 29 de octubre de 1927, se dio cuenta de su renuncia del cargo de asambleísta.[21]

ESPERANZA GARCÍA DE TORRES

Era hija del senador vitalicio Juan García de Torres, fallecido en enero de 1889.

Se casó con Torcuato Luca de Tena (1861-1929) en 1890, director de las publicaciones *ABC* y de *Blanco Negro*, entre otras cosas. Tuvieron tres hijos, Juan Ignacio, Valentina y María del Pilar.

---

[19] *B.O.E.*, núm. 48, 17 de febrero de 1939, p. 932.

[20] *Diario de las Sesiones*, núm. 1, 10 de octubre de 1927, p. 8.

[21] *Diario de las Sesiones*, núm. 2, 29 de octubre de 1927, p. 1.

Esperanza García fue designada para ocupar varios cargos, como el de vocal de la Junta de Señoras Protectoras del primer consultorio de niños de pecho de Madrid. También fue presidenta de la Junta General de los Talleres de Santa Rita de Almería.

Como señoría...

Se la nombró asambleísta por representación de actividades de la vida nacional en la sesión plenaria del 10 de octubre de 1927.[22]

El 29 de octubre de 1927 se dio cuenta de su renuncia del cargo de asambleísta.[23]

La fecha de alta que aparece es la de 10 de octubre de 1927, mientras que su baja se hizo efectiva el 6 de noviembre de 1929.

MARÍA DOMÈNECH ESCOTET

Nació en Alcover (Tarragona) en 1874. En sus inicios como escritora, utilizó el seudónimo de Josep Miralles. De esta guisa, firmó el prólogo de *La mujer y el hogar. Estudio imparcial del movimiento feminista de nuestra época* (1920) de Orison Swett Marden (1848-1924).

Al contraer matrimonio con el médico Francisco Cañellas en 1894, se la empezó a conocer, literaria y socialmente, por María Domènech de Cañellas, de cuya unión nacieron sus dos hijos.

Fue nombrada vocal de la Junta Provincial de Instrucción Pública, en concepto de madres de familia, en 1902. Seis años después, desempeñó el cargo de vocal de la Junta de Protección a la Infancia de Tarragona. También en 1908 se la eligió vocal de la Junta de Primera Enseñanza de Tarragona.

Asistió como vocal del Comité de Mujeres al Congreso Español Internacional de la Tuberculosis en septiembre de 1910. Esta experiencia supuso, entre otras cosas, que se empezasen a dar los primeros pasos para la creación de la Federación Femenina contra la Tuberculosis, de la que ella fue vicepresidenta tercera.

Su activismo social se amplió ese año de 1910, cuando se la designó vocal de la Junta de la *Lliga del Bon Mot*, una asociación catalana fundada en 1908 y promovida por Ricard Aragó y Turón (1884-1963). En ella coincidió con algunas celebridades de la literatura del momento, como eran Carmen Karr y

---

[22] *Diario de las Sesiones*, núm. 1, 10 de octubre de 1927, p. 8.

[23] *Diario de las Sesiones*, núm. 2, 29 de octubre de 1927, p. 1.

Alfonsetti (1865-1943), Dolors Monserdà y Vidal (1845-1919) o Caterina Albert y Paradís (1869-1966), por mencionar solamente algunas de ellas.

Por otro lado, es de justicia atribuirle a María Domènech la puesta en marcha de la Federación Sindical de Obreras, de la que fue presidenta. Esta institución contaba con cinco sindicatos en 1912. A saber: el de sastras —con cincuenta y dos miembros—, el de obreras de taller —con cuarenta y tres socias—, el de lencería —con veintiséis obreras—, el de modistas —con veintinueve mujeres—, y el de dependientes de comercio que, por aquellas fechas, estaba en proceso de formación.

Otro reconocimiento inolvidable a su persona es el relativo a que fue la primera inspectora auxiliar de trabajo de España.

Como sucedió con otras asambleístas, la Junta para Ampliación de Estudios e Investigaciones Científicas le adjudicó una beca para viajar a Suiza en 1916. Pudo aprender de primera mano la metodología más novedosa del trabajo a domicilio durante los tres meses que duró su estancia allí, en donde estuvo acompañada por su hija María. Regresaron a Barcelona en junio de 1916.

Resultado de esta experiencia formativa en el extranjero presentó a la mencionada Junta su *Memoria de los trabajos hechos en Suiza sobre Instituciones encaminadas a la protección, progreso Moral y Bienestar material de las obreras* (1917).

Fue elegida vocal de la comisión delegada del Patronato de Previsión Social de Cataluña y de Baleares en 1922. También se la designó vocal del Patronato de Trabajo a Domicilio en 1926.

Presidió el Comité a favor del Monumento a Concepción Arenal en Barcelona en 1930, consiguiéndose una recaudación de mil quinientas cuarenta y nueve pesetas.

Se le otorgó la Medalla del Trabajo en 1926, en su categoría de plata, como agradecimiento a sus intensas y fructíferas labores sociales y laborales.

Veinte años después, por Orden de 27 de septiembre de 1946, se le concedió la convalidación y el canje de la referida distinción: "Este Ministerio, de conformidad con la propuesta de la Sección Central de Delegaciones de Trabajo, ha acordado convalidar la Medalla del Trabajo concedida a doña María Domènech, viuda de Cañellas, y canjearla, previo pago de derechos, por la de 'Al Mérito en el Trabajo', en su categoría de plata de segunda clase"[24].

Por una Orden de 20 de octubre de 1947, se la declaraba capacitada para seguir desempeñando el cargo de subinspectora provincial de la Delegación de Trabajo de Barcelona, tras haber sobrepasado la edad reglamentaria de jubilación. Falleció en su domicilio de Barcelona en 1952.

---

[24] *B.O.E.*, núm. 278, 5 de octubre de 1946.

En cuanto a su dimensión literaria, María Domènech ganó con su poema "Mireia" el primer accésit a la Flor Natural de los Juegos Florales de Barcelona de 1915. También su aporte literario ingente, tanto lírico como narrativo, tuvo cabida en publicaciones periódicas diversas a lo largo de los años. Sirva de ejemplo la nómina de cabeceras dada a continuación: *Occitania* (Tolosa-Barcelona), *Or y Grana* (Barcelona), *La Tralla* (Barcelona), *Feminal* (Barcelona), *El Poble Català* (Barcelona), *La Veu de Catalunya* (Barcelona), *El Restaurador* (Tortosa), *Renaixement* (El Vendrell), *L'Estiuada* (Barcelona), *Lo Camp de Tarragona* (Tarragona), *El Día Gráfico* (Barcelona), *Diario de Tarragona* (Tarragona), *La Vanguardia* (Barcelona), *Ofrena* (Barcelona), *Catalana* (Barcelona), *D'ací i D'allá* (Barcelona), *El Correo Catalán* (Barcelona), *La Publicidad* (Barcelona) o *El Noticiero Universal* (Barcelona).

María Domènech no se zafó del género teatral. Su drama *El sant de la senyora Mercè* se estrenó en el Teatro Romea (Barcelona) en 1918. No fue el único, puesto que, en 1922, se representaba *A tientas* en el Teatro Poliorama (Barcelona).

Como señoría...

Se la nominó asambleísta por representación de actividades de la vida nacional, según una Real Orden de 27 de enero de 1930. No hay ninguna intervención suya en los *Diarios de Sesiones* del Congreso de los Diputados. El 15 de febrero de 1930 se la dio de baja.

CLARA FRÍAS CAÑIZARES

Se sabe de ella que participó en la apertura de clases para obreros de ambos sexos en Madrid en 1928, unas actividades organizadas por la Asociación Maris-Stella.

Fue nombrada vicepresidenta del Comité Paritario de Modistería y Peletería de Madrid por una Real Orden de 26 de septiembre de 1929. La presidencia de este organismo estaba ocupada por otra asambleísta, Teresa Luzzati. Unos meses más tarde se la destinó a la vicepresidencia de la sección de Vestido y Tocado (confección de ropa interior de señora, caballero y niño, géneros de punto, de cama y mesa, encajes y bordados).

Ocupó la vicepresidencia de la sección de Modistería y Peletería del Comité Paritario, un cargo compartido con Eloísa de la Cuerda Fernández, por una Real Orden de 8 de septiembre de 1930. Poco después se la cesaba de su puesto en el referido Comité de Vestido y Tocado, en la sección de ropa interior, por una Orden de 30 de mayo de 1931.

En 1934, fallecía su madre, Dolores Cañizares, viuda de Frías, en Valencia.

Fue miembro de Acción Popular de Madrid. Participó en un mitin con José María Gil Robles y Quiñones (1898-1980) en Málaga en 1936, en el que habló de la actuación de la mujer en la lucha electoral en los términos siguientes: "La mujer al votar no hace sino cumplir con los deberes caseros: coser, zurcir o barrer. Coser las regiones españolas con el hilo de la ley; zurcir los desgarrones que ha producido a la patria el ímpetu marxista, y barrer a los caracoles para los que llegar a las altas cumbres no les importa hacerlo a costa de arrastrarse".

Como señoría...

En la ficha del Congreso de los Diputados se dice que no consta en los *Diarios de las Sesiones* por estar estas suspendidas para ser disuelta la Asamblea.

Se la dio de alta el 27 de enero de 1930, mientras que la baja se hizo efectiva el 15 de febrero de 1930.

ACEPTARON EL CARGO

De las catorce mujeres que accedieron a participar en la Asamblea Nacional Consultiva, dos nunca intervinieron en ninguna de las sesiones. Esto lleva de forma inexorable a hacer una primera apreciación al respecto. Y esta no es otra que situar su deambular asambleario en la senda de la inactividad y de la mera presencia nominal.

Por el contrario, la vida política de las diputadas restantes no fue de acomodaticia inacción, ni mucho menos. En mayor o en menor medida comparecieron en el Congreso para exponer discursos, ruegos, mociones, enmiendas o solicitudes de diversa índole, ajustándose así a los nuevos tiempos políticos que se inauguraban con la recién creada Asamblea Nacional.

Antes de nada, se torna necesario compendiar, aunque sea mínimamente, las partes esenciales de la armazón sobre la que se acopló, en el fondo y en la forma, la articulación de la Asamblea Nacional. En el artículo 8 del Real Decreto de 12 de septiembre de 1927, se estableció una división en dieciocho secciones para organizar y agilizar los trabajos de la Asamblea, cada una de ellas integrada por once asambleístas.

En lo que al tema objeto de este libro se refiere, las *señoras y señorías* fueron incorporadas a las cinco secciones siguientes: en Leyes de Carácter Político (sección 6.ª), en Educación e Instrucción (sección 10.ª), en Acción Social,

Sanidad y Beneficencia (sección 14.ª), en Reorganización Administrativa y Legislación de Contabilidad del Estado (sección 15.ª), y en Mercedes Extraordinarias (sección 17.ª).

De tal forma, Micaela Díaz y Natividad Domínguez se adhirieron al grupo de trabajo de Leyes de Carácter Político (sección 6.ª); Carmen Cuesta, María de Maeztu y Josefina Oloriz hicieron lo propio en Educación e Instrucción (sección 10.ª); Concepción Loring, Teresa Luzzati y María de Echarri fueron agregadas a Acción Social, Sanidad y Beneficencia (sección 14.ª); y, por último, a Isidra Quesada se la incluyó en Mercedes Extraordinarias (sección 17.ª).

La lectura atenta de lo precedente podría mostrar y demostrar, con una claridad meridiana, la más que presumible existencia de un plan estudiado en torno al cometido femenino en la Asamblea Nacional Consultiva.

O, dicho de otra manera, es verdad que se permitió el acceso de la mujer al ámbito político nacional en 1927; pero no es incierto tampoco que el camino iniciado por estas mujeres fue pergeñado y observado de cerca por la tradicional y tradicionalista mirada masculina de aquellos momentos.

Resulta significativo que no se encuentre ni la más nimia presencia femenina en grupos de trabajo de cierto peso, como en el Proyecto de Leyes Constituyentes (sección 1.ª), en la Propuesta y Dictamen de Tributos, Acuerdos y Concordatos con otros Países o Potestades (sección 2.ª), en la Defensa Nacional (sección 3.ª), en la Política Arancelaria (sección 4.ª) o en la Codificación Civil, Penal y Mercantil (sección 5.ª).

Todavía menos vestigios de cualquiera de ellas se hallan en las labores del Régimen de la Propiedad y su Uso (sección 7.ª), ni en el Sistema Tributario (sección 8.ª), ni en la Producción y Comercio (sección 9.ª), ni en el Examen y Clasificación de Créditos Reconocidos Pendientes de Pago cuyo origen sea anterior al 13 de septiembre de 1923 (sección 11.ª), ni en los Presupuestos Ordinarios y Extraordinarios (sección 12.ª), ni en los Planes Generales de Obras Públicas (sección 13.ª). Y, por supuesto, tampoco en las Comunicaciones y Transportes Terrestres, Marítimos y Aéreos (sección 16.ª), ni en las Responsabilidades Políticas (sección 18.ª).

La Presidencia, de acuerdo con el Gobierno, delegó a las secciones antedichas el estudio y el dictamen o la propuesta de asuntos relacionados con su especialidad. También dispuso la formulación de proposiciones de iniciativa propia. Por su parte, cada uno de estos departamentos tuvo plenas competencias para elegir a su presidente y a su secretario.

El trabajo de cada área se distribuyó en ponencias de tres asambleístas cada una. En todo este organigrama las que tuvieron algún tipo de implicación fueron María de Maeztu, Josefina Oloriz, Isidra Quesada, María López de Sagredo y María Dolores Perales.

36

ISIDRA QUESADA Y GUTIÉRREZ DE LOS RÍOS

Nació en Madrid el 7 de agosto de 1851. Estuvo casada con el madrileño Agustín Carvajal y Fernández de Córdoba (1848-1915). Considerada una grande de España, poseía el título de condesa viuda de Aguilar de Inestrillas.

Fue nombrada vicepresidenta del Patronato para la Represión de la Trata de Blancas por un Real Decreto de 30 de mayo de 1904.

En 1923, murió su hijo Jenaro en el Real Sitio de San Ildefonso. Era capitán de caballería, y estaba condecorado con la Cruz de María Cristina, la Cruz del Mérito Militar Roja, la Cruz del Mérito Militar Blanca y la Medalla del Rif.

Como señoría...

Fue elegida representante del Estado. Su nombramiento se hizo en la sesión plenaria del 15 de febrero de 1928.[25]

Se la destinó a la sección 17.ª (Mercedes Extraordinarias).[26]

En la sesión del 29 de octubre de 1927, por designación de la citada sección, se le encomendó la ponencia *Mercedes extraordinarias*.[27]

Como fecha de su alta aparece el 10 de octubre de 1927 y su baja se realizó el 15 de febrero de 1930.

No consta ninguna intervención suya en las sesiones.

MARÍA TRINIDAD VON SCHOLTZ-HERMENSDORFF BEER

Nació el 11 de noviembre de 1867 en Málaga. Era hija de Matilde Beer Grund y del malagueño Enrique Scholtz-Hermensdorff y Caravaca, marqués de Belvís de las Navas, un título nobiliario creado a su favor por el rey Alfonso XIII en 1912.

Sus antepasados eran de origen prusiano y se habían establecido en Málaga, en donde generación tras generación se consolidaron como una de las sagas más importantes del sur peninsular, con un amplio poder social y, sobre todo, económico. Prueba de ello son las bodegas Scholz Hermanos,

---

[25] *Diario de las Sesiones*, núm. 1, 10 de octubre de 1927, p. 6.

[26] *Ibid.*, p. 15.

[27] *Diario de las Sesiones*, núm. 2, 29 de octubre de 1927, p. 2.

una empresa de renombre creada en pleno siglo XIX y a la que le dieron varios premios internacionales.

Se casó con el diplomático mexicano Manuel de Yturbe y del Villar (1844-1904), con quien tuvo a su hija María Piedad en 1892 en París (Francia). Muchos de los datos biográficos que se conocen, los dio a conocer María Piedad en su obra *Érase una vez. Bocetos de mi juventud* (1954), una publicación que vio la luz siendo ya la princesa Max de Hohenlohe Langenburg, marquesa de Belvís.

Su segundo matrimonio fue con Fernando de la Cerda y Carvajal (1847-1927), duque de Parcent y conde de Contamina, con quien no tuvo descendencia.

Otro dato biográfico para destacar es que fue dama de la reina Victoria Eugenia de Battenberg (1887-1969).

A lo largo de su vida desempeñó varios cargos de relevancia, como el de vocal del Patronato Nacional de Sordomudos y Ciegos, uno de los más visibles socialmente.

A ella se le debe la creación de un centro benéfico docente y la donación de una finca destinada a la construcción de un sanatorio antituberculoso para niños en Ronda (Málaga), en donde estaba afincada.

Siempre demostró mucho interés por el arte, lo que la impulsó a fundar la Sociedad Española de Amigos del Arte.

Donó una tabla del siglo XV, con la representación de la Anunciación, al Museo Nacional de Pintura y Escultura en 1911. Asimismo, dos de las vidrieras de la catedral de Málaga las regalaron dos de sus tías paternas.

Murió el 28 de abril de 1927 en Viena (Austria).

Como señoría…

Se la seleccionó como representante del Estado. Su designación se hizo en la sesión plenaria del 10 de octubre de 1927.[28]

Excusó su asistencia a los plenos de mayo de 1928.[29]

Su alta tiene fecha del 10 de octubre de 1927 y su baja se realizó el 15 de febrero de 1930.

No se ha registrado ninguna intervención suya.

CONCEPCIÓN LORING HEREDIA

---

[28] *Diario de las Sesiones*, núm. 1, 10 de octubre de 1927, p. 6.

[29] *Diario de las Sesiones*, núm. 24, 24 de mayo de 1928, p. 893.

Nació el 4 de marzo de 1868 en Málaga. Era hija de Jorge Loring Oyarzábal (1822-1900), I marqués de Casa Loring, un reputado ingeniero, empresario y político malagueño[30].

Se casó con Bernardo Orozco y Moreno[31], marqués de la Rambla, el 24 de septiembre de 1893 en Málaga.

Cabe anotar alguna cuestión genealógica, como fue la solicitud de rehabilitación del título del marquesado de San Juan de Buenavista para su hija Amalia en 1914.

En 1918, falleció su hijo Bernardo en Zarauz (Guipúzcoa), quien poco tiempo antes se había cubierto ante el rey como grande de España, siendo ya caballero de la Orden de Malta, aparte de ser el heredero del título del marquesado de la Rambla.

En cuanto a su vida pública, puede destacarse su elección para el cargo de vocal del Patronato Nacional de Sordomudos y Ciegos por una Real Orden de 29 de noviembre de 1927.

Tres años después, también por una Real Orden, en este caso, de 3 de abril de 1930, se hacía oficial su cese en el referido Patronato, "(…) ordenándose se le den las gracias con reconocimiento al celo y constancia con que desempeñó su encargo honroso y benemérita misión".

Fue distinguida con la Banda de la Real Orden de Damas Nobles de la Reina María Luisa por un Real Decreto de 13 de abril de 1927.

Desempeñó otros cometidos de cierta significación. Así, por un Real Decreto de 21 de mayo de 1928, se le otorgaba el puesto de vocal en el Patronato para la Represión de la Trata de Blancas.

Murió en su domicilio de la calle Hermanos Bécquer de Madrid en 1935.

Por paradójico que parezca, se la incluía en la Orden siguiente, firmada en Barcelona el 22 de marzo de 1938:

Ilmo. Sr.: De acuerdo con lo dispuesto en el Decreto de 7 de octubre de 1936 (*Gaceta* del 8) y previos los informes emitidos por las Juntas Calificadoras Municipales y Junta Provincial de Jaén, creadas de conformidad con el artículo segundo de este Decreto, vengo en aprobar la relación que se detalla a continuación de los elementos que han sido clasificados como enemigos del régimen y comprendidos en el grupo de insurrectos a que se contrae el artículo primero del Decreto de 7 de octubre de 1936.
(…)
Lo que comunico a V.I. para su conocimiento y efectos consiguientes.

---

[30] Fue diputado por Málaga en las legislaturas de 1857-1858, 1858-1863, 1863-1864, 1864-1865, 1865-1866, 1867-1868, 1871-1872, 1872, 1876-1877 y 1878.

[31] Nacido en Úbeda (Jaén) en 1862 y fallecido en el mismo lugar en 1907. Fue diputado por Jaén en las legislaturas de 1898-1899 y de 1899-1901.

Barcelona, 22 marzo de 1938.
Vicente Uribe. Sr. director del Instituto de Reforma Agraria.

Como señoría…

Fue asambleísta por representación de actividades de la vida nacional. Su nominación se hizo en la sesión plenaria del 10 de octubre de 1927.[32]

Se la asignó a la sección 14.ª (Acción Social, Sanidad y Beneficencia).[33]

Consta como fecha de su alta el 10 de octubre de 1927 y se cursó su baja el 15 de febrero de 1930.

INTERVENCIONES EN LA ASAMBLEA

Discurso sobre la enseñanza de la Religión en los institutos. Sesión celebrada el 23 de noviembre de 1927.

Quiero que mis primeras frases sean para saludar al Gobierno de S. M. y a toda la Asamblea. Sintiendo después la necesidad de encontrar disculpa por lo que pudiese parecer osadía (y es obligación precisa) el ser la primera mujer que hace uso de la palabra desde este sitio, y siendo tan notoria la superior competencia de mis compañeras. La cuestión por tratar, más que de ciencia, puede llamarse de conciencia, y cuando esta lo pide hay que decir el parecer sencillamente, con la misma nobleza que se nos ha pedido que hablemos aquí, con toda claridad.

En la sesión plenaria próxima pasada, el señor Sáinz Rodríguez, al exponer su interpelación sobre "El nuevo Plan de Estudios de Segunda Enseñanza", hubo de decir: "Otra materia capital en la educación de la juventud: la Religión".

La Religión ha sido hace muchos años voluntaria en el bachillerato. En este nuevo plan es también voluntaria; pero, además de voluntaria, está tratada con un menosprecio tal que, si este plan respondiese a una ideología, yo no me lo explicaría. El Decreto de 26 de agosto de 1926 no establece más obligación que la asistencia a cátedra, de la cual pueden eximirse todos sin excepción, con tal de que lo pidan sus padres. Como se ve, el decreto no ha modificado el carácter voluntario de la asignatura; pero, al respetar el examen y calificaciones en las demás, lo ha suprimido para esta. Suprimidos los exámenes, no les queda a los alumnos otra sanción que el certificado de

---

[32] *Diario de las Sesiones*, núm. 1, 10 de octubre de 1927, p. 8.

[33] *Ibid.*, p. 14.

escolaridad, que, por su condición, resulta completamente ineficaz para la asistencia y el aprovechamiento.

El Real Decreto deja en libertad a todos los alumnos para pedir la exención de estos estudios, y los que la pidan podrán ser bachilleres sin la Religión, pero no podrán serlo los que no la hayan solicitado. Esta condición tan desigual es la sentencia de muerte de la asignatura. A los que no quieren estudiar Religión no se les impone sanción alguna. En cambio, a los que no hagan esta manifestación, que debiera merecer alguna recompensa, siquiera porque se prestan a estudiar una asignatura más, se les grava con la obligación de asistencia a cátedra y estudio, como en las demás, aunque sin el estímulo de clasificaciones; y por añadidura se les castiga con la pena de no poder ser bachilleres sin el certificado de escolaridad. Ni que decir tiene que, dado el espíritu habitual en los estudiantes, este exceso de celo escolástico ha sido mirado por los compañeros no con admiración y simpatía, sino como nota burlesca y ridícula.

La elección no es dudosa. Los padres, aunque fervientes católicos algunos, optan por pedir la exención y se conforman con las prácticas religiosas en familia, ya que, en la forma en que se halla establecida la asignatura, los hijos no estudian y, al asistir a clase, no hacen más que perder el tiempo que necesitan para otros estudios. Añadid a esto que los encargados de esta enseñanza, suprimidos los exámenes, no tienen medios para hacer estudiar a los alumnos, ni siquiera para hacer que estén con atención en clase, pues la única sanción que tienen en su mano es el certificado de escolaridad, y si se lo niegan a los que no han estudiado durante el curso, al siguiente pedirán seguramente la exención de asistencia a clase. Resultado: que en una u otra forma la Religión no se estudia.

Ahora bien: ¿debe considerarse necesario su estudio en la segunda enseñanza? Indudablemente sí, y para ello hay que ponerla al nivel, por lo menos, de las otras de cultura general.

Muchos sostienen que el Catecismo y sus prácticas, donde mejor se aprende es en el regazo materno. Cierto, ciertísimo; allí mejor que en parte alguna se aprende a sentir y practicar la religión. De las madres salen, por lo general, los verdaderos creyentes; pero, aparte de que no todos las tengan capacitadas para tales enseñanzas, ¿vamos a contentarnos con que las futuras clases directoras de la nación no tengan más conocimiento religioso que unas nociones de Catecismo aprendidas en el hogar y ampliadas en la escuela?

Y si en el bachillerato no es obligatorio el estudio de la Religión, ¿cuándo ha de serlo? ¿Al llegar a la carrera? Ojalá que en ella se continuase; pero debe comenzar en la segunda enseñanza, antes de esa edad de despertar de las pasiones, en que mal se aviene, si no se saben ya, el estudiar preceptos que de ordinario estorban.

Una de las cosas que concede el decreto, como hemos visto, es que "si el padre no quiere, se dispense el estudio de la Religión a los hijos". ¿Los padres pueden disponer así? Son los hijos los que tienen derecho a la verdad, y el Estado católico, sabiendo que no hay más religión verdadera que la católica, tiene el deber y el derecho de amparar a los hijos.

La religión, una vez admitida, una vez que se crea en ella, es la *base y el sentido* de la vida, la explicación y la reglamentación de toda ella, puesto que es su finalidad. Tiene ese valor *sumo*, o no tiene ninguno. Al adoptarla el Estado significa que se lo da, y es un contrasentido no ya menospreciar, sino dejar al individuo en libertad de saber o no saber verdades que el Estado juzgue *esencia, base y fundamento* de la vida.

Se impone, pues, que se establezca como obligatoria para todos los alumnos del bachillerato, sin excepción alguna, y con examen, el estudio de la Religión, al igual que el de las demás asignaturas; y que a los catedráticos se les reconozcan los mismos derechos que a los demás, pues no sabemos por qué estos profesores han de ser de peor condición que los otros.

El fantasma de la libertad de conciencia no debe ya agitarse, porque solo la ignorancia o la mala fe pueden confundir la obligación de estudiar con la imposición de la creencia. El hombre deber saber por qué cree o por qué deja de creer.

Al privar a los bachilleres de estos conocimientos se les da una notable inferioridad con las mujeres de alguna ilustración, que, aun las que no hemos hecho estudios especiales, estamos perfectamente *seguras* de nuestra fe y enteradas de por qué no creemos en Buda, ni nos identificamos con Mahoma, ni nos hacen mella las disertaciones de Confucio.

La religión católica tiene dogmas, pero su creencia tiene que ser razonable, como dice San Pablo, y no es un asentimiento ciego, sino fundado en los motivos de credibilidad, que dicen los teólogos.

¡Qué diferente andaría el mundo (y principalmente España, que sin luchas religiosas ni controversias se dejó estar en su fe sencilla), si se considerase ignorancia el no saber religión!; pero, aquí, hace años, desde que se suprimió la Teología en las universidades, que ese estudio no se ha profundizado ni se ha tenido en estima, y así sucede que hay quien se hubiera abochornado de que se le considerase ignorante, por ejemplo, de los amores de Apolo o de los trabajos de Hércules y, en cambio, permanecería impávido ante el desconocimiento perfecto de normas morales, y aun preceptos católicos, como todos los días presenciamos. Eso se queda para niños y mujeres, más o menos beatas.

Si los estados se hubiesen percatado a tiempo que, si no es disculpa en los individuos pecar por falta de conocimientos, teniendo medios para aprender, es obligación precisa de los gobiernos procurar facilidades para ello, como segura consecuencia se hubiese elevado el aprecio de los que poseen instrucción religiosa, como cualquiera otra rama del saber humano.

¡Cuántos talentos! ¡Cuántos ingenios no se hubiesen, en ese sentido, malogrado! Infinitos fueron los que, poseídos de su inteligencia, les pareció cosa vulgar lo que el vulgo creía. Si todos los que por aquí pasaron, como todos los que han de venir, conocieran en toda su plenitud las leyes divinas, qué fácil sería legislar con solo su aplicación. Todo está en ella previsto, todo está sabido, todo probado.

Para concluir, pues temo cansar a la Asamblea, lo que deseamos, lo que piden conmigo cientos de miles de españolas y españoles, es que la asignatura de Religión sea obligatoria; que esta obligatoriedad no admita exención alguna, y con examen, como queda dicho; que los profesores se igualen en todo con los demás profesores, y que, al hacerse las oposiciones de estos para la cátedra, se hagan con las máximas garantías. Que se restablezca, además, la fuerza moral de esos catedráticos, debilitada por las últimas disposiciones, dándoles entrada en los Tribunales de Ingreso y Bachillerato Elemental, por ser asignaturas obligatorias en ambos, y la debida intervención en los demás actos claustrales, como la tienen los otros compañeros.

Al terminar de decir lo que me proponía, debía sentirme anonadada por lo que de atrevimiento pueda interpretarse; sin embargo, dos cosas me sostienen: la *bondad* de la causa y la rectitud del Gobierno entero, a quien ahora me dirijo. En el momento de hablar de enseñar leyes religiosas se impone más que nunca hacer honor a la verdad. En esto, como en todas las cuestiones, lo que es indispensable es *convenceros*. En lo demás, no hay que pensar. Ni os ha de parar el que os puedan llamar retrógrados, ni preocuparos el concepto de que os inclináis a las derechas. Jamás ese temor os hizo omitir el nombre de Cristo en actos y palabras, ni nunca consintió vuestras conciencias en victorias fáciles por halagos y concesiones.

Por eso tengo fe, por eso confío, que, en esta cuestión primordial, *suprema* para el definitivo resurgir de España, habréis de recapitular y *convenceros*. Tened presente que el progreso y la rehabilitación de los países en cuestión de moral, y que, como dijo Bonald, la revolución que ha empezado con la declaración de los derechos del hombre solo acabará cuando se declaren los derechos de Dios.

(…)

Tengo que dar infinitas gracias al Sr. ministro de Instrucción Pública por las amables frases que me ha dirigido. Nunca he dudado de sus sentimientos, ni tampoco he podido poner en duda esa opinión, porque comprendemos que cuando la España ha sido grande, ha obedecido al ideal religioso que nos ha guiado.

En cuanto a que no hemos pedido esta reforma antes, sabe S. S. que, en los límites y por los medios que teníamos a nuestro alcance, se han solicitado varias veces, sobre todo por el sector que represento, y nos hemos apresurado a reproducir nuestra petición tan pronto como se constituyó la Asamblea.

Respecto a los niños, expresa S. S. teorías hermosísimas, magníficas; pero hay que tener en cuenta que no se trata de ángeles y serafines, sino de niños pequeños que no pueden tener ese entusiasmo por la religión, que, al fin y al cabo, se traduce en un estudio, y este nunca les gusta. De manera que, esas enseñanzas tan magníficas, repito, caerán realmente en el vacío, y mucho más cuando, en el estado actual, se deja a los escolares que no asistan a clase.

Por lo demás, comprendo que tiene S. S. razón en algunas de las cosas que ha dicho. Yo podría aportar otra porción de datos; pero creo que no es ocasión de exponerlos.

Espero que tendrá en cuenta todo cuanto ha dicho y que estudiará con detenimiento lo necesario para que la enseñanza de la religión sea en el bachillerato más amplia, sea después o sea siempre, como debe ser; pero que se reforme el estado actual, que, como sabe S. S., es sumamente penoso.

Tengo que decir al Sr. presidente del Consejo de Ministros cuánta es mi gratitud por haberse molestado en hacerme el honor de contestarme. Bien sé, y a la vista está, que sus sentimientos religiosos son muy firmes; que en ellos cifra quizá su mayor gloria; que jamás se oculta para manifestarlos.

También sé que estas cosas han de ir despacio; que hay que pensarlas mucho; que hay que meditarlas detenidamente para ver cómo se arreglan para el bien de todos; pero en esto de los trámites, de las esperas y de todo lo demás, como se trata de una cosa tan grave y de un mal tan enorme, yo quisiera que se apresurase un poquito el arreglo; porque, si conozco todas estas dificultades y todos esos tropiezos que se encuentran en el camino, también, sé perfectamente que los alejandros no se paran en deshacer nudos. Cuando llega la ocasión, sacan la espada y los cortan. (*Grandes y prolongados aplausos*.).[34]

Moción para proponer la creación de escuelas prácticas de matronas. Sesión plenaria celebrada el 23 de mayo de 1928.

Señores asambleístas: Aunque he de dejar a doctores eminentes y sabios sociólogos el tratar de la cuestión en su sentido técnico y social, que, seguramente, sabrán ilustrar a la Asamblea con datos y cifras más precisos de los que yo podría dar, tengo que hacer uso de la palabra agradeciendo la galantería del Sr. Benjumea, para presentaros mi moción sobre escuelas de matronas, y deciros cuáles fueron las causas que me impulsaron a hacerla, y los puntos de vista sencillos, pero ciertos, que puedo tener yo, porque sobre ellos nos es dado a todos opinar.

---

[34] *Diario de las Sesiones*, núm. 3, 23 de noviembre de 1927, pp. 52-54, 57-58.

De mucho tiempo atrás, viene reclamando la opinión médica, asistida por cuantos se interesan en los asuntos de carácter social, la mejora y organización de la carrera de Matronas, que, dentro de su modestia, llena tan trascendental lugar en la vida de las familias y, como consecuencia, en la de los pueblos. Porque nada hay tan importante en la sociedad como la existencia de la sociedad misma, y nada tan nocivo y necesitado de mejora como todo lo que tienda a destruir o dañar la fuente misma de la sociedad, que es la de la natalidad.

Hay, pues, que rodear de todas las garantías posibles las augustas funciones de la maternidad. Por lo tanto, cuidar de las madres durante todo el tiempo de su vida en que desempeñan esa altísima misión social, y cuidar de los hijos en el período de mayor fragilidad y desvalimiento, será siempre una de las más preciosas misiones del Estado y, singularmente, de todos los que nos interesamos por el bien de la patria y de la raza.

El problema de la población, íntimamente relacionado con el de la natalidad, preocupa hoy a los sociólogos, políticos y moralistas de todo el mundo. El crecimiento de la población en nuestro país progresa lentamente. Europa aumenta más del uno por ciento anual, mientras España no pasa del cero coma sesenta. En España, no es que no nazcan las criaturas correspondientes, es que se malogran.

Si nuestra patria aspira a ser gran potencia, necesita mayor natalidad y menor mortandad. Hay que evitar la mortalidad infantil tan numerosa por falta de una adecuada asistencia a las madres, y esa misma mortalidad de las mujeres por incidencias puerperales, todavía tan frecuentes aquí, contribuyendo a disminuir las cifras de la natalidad, al cegar la fuente principal de ella.

Todos conocemos los rudos quehaceres de la mujer de campo, la indiferencia con que ven las medidas higiénicas, hasta el punto de contestar a los consejos de elemental precaución con alguna salida como la de que los chiquillos nacen debajo de un olivo (caso que ocurre alguna vez durante la recolección de la aceituna).

Ignorando que, aunque la Providencia es muy grande y la naturaleza tan sabia, que algunas veces se acomoda con esas prácticas simplistas, llamémoslas así, las estadísticas están llenas de cifras que acusan enorme mortandad, y los especialistas, hartos de ver madres jóvenes y fuertes estropeadas para siempre, con lesiones incurables, o bien, mujeres valetudinarias con infecciones de carácter crónico que las inutilizan para siempre o por largos meses para la vida de trabajo normal.

No menos digna de cuidados y atenciones inteligentes y benéficos es la vida de la obrera en los centros fabriles; pasa horas al lado de una máquina en atmósfera generalmente viciada, alargando la labor hasta los últimos días; y unas y otras, abandonadas a su propia suerte, por la ignorancia absoluta de la asistencia, que suele ser una comadre o una buena mujer de la vecindad, dejando con tranquila impasividad que se acerque el momento crítico de dar a luz, sin haber tomado la menor precaución ni haber hecho la consulta más superficial. Y *con sencillo heroísmo*, inconsciente, entrega su vida y la del nuevo ser en manos perfectamente ignorantes, que suelen ver llegar los mayores cataclismos con la serena impavidez del que todo lo desconoce y no puede medir los peligros.

Todavía es más triste la suerte de los seres muertos antes de nacer, por falta de exámenes inteligentes y de tratamientos adecuados durante el embarazo. Otros, ciegos (el ochenta por cien de los que se dicen ciegos de nacimiento) por contagios que les acarrean la pérdida de los ojos en el momento preciso en que se abren a la luz del día. Otros, deformes o lesionados para siempre, con parálisis y deficiencias mentales evitables. Sin contar los millares que mueren antes de nacer o en los primeros meses por contagios y errores de alimentación inverosímiles.

Tal es el triste cuadro que se desarrolla constantemente a nuestra vista, y al que, por humanidad y patriotismo, debemos llevar pronto y completo remedio. Uno de los más eficaces, y hasta ahora la menos atendida, será proporcionar a las madres debida asistencia, sobre todo, a la clase proletaria, que es la más necesitada. Para ello convendría, a nuestro juicio, multiplicar el número de matronas, que, en definitiva, son las que asisten al noventa por ciento de todos los partos y, además, facilitarles los medios de aprender no solo teoría, sino, sobre todo, práctica. Y pedir al Gobierno que se haga cumplir a los Ayuntamientos el artículo 41 del Reglamento de Sanidad Municipal promulgado, etc., etc.

En las grandes poblaciones, la abundancia de tocólogos y toda clase de recursos hace menos sensible la ausencia de matronas capacitadas; pero aquí se ventilan las necesidades de España entera.

El aumentar el número de escuelas de matronas será cosa larga de ejecutar si solo el Gobierno tuviese que establecerlas; pero, en cambio, es muy factible y de pronta realización, aprovechando lo existente.

En muchas poblaciones hay hospitales, edificios de maternidad, clínicas, etcétera, de carácter provincial, municipal o de fundación particular en perfectas condiciones para ello. Aquí en Madrid tenemos la mejor del mundo.

La Casa de Salud y Escuela de Matronas de Santa Cristina, fundada por una augusta señora que, reuniendo a sus excelsitudes de reina las de madre insuperable, quiso derramar sobre sus súbditos las bondades de su corazón.

Su Majestad la reina doña María Cristina, al dotar a la Corte con un establecimiento de tal magnitud y perfección, completa esta obra tan humanitaria, que a todos ha de beneficiar y a nadie estorba; donde estas matronas, enseñadas teórica y prácticamente, y formadas además en el espíritu de moralidad y orden, tan necesario en estos tiempos, en que solo la delicadeza y dignidad profesional pueden librarlas de servir de instrumento en casos criminales.

Penetradas además de la moral médica, que tan intrincada parece y es, en realidad, clara y diáfana para los que, como base esencial, tienen para resolverla la ley de Dios y la conciencia, vendrán a engrosar el número de las que cursan en universidades, dando remedio a esos males enumerados y sirviendo de base para la cosecha nacional de vidas, más rica y más preciosa que todas las demás cosechas juntas. De almas que se verían en grande riesgo de no recibir el bautismo, no llegando al término natural de su nacimiento. De hombres que han de aumentar con la población la prosperidad del país. De agradecimientos materiales que hay que haber presenciado para apreciar su profundidad, y que forman un conjunto de aportaciones que, sobre todo, y por encima de todo, es hacer patria. (*Aplausos. Muy bien, muy bien.*).

(...)

Una vez más, Sres. asambleístas, hemos podido comprobar la prontitud de pensamiento y de hacerse cargo del Sr. marqués de Estella. En el momento en que hemos explicado —muy mal explicado por mí, por cierto— en lo que consistía este proyecto, se ha hecho perfecto cargo de la importancia suma que tiene para las vidas españolas. Además, ha podido añadir algo que es de suma importancia. Para las madres, para las hermanas, para las que estamos muchas veces cerca de seres que, en ocasiones, no tienen la asistencia debida, será una cosa perfectamente útil lo que él acaba de indicar.

Las mujeres españolas le debemos por todos estilos muchísimos favores al Sr. marqués de Estella. Sabemos que se preocupa de nuestro bienestar y de nuestro adelanto, y podemos decir, recordando aquellos versos de Tassara, que el Sr. marqués de Estella no es que tenga pedestal, sino estatura. (*Aplausos*).[35]

MICAELA DÍAZ RABANEDA

Vio la primera luz en Navarra. A los dieciséis años obtuvo el título de maestra superior con nota de sobresaliente. Sus méritos académicos la llevaron a figurar, primero, en la tercera categoría del escalafón general de la provincia de Navarra y, con posterioridad, en idénticas condiciones en la provincia de Madrid.

El rectorado central la propuso para ocupar una vacante de auxiliar de Grado Elemental en Madrid en 1907, asignándole un sueldo de mil seiscientas cincuenta pesetas. Dos años después, fue aspirante a ingresar en la Escuela

---

[35] *Diario de las Sesiones*, núm. 23, 23 de mayo de 1928, pp. 883-884, 889.

Superior del Magisterio. Superadas las pruebas, obtuvo una plaza en la sección de Letras.

En 1911, el Comité Ejecutivo del Protectorado de la Infancia y de la Mujer puso en marcha el Centro de Hijos de Madrid, eligiéndola para ser una de sus vicepresidentas. Esta institución surgía entonces como una ramificación de beneficencia que "(…) evitará la explotación de la obrera, facilitará los recursos a las señoritas que profesan algún conocimiento utilizable como medio de producción, servirá de amparo a la infancia indigente y a la joven perseguida, apartándola de caer en la abyección, en el delito y acaso en el crimen".

El tercer curso de los Estudios Superiores de Magisterio lo realizó en 1912. Ese año, dedicado a hacer prácticas, logró ser el número seis en el listado de aprobadas de la sección de Letras. Se la nombró auxiliar de la Escuela de Maestras de Madrid, con un sueldo anual de mil quinientas pesetas, y doscientas cincuenta de gratificación por residencia.

En mayo de 1912, apenas un mes después de la designación mencionada, se dispuso que su situación laboral fuese la de agregada a dicha Escuela de Maestras, en comisión de servicio y cobrando la misma cuantía que cualquier maestra de Escuela Nacional de Madrid.

Una Real Orden de 2 de julio de 1913 hacía pública su elección como profesora numeraria de la sección de Letras de la Escuela Normal Superior de Maestras de Castellón, con un sueldo de dos mil quinientas pesetas al año. Por el contrario, un periódico catalán publicaba, en octubre de 1914, que no había estado en Castellón en aquellas fechas; de hecho, se la ubicaba como profesora agregada a la Normal de Madrid. Ya, en febrero de 1916, se le concedió la excedencia por una Real Orden.

Se le asignó la plaza de profesora numeraria de Historia de la Escuela Normal de Maestras de Madrid, con un sueldo anual de dos mil quinientas pesetas, según consta en la Real Orden de 10 de marzo de 1916. Tiempo después, su salario se vería aumentado con una gratificación anual de quinientas pesetas por residencia.

Esta nominación fue denunciada por otra de las aspirantes a dicha plaza, Avelina Tovar, comenzando entonces un proceso contencioso administrativo contra la adjudicación a Micaela Díaz de la cátedra de Historia de la antedicha escuela de maestras. En julio de 1917, se desestimaba la acusación de Avelina Tovar y se absolvía a la Administración General del Estado. Por su parte, el Ministerio de Instrucción Pública y Bellas Artes le asignaba con carácter definitivo el puesto a Micaela Díaz.

En 1918, volvía a ponerse en marcha un pleito contra su designación como profesora de Historia de la Escuela de Maestras de Madrid, en esta ocasión, promovido por Amelia del Pozo y Escobedo. Por aquellas fechas, Amelia impartía clases a las reclusas de la cárcel de mujeres de Madrid, una labor que compaginaba con la docencia en la Escuela de Maestras, entre otras cosas.

Era bastante habitual litigar con el objetivo de conseguir el reconocimiento en los tribunales de algún derecho o compensación. De hecho, la propia Micaela promovió uno contra las Reales Órdenes de 14 y 30 de noviembre de 1918, relativas a escalafones, sueldos y gratificaciones de los profesores numerarios de las Escuelas Normales de Madrid.

Por otra parte, cabe destacar su participación en un acto celebrado en la Asamblea Nacional el 28 de junio de 1914, a instancias de la sección 7.ª — Régimen de la Propiedad y su Uso—, con el fin de impulsar la candidatura de Emilia Pardo Bazán (1851-1921) para formar parte de la Real Academia Española.

Estuvo vinculada a la Sociedad de Pediatría de Madrid, de la que fue la primera socia. Ocupó el número sesenta y nueve de la lista de asociados, según una relación de afiliados datada en 15 de junio de 1915.

Formó parte de la Asamblea de Protección a la Infancia, a través de la cual se le concedió el Diploma de Mérito en 1915 por el consejo superior de la referida organización. Participó como conferenciante sobre temática pedagógica en numerosas ocasiones.

En octubre de 1916, fue elegida vocal del Patronato del Instituto Nacional de Anormales y Especial de Sordomudos y Ciegos, ocupándose de la sección de anormales.

Se puede decir que su nombramiento fue acogido con bastante simpatía, un acierto del ministro de Instrucción Pública, tal y como se puede leer en algún ejemplar de la prensa de aquel momento, al que se le atribuía el mérito de cuidar con esmero "(…) la justicia de sus resoluciones, fundamentándolas en méritos positivos y a veces en reivindicaciones justas". En cuanto a ella se decía que era "(…) cultísima como profesional y reconocida como escritora y oradora, que honra la intelectualidad femenina de nuestra patria, una especialista de vocación y de fe en la educación de anormales mentales".

Poco después, en marzo de 1917, fue designada profesora numeraria del Instituto Central de Anormales.

Perteneció al Comité Femenino de Higiene Popular de Madrid, orientado a difundir y a propagar los usos de higiene, la limpieza o la ventilación de las viviendas ocupadas por obreros, así como la enseñanza del cuidado y del aseo de los niños.

Fue vocal de la Junta Directiva de la Asociación Nacional de Mujeres Españolas. Entre otros asuntos, este colectivo destinó ciento veinticinco mil pesetas a las mujeres obreras en 1919.

También fue miembro del jurado que falló el premio al mejor trabajo sobre "Intervención de la mujer en la vida política. Consejos para que la mujer

49

emita su voto con social eficacia", un certamen organizado por el Centro Iberoamericano de Cultura Popular Femenina en 1924.

Como señoría...

Fue elegida concejala del Ayuntamiento de Madrid en julio de 1927. Su ascenso en la carrera política fue rápido, puesto que, muy poco tiempo después, ya era asambleísta por representación de actividades de la vida nacional, un nombramiento realizado en la sesión plenaria del 10 de octubre de 1927.

Estuvo asignada a la sección 15.ª (Reorganización Administrativa y Legislación de Contabilidad del Estado).[36]

Ocupó el cargo de secretaria de esta sección desde el 29 de octubre de 1927.[37]

Se la dio de alta el 10 de octubre de 1927 y se cursó su baja el 15 de febrero de 1930.

INTERVENCIONES EN LA ASAMBLEA

Discurso sobre absentismo y emigración. Sesión plenaria celebrada el 25 de noviembre de 1927.

Después de presentar un saludo muy cordial y muy respetuoso al Gobierno de S. M. y a la Cámara toda, debo inmediatamente añadir que es mi condición de mujer, en mi condición de mujer española, además, en la única en que voy a apoyar unas brevísimas palabras, que van a preceder en la interpelación que dentro de pocos instantes he de explanar.

Y estas pocas palabras, señores, pretenden explicar que si en esta pobre vida mía, tan obscura, se hiciera de pronto el milagro de cargar sobre ella los más excelsos, los más grandes merecimientos que pudieran acumularse sobre una vida humana, tendría siempre que decir algo que es íntimo pensar mío, y es que, en esa generosa iniciativa que ha tenido el Gobierno de S. M., al frente del cual está una persona que no hay más que aludir a ella para que inmediatamente todos acumulemos lo más grande y lo más excelso que se puede pensar, en esa iniciativa que ha abierto ciertas posiciones que hasta ahora estaban de un modo celoso reservadas a los hombres, he de pensar que el Gobierno de S. M. y el presidente del Consejo de Ministros, si han querido

---

[36] *Diario de las Sesiones*, núm. 1, 10 de octubre de 1927, p. 14.

[37] *Diario de las Sesiones*, núm. 2, 29 de octubre de 1927, p. 2.

traer a unas cuantas señoras, ha sido principalmente pensando en esa gran masa, en esa apreciadísima masa de mujeres españolas, en las cuales brillan tesoros de virtud para resplandecer una vez más ese movimiento justiciero que parece informar todos los actos del general Primo de Rivera, y sacar de la masa anónima a esas mujeres que, en masa efectivamente, han hecho la recogida de merecimientos, y con los cuales, en estos momentos, tiene la humildad de confesarse adornada la que está haciendo uso de la palabra. (*Muy bien.*).

He de agregar, además, en nombre de todas estas mujeres, después de dar las más rendidas gracias al Consejo de Ministros y a su primer ministro, que esa masa de mujeres no es algo granítico, incapaz de reaccionar, sino que en ella vive la inteligencia, con manifestaciones potentes, y que han sabido seguir dándose cuenta de toda la gravedad de las situaciones, de todo lo crítico de muchas de ellas, en un doloroso calvario, con todas las penalidades que la patria ha sufrido y que, con una comprensión verdaderamente fina, han sabido darse cuenta del alborear de un día en que han creído que la historia de España iba a tener una fecha de iniciación de un período muy glorioso.

Y llega a más la comprensión de las mujeres españolas, Sr. presidente del Consejo de Ministros; llega a más todavía; a no creerse extrañas a ese hecho, porque con sus oraciones reiteradas, con toda su devoción, han creído que en algún momento han quebrantado la voluntad de Dios para que el milagro se hiciera. (*Muy bien. Aplausos.*). Y, en efecto, se ha hecho el milagro; y España ha podido caminar por unas vías de sosiego, de calma espiritual, que a todos nos regocija decir que la estamos viviendo.

Cumplo, pues, con la misión social, que parece de una manera especialísima encomendada a la mujer, de traer aquí el aplauso de todas las mujeres para todos los hombres que trabajan en provecho de la comunidad, porque no me parece que el tesoro de espiritualidad que vive en el alma femenina pueda tener un empleo mejor, ya que es, al mismo tiempo que justicia, algo de exaltación, algo de ejemplo, algo de fuerza, algo de fuego, para que todo el que sienta en su entendimiento y en su corazón un anhelo de mejora se lance inmediatamente a la palestra, y procure sacar de esas fuerzas que Dios le ha dotado el mayor provecho. (*Muy bien.*).

Y en esta tarea mía de aplaudir, de estimular a todo el mundo, yo no puedo menos de continuar dirigiendo mi mirada a estos escaños rojos, fijándome en algunas personalidades que los ocupan y darles el parabién, la felicitación más sincera, el aplauso de todas estas mujeres conscientes, sobre cuya vida no resbala nada que pueda tener para la patria, y decirles: "Señores: habéis hecho bien en venir aquí, porque el amor soberano de España, ese amor que no consiente intermitencias, que no debe claudicar nunca, que debe estar siempre potente, exige que todos contribuyamos a la continuación de la historia de España, y sería una conducta bien poco generosa, y hasta suicida para quien la siguiera, el negar aportaciones decididas a esa misma historia." (*Muy bien, muy bien. Aplausos.*).

Después de dicho esto, procuraré, si Dios me ayuda, salir del grave apuro en que me encuentro, porque con esta misma sensibilidad femenina he de decirles que yo me enamoré del tema que he traído aquí. Me gustó extraordinariamente, creí que había en él un sentimiento de dolor de los pueblos que ven cómo, poco a poco, van desangrándose y debilitándose, y creí también muy hacedero, muy sencillo, muy fácil, venir aquí y explicar alguna de las cosas que yo sentía sobre este tema. Digo alguna de las cosas, y no las infinitas cosas que he leído, porque este tema de absentismo y emigración he de decir que se ha dado, que ha nacido precisamente adscrito a la raza latina.

Es la raza latina la que lo ha padecido más dolorosamente. Aquellos tiempos gloriosos de Roma, aquel apogeo, tuvieron su momento de crisis, en este flujo y reflujo de las cosas humanas, que hoy aparecen en toda su vitalidad y mañana caen hundidas, completamente deshechas en la nada.

También, a aquel glorioso imperio romano le sucedió esto mismo: tuvo momentos de un poderío extraordinario, el mundo conocido sintió sobre sí no solo la fuerza de las armas, sino esa otra fuerza espiritual de la razón escrita, porque hay que confesar, señores (no sé por qué feliz maridaje, pero es lo cierto), que la fuerza de las armas y el derecho hacen siempre un consorcio felicísimo.

He de decir que en esa civilización romana aparecen desde muy pronto los males del absentismo, y en el momento en que la decadencia del Imperio romano se acentúa más es, precisamente, cuando aquellos latifundios, en los que la actividad del hombre no ponía el menor esfuerzo, caen por la falta de riqueza y, sobre todo por la falta de riqueza más grande que puede pesar sobre los destinos de un pueblo: la falta de hombres, que llegó a hacer verdaderamente angustiosa la situación de Roma.

No he de señalar la serie de ilustres tratadistas que se preocupan de este terrible problema, y voy a seguir adelante indicando que en España no es de ahora el mal, pero sí que es, precisamente en estos momentos, cuando se nos presenta con carácter que puedo calificar de verdadero azote, por haber visto sus consecuencias en la tierra donde he nacido, y que es lo que me ha impulsado a explanar aquí esta interpelación, y porque ha llegado a mis oídos una noticia verdaderamente desconsoladora: en esas admirables regiones de Vasconia, allí donde precisamente la familia humana se presentaba con todas las garantías, asistida de todas las virtudes, es donde se está dando ahora el doloroso fenómeno de que ochocientos caseríos, esas dulces moradas humanas donde todo sosiego, toda paz y toda tranquilidad parecían haber tenido su asiento, han quedado completamente desmantelados, desiertos y perdido todo el encanto de esas viviendas…

Es preciso, señores, que se atienda un poco a esta sentimentalidad, que requiere atención del Gobierno, al cual no se le podrá ciertamente atacar de pactar treguas con la laboriosidad, como es bien reconocido por todos los españoles; pero yo desearía que este Gobierno, de tan extraordinaria actividad en todos sus departamentos, tuviera una especie de unión, de concatenación de todas estas medidas en el de agricultura, favoreciendo los trabajos de la tierra, de los cultivadores, facilitando medios materiales, tanto en semillas como en maquinaria, y también en el de instrucción pública, haciendo que las escuelas rurales (que yo sé que le merecen predilección extraordinaria al actual ministro por su bondad nativa) difundan sus enseñanzas entre esa pobre gente, y procurando que en ellas mismas se den cursillos de ampliación de cultura, con lo cual se estimularía el aprendizaje de ciertos oficios, que tan en contacto están con muchas industrias regionales y locales, que en tiempos remotos fueron verdadera gloria, prez y fuente de riqueza para España.

No es necesario que diga cuánto puede hacerse en esta obra del absentismo y de la emigración, que, en resumidas cuentas, es un fenómeno de disgregación de fuerzas sociales, pues los propietarios residen fuera de las localidades, a veces muy distantes del sitio donde radican sus bienes y sus medios de producción.

Con solo concretar en estas sencillas palabras lo que es el absentismo, las personas de inteligencia tan perspicaz como son las que me escuchan, y en especial aquella a quien especialmente dirijo esta interpelación, sabrán que es un mal que exige grandes y eficaces remedios. Es indudable que el propietario que se ausenta de las tierras se causa a sí mismo un grave daño económico, lo cual perjudica extraordinariamente a la región de donde emigra, y además conspira contra su misma propiedad.

De otro lado, me parece que la propiedad está fundamentada (y me refiero siempre a doctrinas sociales) en la necesidad justificada que se tiene de las cosas poseídas: el que se ausenta de esas cosas poseídas, el que las abandona, el que ni siquiera las administra, ¿cómo podrá justificar su derecho de posesión? Ocurre también, y me refiero sobre todo a las tierras que se ceden en arrendamiento, que lejos de ellas su propietario, quien las lleva en arrendamiento no se preocupa —y es muy humano— de sus intereses, que no están de una manera directa relacionados con la propia ganancia y, sin el más pequeño amor al terreno que cultiva, solo piensa en esquilmarlo, mirando solo a que las cosechas se den seguidas, sin intercalar los cultivos diversos necesarios para favorecer la fertilidad de la tierra.

Con todo esto queda bien explicado que el absentismo, en lo que se refiere al capital que más deben defender sus pueblos, que son las tierras, produce un daño verdaderamente extraordinario.

Hay, además, un daño social en esta ausencia del propietario de los lugares en que radican sus propiedades, y es que el ejemplo que brindan a las gentes trabajadoras es verdaderamente penoso, porque mientras que el absentismo tiene la comodidad de abandonar aquella tierra en el momento en que al que se marcha le parece más oportuno o más conforme a su comodidad o a la conveniencia del instante en que se marcha, en cambio, con el empobrecimiento a que condena a esas mismas tierras, brinda, repito, un ejemplo que, además, es apremiante, porque los trabajadores que han de emigrar en masa tienen que salir, no en el momento en que ellos quisieran, sino en ese caso verdaderamente desventurado, que prepara el éxodo tristísimo de tener que abandonar unos trabajadores la tierra, la región donde quizá quisieran vivir con mayor delectación toda su vida, porque allí la subsistencia se les ha hecho sencillamente imposible.

Sé que ha habido, como causas de este absentismo, situaciones políticas, sociales, que han hecho que esto, que en otras circunstancias se da como un fenómeno natural, tenga los caracteres de algo extraordinario, de algo impuesto. Tal sucede, por ejemplo, cuando un país arde en guerras y es preciso que las personas que están amenazadas por la serie de enconos que a través de las guerras se producen, tengan la necesidad de salir de allí. Pero, aparte de esto, hay que pensar en esa emigración, que es un grave daño y que no está en los sujetos el poder o no evitarla, hay que pensar, repito, en atajar ese daño, precisamente, con las medidas previsoras que pido yo de este ilustre Gobierno que rige los destinos de la patria en la actualidad.

Y además de los medios que he apuntado, he de decir que tengo una grandísima confianza en lo que se puede hacer en el sector social. Hay un Instituto Nacional de Previsión, que seguramente sabe el Gobierno lo bien organizado que está para poder atender a toda esta serie de cuestiones, con el establecimiento de crédito para dotar de recursos a las gentes pobres que tendrían que emigrar, si no se las atendiera, y sabe este Gobierno lo fácil que podría ser hacer que esas regiones, que están más amenazadas de este grave daño, puedan sentirse aliviadas en esa grave situación y bendecir una vez más la comprensión de un Gobierno que no sestea y que acude presuroso a remediar el daño allí donde se presenta. (*Muy bien. Aplausos.*).[38]

Discurso sobre la creación de Escuelas Prácticas de Matronas. Sesión plenaria celebrada el 23 de mayo de 1928.

Sres. asambleístas: una intervención brevísima, empezando por felicitar a la Excma. Sra. marquesa de la Rambla por su hermosa iniciativa. Entiendo que es una institución muy necesaria la Escuela de Matronas, y al dar este aplauso mío, caluroso, por esta iniciativa, quiero agregar también que, dentro de la

---

[38] *Diario de las Sesiones*, núm. 5, 25 de noviembre de 1927, pp. 121-123.

creación que se pide de la Escuela de Matronas, haya un apartado que se podría llamar, si les parece bien, "Consultorio Prenatal" y que a este consultorio se atraiga a toda esa desgraciada juventud femenina que en las grandes poblaciones, en esos días venturosos de sol hermosísimo, ejerciendo una verdadera atracción, una saturación de vida, lleva a ese contingente enorme de infelices criaturas que, después de emborracharse de sol, quizá de caricias, se encuentran en un verdadero régimen de tristeza, que tiene duración en un plazo que fatalmente se cumple y en el cual esa pobre mujer, después de haber sido, quizá, en una tarde lisonjeada y después de haber estado rodeada de todos los halagos, sufre un calvario en la soledad, en la desatención, sin tener con quien cambiar una palabra, sin tener una persona que la aliente, y pone a esa infeliz criatura en el trance horrible de cometer el más espantoso de los crímenes, que los animales más feroces no comenten, porque cuando llega el momento de que una fiera es madre, es precisamente cuando adquiere el *máximum* de ternura.

Es verdadera lástima que con esta desatención social esa pobre mujer, que ha asistido durante nueve meses a auscultar ese latido de pena, en lugar de sentir en su alma la alegría con que toda madre espera el momento en que su hijo vea la luz, se encuentre rodeada de susto y, enloquecida, llegue a cometer el terrible crimen del infanticidio.

Creo, señores, llegado el momento de que, aprovechando la creación de estas escuelas, de abrir estos consultorios prenatales, se atraiga a toda esa desperdigada población femenil, que en esa alegría encuentra tantísimos quebrantos y tantas amarguras, para que, asistiéndola en esos meses de soledad, se vaya, al mismo tiempo que robusteciendo y que actuando sobre la parte física, levantando la parte moral y se predisponga a aquella alma a hacerse digna de ese momento que espera con tanta amargura como vergüenza. (*Aplausos.*).[39]

Intervención en el debate sobre el Proyecto de Presupuestos Generales del Estado, en la parte concerniente al Ministerio de Instrucción Pública. Sesión plenaria celebrada el 15 de diciembre de 1928.

Dispuesta a economizar, en lo que mi pobre palabra pueda entreteneros, ese tiempo de que tan avaro se muestra el Sr. presidente de la Asamblea, voy a ceñirme todo lo posible al asunto que yo trato de defender aquí, para hacerlo con la mayor brevedad. Y empiezo por decir a los dignos individuos que componen la sección 12.ª de esta Asamblea, que estas pobres iniciativas que traigo, si no se las he brindado a ellos, personas de tantísimo mérito y por las

---

[39] *Diario de las Sesiones*, núm. 23, 23 de mayo de 1928, p. 886.

que tanta devoción siento, ha sido porque causas ajenas a mi voluntad me lo han impedido por completo.

He de empezar por felicitar al Gobierno de Su Majestad por este santo horror al déficit en que va informando toda su política económica, santo horror al déficit que, al pueblo, a la gran masa del pueblo, le hace pensar con verdadero optimismo en los destinos de la patria. Debo felicitarle, además, porque sin dejar inerme a España para el caso en que una agresión pudiera hacer necesario encontrar a nuestra nación preparada a todo evento, sabe, sin embargo, mantener preocupaciones que son muy de agradecer para que todos sus gobernados puedan disfrutar, si no en este momento, en un plazo más o menos próximo, de ese bienestar económico, que es el mínimo de lo que demanda la dignidad humana.

Después de esto, todavía he de aplaudir al Gobierno porque haya accedido a aumentar las consignaciones del clero, porque esto da también satisfacción a una grave y honda preocupación de ese mismo Gobierno, que es la atención que quiere prestar a lo que él ha llamado intereses espirituales, y es, en efecto, una gran verdad que, sin atender a esos intereses espirituales, no pueden los pueblos crecer en la alta preocupación de manifestarse, con esa fuerza de virtud, que solo alienta en las sociedades que tienen una altísima preocupación del sentimiento religioso y procuran afianzar completamente en esa alta preocupación todos los esfuerzos de su vida.

Debo también felicitar a los señores ministros, que, en estas sesiones referentes a la explicación de los presupuestos de cada uno de los departamentos, han sabido presentar ante la nación entera un panorama que hace que los acontecimientos se esperen con verdadera tranquilidad, porque cuando se tiene asegurado el sector económico de la vida de los pueblos, como en la vida de los particulares, es indudable que la tranquilidad nace y que se siente una verdadera satisfacción, sobre todo, cuando se recuerda que no han pasado muchos años todavía desde aquellos en que las personas que vivíamos sometidas a un sueldo, que os proporcionaban los servicios que prestábamos al Estado, hubimos de sentir la terrible inquietud de que quizá llegara a nosotros en toda su integridad. Vale la pena de consignar esto para decir al Gobierno que esa satisfacción íntima que sienten sus gobernados, porque está asegurada la vida en ese sector económico tan importante, es cosa que hay que agradecerle.

Y ahora quiero felicitar al Sr. ministro de Instrucción Pública, por la obra de saneamiento y reorganización de todos los servicios que ha llevado con sus iniciativas al Ministerio. Esta reorganización de servicios hace que las cantidades, que van precisamente para poder mantenerlos, no parezcan un sacrificio, porque nunca debe parecer sacrificio el dinero que va, como ha dicho perfectamente la sección 12.ª, a dar satisfacción a necesidades que se sienten con vehemencia, sobre todo, cuando estas necesidades son satisfechas con toda la fuerza con que se sienten.

Asimismo, hay que agradecer la iniciativa del señor ministro, porque merced a ella, gracias a su aplicación y a la no interrumpida gestión desarrollada en ese sector, puede llegar, quizá en un plazo próximo, para España, el día en que pueda hacer efectiva esa Ley de Asistencia Escolar; ley que hasta ahora estaba siendo muy difícil su cumplimiento, porque empezaba por hacerlo imposible la falta de un número grandísimo de escuelas.

Es, pues, gracias a la asiduidad con que el Sr. ministro de Instrucción Pública se ha dedicado a enjugar este déficit de escuelas, por lo que la nación halló camino seguro para poder dar satisfacción a todos los padres españoles, que desean encontrar para sus hijos una plaza donde puedan adquirir la Instrucción Primaria.

He de resaltar, en honor del Sr. ministro, la feliz orientación que ha sabido marcar para que esos edificios escolares de nueva creación sean de un tipo arquitectónico que se aparte completamente del tipo palacio, del tipo de gran monumento arquitectónico; y por haber tomado en cuenta las necesidades de la moderna pedagogía, que aconsejan que, aquí en España, donde gozamos del beneficio inmenso de tanto día de sol, se den las clases al aire libre. Por eso, anejos a esas escuelas de nueva construcción, ha tenido buen cuidado el Sr. ministro de Instrucción Pública de que existan campos para hacer experimentos de cultivos agrícolas; que los conviertan en sitio muy agradable de trabajo.

Debo destacar los grandes beneficios que reporta a la cultura patria la no interrumpida serie de cursillos que está organizando el Ministerio de Instrucción Pública por iniciativa del Sr. Callejo; debiendo hacer aquí únicamente un ruego, y es que cuide mucho el Sr. ministro de que esos cursillos y todas esas enseñanzas complementarias no se centralicen en Madrid, sino que, conforme a un ruego que tuve el honor de formular el año pasado con ocasión de una interpelación que explané, todas esas cosas vayan a la periferia, porque en todos esos núcleos culturales que vayan formándose al cursar tales enseñanzas, se encontrará, desde luego, el doble éxito de ganar no solo la opinión de los maestros, que esos ya la otorgan dada su cultura y su afán por ser personas que presten el máximo servicio a la patria en las mejores condiciones posibles, sino la de la inmensa población de todas esas regiones, que se sumarán a nuestro entusiasmo por la enseñanza.

Y ahora viene el capítulo de las peticiones. Es sabido que, en todos los centros, y lo mismo en el Ministerio de Instrucción Pública, todo el personal, así técnico como administrativo, está sintiendo la grave necesidad de ver acrecidos sus haberes, y esto podría tener una solución haciendo que las escalas graduales que se aplican a cuantos dependen del ramo de Instrucción Pública, tanto en el sector administrativo y técnico, como en el docente, se reformen en el docente, se reformen en el sentido de ponerlas de acuerdo con la vida probable en España, según edades, evitando los estancamientos en categorías ínfimamente dotadas; y respecto a Normales, convendrá que se refuercen las cifras destinadas a personal y material, y a los mismos edificios escolares. Hay que tener en cuenta que las Normales, en su mayor parte, tienen una pésima instalación de locales, y yo me atrevería a rogar al Sr. ministro de Instrucción Pública que, de esa cifra global que existe en el presupuesto para edificaciones, se hiciera una separación conveniente, a fin de que las Escuelas Normales pudieran tener un local adecuado a los altos fines que en ellas se persigue.

He de indicar también y que, respecto de la Normal de Madrid, importaría mucho que por el señor ministro de Instrucción Pública se pensara en la conveniencia de separar en dos la actual Normal. Con ello el gran número de alumnas acumuladas en una Normal podría repartirse en dos, con satisfacción de todos; con ello desaparecería la dificultad de encontrar local y, además, desaparecería la enorme dificultad pedagógica que surge de estar en un local, tan poco conveniente, el número excesivo de matriculadas, que pasa de quinientas, y el número, excesivo también, de profesoras.

Voy a formular otro ruego. Hay en esa mismas Escuelas Normales un personal de ayudantes gratuitos que está prestando servicios muy estimables, y fuera bueno que, a cambio de sus años de trabajo, recibieran una remuneración. Con estoy doy fin a mis palabras. (*Aplausos.*).[40]

Intervención en el debate sobre el Estatuto de la Primera Enseñanza, en la parte relativa a la formación del maestro. Sesión plenaria celebrada el 21 de marzo de 1929.

Van a ser las primeras palabras que pronuncie dedicadas a saludar al Gobierno, a su ilustre presidente y a los Sres. asambleístas; e, inmediatamente, paso a dedicar un sentido recuerdo, en nombre de la mujer española, por ser yo la que humildemente tiene el honor de dirigir la palabra hoy a la Asamblea, en honor de aquella egregia figura desaparecida; y nada más que la presentación de este recuerdo para aquella ilustre reina, porque no voy a pretender trazar la silueta psicológica tan maravillosamente dibujada por el señor presidente del Consejo de Ministros, primero, y por el Sr. presidente de la Asamblea, después, y únicamente diré que ese dolor nacional tuvo sus más vehementes acentos en el corazón femenino, y que lo manifestó como la mujer eminentemente cristiana puede mostrar ese sentimiento: con sus oraciones copiosísimas, bañadas en lágrimas. Y además, he de agregar que la

---

[40] *Diario de las Sesiones*, núm. 36, 15 de diciembre de 1928, pp. 323-324.

llorada reina tendrá siempre un verdadero trono de amor en nuestros corazones, ya que la mujer española no podrá olvidar nunca la sublime lección de altísimo feminismo que nos brindó aquella egregia señora con toda su vida; altísimo feminismo que, nosotras, educadas en la familia con sentido tradicional y altamente cristiano, hemos sabido sentir y practicar; que es el de respetar, no por esa cosa de tradición que viene del padre de familia romano, y que, después de todo, manda fuerza, ya que somos herederos de los romanos en el orden del derecho y en otros muchos aspectos de la vida, porque fue mucho pueblo aquel; es que, además, en esta familia cristiana española de verdadera raigambre tradicional, se ha sabido siempre considerar como la palabra más entonada la que pronunciará el padre de familia. Esta ilustre reina que supo mantener una actuación afortunadísima, porque era su inteligencia toda luz, supo también eliminarse en toda ocasión y ceder el primer lugar a los hombres de su egregia familia, y esta lección la hemos aprovechado las mujeres españolas, colocándonos en el terreno de ver en los hombres un alto ejemplo de espiritualidad, de virilidad. Por eso, hemos visto en nuestros hogares encomendada a ellos la misión de decir siempre la última palabra en las cuestiones arduas, aun cuando no faltara la aportación del femenil consejo, pleno de amor y desinterés.

Y ahora un llamamiento al hombre español. Que sepa con su caballerosidad mantener viva esta devoción que en el corazón de la mujer hay para los hombres que saben ser dignos de esta altísima prerrogativa. *(Muy bien. Aplausos.)*.

Y después de decir estas palabras, voy, de una manera rapidísima, a hacer un análisis de este dictamen de la sección 10.ª. Empiezo por presentar la situación verdaderamente delicada en que me encuentro. En esta sección 10.ª hay altísimas personalidades que gozan de un prestigio bien ganado, no solo por su autoridad universitaria, ni por la que les dan los altos cargos que desempeñan en la Administración de la enseñanza oficial, sino porque su vida de trabajo y estudio, con el ascendiente ganado día tras día en la cátedra y en toda su intervención oficial, se lo han dado abundantísimo; esto naturalmente pesa sobre mí con verdadera fuerza, colocándome en una situación delicada al pretender hacer una labor de crítica, siquiera sea de crítica positiva. Porque es muy grato a una mujer el empezar a señalar aciertos; y, en verdad, que no es difícil encontrarlos en este dictamen, comenzando porque el preámbulo es algo que conquista, desde luego, a la persona que se asoma al estudio del mismo, por su gran contenido de sinceridad, de juicio desapasionado, de conocimiento de la realidad. Por cuanto queda expuesto, puedo afirmar con fundamento que no es una tarea ingrata, ciertamente, la que realizo en estos instantes.

En la base 2.ª, por ejemplo, donde se habla de la educación preparatoria, yo he de señalar algo que me ha parecido encantador, sencillamente. Se dice "que para dar felicidad a la adquisición de la cultura —de la cultura preescolar, tratando del ingreso en las Escuelas Normales— se podrán establecer cursos que comprendan las mismas materias que constituyen el bachillerato elemental".

Señores, es un gran acierto llevar esto a las Normales; porque, indudablemente, cuando se trata de adquirir una cultura con un fin determinado, es un acierto soberano encomendar que se elabore en ese mismo centro, al cual tienen que concurrir las personas que van a adquirir esa cultura previa. Y es un gran acierto, además, porque quitan contingente de muchachas a esos institutos de asistencia mixta, precisamente en una edad en que es delicadísimo el trato que debe dárseles; institutos en los que he de decir, con todo respeto, no queriendo señalar defecto ninguno de organización, porque la buena voluntad salva desde luego las deficiencias que en ellos puedan encontrarse; en los que, repito, se pierde verdaderamente una gran cantidad de trabajo para tratar de orillar inconvenientes que, constantemente, se presentan. Por ello, es mucho mejor que esas muchachas acudan a un centro donde no tengan el inconveniente de la convivencia, en una edad tan crítica, con muchachos, que por estar en formación han de presentar grandes dificultades de muy varia índole. Está, pues, bien pensado por la sección 10.ª que se obvien esos inconvenientes, encomendando esta labor a las mismas Escuelas Normales.

Y como es muy tarde y no quiero detenerme mucho, he de decir que, desde luego, aplaudo con toda mi alma esta iniciativa de la sección, porque dentro de ese recinto de la Escuela Normal que va a preparar a quienes luego han de desenvolver estudios de mayor empeño, en esa intimidad, es como mejor, de modo más adecuado, puede cumplirse esta misión con el mayor acierto.

Y voy a pasar a la base 3.ª en la que se dice lo siguiente: "La educación profesional, en la Escuela Normal, se dividirá en dos partes: ampliación de cultura general y preparación profesional". A mí me parece muy bien que en todo trabajo se vayan estableciendo cortes. Claro está que esos cortes no quieren decir la materialidad de separar lo que es inseparable. Pero quieren decir método en el trabajo, significan métodos para el mejor aprovechamiento de ese mismo trabajo, para que se revista esa labor de una tonalidad, de un recogimiento espiritual que solo puede tener en un ambiente adecuado; cuando de una manera previa se ha pensado en cómo se han de dar esos cursos, y con qué debida separación hayan de tener lugar.

He de decir que he sentido verdadera satisfacción al ver cómo no se restringen los estudios de los maestros. Señores, es hora ya de pensar en que se amplíe la cultura del maestro, precisamente de ese maestro para el que muchos quieren una formación muy recortada y muy restringida, porque dicen que va a estar en esas aldeas calladas y silenciosas, donde no va a encontrar estímulo para su vida espiritual. Querer aminorar la cultura de ese maestro, querer hacer de él algo tan achicado y tan deficiente, es cosa que no me satisface, ni puede satisfacer a nadie que seriamente se proponga estudiar este problema.

Es necesario que el maestro tenga una formación cultural amplísima; porque es, señores, el maestro, el anchuroso ventanal que ofrece en esos pueblos donde no hay otros centros de enseñanza que la escuela, ocasión para que aquellas gentes, de una cultura tan rudimentaria, nula casi siempre si queréis, puedan asomarse a estas exigencias de la vida del estudio, y lleguen a reaccionar, precisamente, con esos tópicos que aplica el alto ejemplo de cultura que puede dar el maestro, para sentirse atraídos a esos mismos estudios y a ese campo del trabajo intelectual.

Hay que pensar, señores, que, cuando esa preparación espiritual del maestro no está debidamente atendida por un ciclo de estudios que sea todo lo abundante que hace falta para que surja una vida espiritual rica, no podrá ser ese luminar abierto a las posibilidades y donde un pueblo entero puede asomarse para bendecir por él al mundo, a todas las cosas y a Dios que está sobre ellas.

Yo he de celebrar que se haga, precisamente en este dictamen, preceder una preparación filosófica a los estudios de Pedagogía. Señores, se nota en el mundo de los estudios, en los momentos actuales, una vuelta fervorosa de los intelectuales hacia la Filosofía y hacia la Filosofía de los neoplatónicos, hacia la Filosofía mantenida, sobre todo, por un San Agustín y un Santo Tomás de Aquino.

Así, pues, me parece un soberano acierto que la sección haya pensado en servir una cultura filosófica, porque, además, no se puede acometer el estudio de la Pedagogía sin ir a buscar la base en que se fundamenta toda la concepción de la vida; esos arduos problemas de conocimiento y tantos otros, interesantísimos, como se nos ofrecen en el campo filosófico, no pueden acometerse de ninguna manera, ni puede hacerse un estudio pedagógico con sentido amplio, comprensivo y útil, como no se cimente, como no tenga un verdadero trabajo preliminar, en los conocimientos filosóficos.

Y después de decir esto, yo tengo que celebrar también, se haya pensado en que se estudien en la Normal conocimientos de Trigonometría, porque no se puede intentar el estudio de la dinámica de la cantidad, ni se pueden acometer ciertos estudios de Física, sin tener una base de conocimientos trigonométricos.

Asimismo, he de celebrar, como uno de los aciertos del dictamen de esta comisión, el que se piense haya en las Normales un laboratorio de Psicología experimental. La Psicología tradicional, la Psicología clásica, podemos decir que estudia al espíritu humano sin buscar la dinamicidad de ese mismo espíritu; en cambio, la Psicología experimental hace estos estudios sorprendiendo al espíritu en su varia y rica dinamicidad. Por eso me parece sumamente oportuno el que se exija que, en las Normales, haya estos laboratorios de Psicología experimental y que alcance tan interesante disciplina en ellas.

No puedo menos de celebrar también, de un modo cordialísimo, que haya pensado la sección en la manera cómo se deben hacer las prácticas de enseñanza. Esta preparación profesional, que estaba en el plan del año 1914 encomendada a una sola escuela y a una sola persona, era demasiado trabajo y era un cometido demasiado extenso para que se pudiera hacer, como quienes estábamos viviendo a diario ese problema arduo de la preparación profesional, ambicionábamos. Ahora, en este plan, ese trabajo de preparación profesional se reparte entre todos los profesores de la Normal; y, señores, basta enunciar esto para comprender la inmensa ventaja que representa. Porque, trabajando cada profesor en una técnica determinada, ha de ser muy holgazán si, al cabo de algunos años, no está completamente identificado con su asignatura, ni ha sentido una captación de su espíritu y de su voluntad hacia ese trabajo, al cual ha consagrado todas sus actividades.

Es muy natural que un plan, que trata precisamente de aprovechar toda la labor que un profesor celoso puede desarrollar en su cátedra, haya tenido el acierto de encomendar esa parte de preparación profesional a todos los profesores, para que, en el santuario del trabajo íntimo, en que cada uno de ellos desenvuelve durante el curso los temas de su asignatura, pueda, al mismo tiempo, hacerse esta labor de formación profesional. Esto tiene además la inmensa ventaja de que, aprovechando ese mismo entusiasmo con que una persona se ha consagrado a una técnica particular, puede de una manera sencillísima, sin darse cuenta apenas, ganar la voluntad y el amor al estudio de la persona con quien está trabajando (el alumno); y puede sin gran esfuerzo acometer con mucha modestia este estudio, que es verdaderamente lo más espiritual de la labor de clase; este estudio que recuerda un poco de trabajo de seminario, en el cual el maestro va preparando al alumno, acostumbrándole a manejar aquellas fuentes superiores de consulta que el alumno por sí solo, por su propia iniciativa, no puede prepararse, ni aún está en situación científica de saberlas manejar.

En esa camaradería, que el trabajo hace tan útil, en que el profesor y el alumno se confunden y van sumando sus entusiasmos, de persona un poco iniciada, el maestro, y de persona llena de arrestos juveniles, el discípulo, se hace la magna labor de crear enamorados de la cultura superior. Y esto, aun para esos mismos maestros que se van a desparramar por los pueblos pequeños, es muy beneficioso, porque se les dota de una gran riqueza de vida interior; y hace que, cuando en el exterior no encuentren nada que solicite su atención, nada que sea para ellos estímulo, puedan recogerse dentro de sí mismos, puedan replegarse dentro de esa personalidad que el estudio ha hecho rica; puedan, en una palabra, seguir la obra de autodidactismo que únicamente puede acometerse sin los peligros de desvaríos, cuando el espíritu se ha acostumbrado a trabajar sometido a la disciplina y a la autoridad del maestro que pueda tenerla; y el maestro puede tener esa autoridad, cuando se ha ofrecido, como un ejemplo vivo de aplicación y de entusiasmo por su carrera, al alumno al cual está formando. Y, señores, con esto termino, pidiéndoos me perdonéis por lo que he podido molestar vuestra atención.[41]

MARÍA DE ECHARRI MARTÍNEZ

Nació en San Lorenzo del Escorial (Madrid) en 1878. Estudió en el céntrico colegio madrileño de Santa Isabel-La Asunción. Interesada por los problemas sociales, asistió a los cursos de la Academia Universitaria Católica. Allí fue alumna de su rector, el valenciano Enrique Reig Casanova (1859-1927), famoso arzobispo de Toledo y de Valencia, y asesor de Acción Católica, lo que le facilitaría su incansable labor laica en el ámbito católico, a la que le dedicó una buena parte de su vida.

Cultivó la literatura desde una edad temprana. Fue premiada en los Juegos Florales de Niza (Francia) en 1904, por un trabajo redactado en francés y titulado *Deux poetes Theodors Aubanel et Jacinto Verdaguer*.

A propuesta de la vicepresidencia de la Asociación Católica Internacional de las Obras para la Represión de la Trata de Blancas viajó a Basilea (Suiza), en representación del comité español de la mencionada asociación, para asistir al congreso internacional allí celebrado los días 7 y 8 de noviembre de 1910.

Fue elegida representante de los sindicatos católicos de España para acudir al Congreso Internacional de Sindicatos Femeninos, celebrado en París (Francia) el 25 y el 26 de enero de 1920.

Ocupó el cargo de secretaria de la Asociación Nacional de Damas de la Buena Prensa. Lejos de ser algo puntual, su visibilidad social se prolongó durante toda su vida, trabajando en varias instituciones y asociaciones. Así, fue nombrada vocal del Instituto de Reformas Sociales en 1919 y representante del Patronato del Colegio de San Ildefonso en 1924, por citar un par de ejemplos.

Se la designó vocal de la Junta Central de Emigración por una Real Orden de 5 de octubre de 1924, tras haber sido suprimido el Consejo Superior de Emigración y extinguido el Instituto de Reformas Sociales, en el que había desempeñado un cometido similar.

Con motivo de cumplirse sus bodas de plata como escritora, la Federación de los Sindicatos Femeninos de la Inmaculada le organizó una celebración en

---

[41] *Diario de las Sesiones*, núm. 41, 21 de marzo de 1929, pp. 564-567.

su honor en 1925. Su primer artículo había sido publicado en la revista madrileña *El Universo* en 1900.

Estuvo muy vinculada a la Institución Teresiana, lo que le llevó a recorrer diferentes lugares de Andalucía en 1926, en donde visitó sus centros de Málaga, Córdoba, Cádiz y los jienenses de Linares y Andújar.

Como apoderada de dicho organismo, asistió al VIII Congreso de la Asociación Católica Internacional de Obras de Protección a las Jóvenes, celebrado entre los días 6 y 9 de mayo de 1926 en Luxemburgo.

Ese mismo año viajó a París (Francia) como testigo del proceso de beatificación de Enriqueta Aymer de la Chevalerie (1767-1834), fundadora de las religiosas de los Sagrados Corazones.

Murió en San Sebastián en 1955.

Como señoría...

Comenzó en el mundo de la política siendo concejala del Ayuntamiento de Madrid. Poco tiempo después, el Gobierno la seleccionó para ser asambleísta por representación de actividades de la vida nacional.

Su elección se validó en la sesión plenaria del 10 de octubre de 1927.[42]

Fue asignada a la sección 14.ª (Acción Social, Sanidad y Beneficencia).[43]

Se refleja como fecha de alta el 10 de octubre de 1927 y su baja se cursó el 15 de febrero de 1930.

INTERVENCIONES EN LA ASAMBLEA

Discurso sobre legislación carcelaria. Sesión plenaria celebrada el 19 de enero de 1928.

Repetir lo que mis dignas compañeras, la Sra. marquesa de la Rambla y la Srta. Díaz de Rabaneda, dijeron, sería fatigoso para los que me escuchan en estos momentos, los más solemnes de mi vida en acción, por la tribuna desde la cual hablo y por las condiciones de autoridad y valer de los que aquí se sientan. Por otra parte, el asunto de que voy a tratar es de una importancia tal, considerado desde el aspecto moral y eminentemente social, que no quiero restar al tiempo que se nos concede para las interpelaciones, muchos minutos para la presentación, el exordio o como lo queráis llamar.

---

[42] *Diario de las Sesiones*, núm. 1, 10 de octubre de 1927, p. 7.

[43] *Ibid.*, p. 14.

La necesidad de que se remedie un mal, que hasta ahora no se remedió, y que palpamos todos los que nos encontramos con las presas al visitar la cárcel o al salir de ella; la necesidad de suplicar al Gobierno de S. M., y muy especialmente al Sr. ministro de Gracia y Justicia, a quien, desde luego, incumbe el hacerlo, que se solucione este mal, es lo que me ha movido a explanar esta interpelación, venciendo el natural temor de levantar la voz en un sitio donde se han levantado voces tan elocuentes y donde hemos escuchado disertaciones tan acertadas y oportunas. Por lo tanto, entraría en seguida en el fondo de la cuestión; pero sería faltar a un deber de consideración y gratitud, si yo, mujer, no saludase con todo respeto y con agradecimiento sincero al Gobierno de S. M., y muy especialmente a su digno presidente, al Sr. general Primo de Rivera, quien, con justa gallardía y haciendo honor a los sentimientos de amor a la patria que tienen los corazones de las mujeres españolas, quiso que trabajásemos con él en su obra de redención, de regeneración y de engrandecimiento del país. (*Muy bien, muy bien.*).

Las españolas, Sr. general Primo de Rivera, no lo olvidaremos jamás: hemos venido a la Asamblea, como fuimos a los Ayuntamientos, sin carácter político ninguno, sin otro carácter ni otra filiación que la de ser muy españolas y muy monárquicas, y la de cumplir, como los hombres, nuestros deberes, siguiendo los dictados de la conciencia, que tienen igual imperativo para la mujer que para el hombre, como es igual el amor a España en el corazón del hombre que en el de la mujer; para servir a España, para sacrificarse por ello, lo mismo somos las mujeres que los hombres, y la historia registra con igual orgullo los nombres de los héroes que esmaltaron sus páginas y los de las heroínas que pusieron en las sienes de España laureles inmarcesibles. (*Aplausos.*).

Y dicho esto, paso en seguida a ocuparme de mi interpelación. Examinemos primeramente la situación de las presas de la cárcel. He visitado recientemente la cárcel de mujeres de Madrid, y he podido comprobar que es de una urgente necesidad el que de ese caserón ruinoso se trasladen las reclusas a otro local, en tanto que se dota a Madrid de una cárcel de mujeres apropiada; hace tiempo que se viene hablando de esto sin que hasta la fecha se haya solucionado la cuestión. No hace quince días todavía, se hundió el techo de uno de los dormitorios; Dios permitió que fuese por el lado de la puerta y no por el lado donde están emplazadas las camas, porque de otra manera hubiera habido desgracias que lamentar. A los pocos días se hundió dos veces el suelo del lavadero, accidente que, por fortuna, ocurrió de noche, pues de otro modo también hubiéramos tenido que lamentar desgracias para las reclusas que trabajan en ese lavadero; y en las noches de lluvia, en los dormitorios, con el techo hundido, cae el agua lo mismo que en la calle, a pesar de los esfuerzos que se hicieron para evitarlo.

Sí, la situación material es mala, rematadamente mala (y de esto no tiene nadie la culpa, sino que es imposible sacar mejor partido del que yo he llamado, muy apropiadamente creo, caserón verdaderamente ruinoso). Sí, se necesita toda la abnegación de las Hermanas de la Caridad y todo el celo y la sabia dirección del director de la cárcel de mujeres para tener aquello en la forma en que está de aseo y de limpieza. Si la situación materialmente, digo, es mala, la situación moral es todavía muchísimo peor. En la cárcel, entran las presas habiendo muchas de ellas (no me refiero a todas, naturalmente) cometido un solo delito; pero no pervertidas, y salen pervertidas del todo. Recientemente me decía una de ellas que, al salir de la cárcel, sabía perfectamente cómo se cometían los robos, cómo se hacían los escalos, etc., etcétera. Todo lo sabía, y había entrado sin saber casi nada de esto.

Sobre esta parte moral es sobre la que quiero llamar la atención del Sr. ministro de Gracia y Justicia de una manera preferente, porque sé positivamente, y en ello confío, que el Sr. ministro pondrá remedio a un mal verdaderamente grande, que está pidiendo a gritos que se remedie.

Debía, desde luego, adoptarse, por la noche, el sistema celular, y no el de los dormitorios comunes. Yo no voy a manchar mis labios con la repetición de los hechos que allí ocurren; lo saben sus señorías mucho mejor que yo. Pero créanme los señores asambleístas, que se dan casos, repito, que están pidiendo, con clamores grandes, que se les ponga remedio, que se ponga coto a ese mal. Bien está, porque así resultó conveniente, que se sacase de las cárceles de provincias a las mujeres presas; pero, no sé, si ha sido peor el aglomerarlas todas en dos o tres sitios nada más, sobre todo, sin hacer la distinción, la clasificación, que yo creo que se debiera de hacer, y que he oído decir que se piensa hacer. Y si esto es así, felicito sinceramente al Sr. ministro de Gracia y Justicia, porque creo que hará con ello un gran bien.

Como he dicho, se debían separar las profesionales de las que son, llamémoslas así, novatas en el crimen, porque esa convivencia en que hoy están, el que puedan reunirse y comentar unas con otras lo que han hecho y lo que piensan hacer, es un escollo, un mal gravísimo. Si, por ejemplo, ponéis a la joven que entró en la cárcel porque cometió un robo, del cual, quizá, no es ella la única culpable, aunque sí la única castigada (y no voy a entrar ahora en detalles, porque alargaría mucho mi intervención, pero creo que comprenden sus señorías lo que quiero decir); si ponéis en manos de esas mujeres, que comercian con la honradez y con la virtud, a esa joven que no está pervertida del todo, en manos de esas mujeres, acabará por pervertirse, porque matarán en ella todo sentimiento noble y honrado que aún tuviese.

Esas mujeres, cuanto más culpables, más desgraciadas, deben vivir separadas en la cárcel. Para ello debería adoptarse el sistema celular, a fin de que no pudieran contaminar las unas a las otras, como se están contaminando, y no puedan realizar el mal que están realizando. Si a unas leprosas las

66

separaríamos del resto de las reclusas de la cárcel, por temor al contagio, ¿por qué no hemos de aislar a esas otras leprosas que van fomentando esa llaga social, que se va extendiendo cada día más y está ocasionando un daño verdaderamente espantoso?

Me permitiréis, pues, que diga, con dolor inmenso, que parece mentira que con un carné y una matrícula pueda realizarse ese daño. Porque yo pregunto: ¿se toleraría un carné y una matrícula para cometer un robo, para cometer un homicidio? (*Muy bien, muy bien. Aplausos.*).

En Segovia, tampoco el local reúne las condiciones necesarias para una cárcel como debía de ser. Cierto es, y por ello felicito a los señores que lo han hecho, que se han realizado mejoras importantes y que se piensan llevar a cabo mejoras todavía mayores. Pero, repito, que tampoco el local reúne las condiciones que debería reunir. Alcalá, sí. Alcalá, por lo menos, es el mejor de todos los locales que tenemos en punto a cárceles ordinarias. Allí, la vida física, la vida material de las presas, se desarrolla en forma mucho mejor que en los otros sitios que he citado antes.

En la parte moral, ocurre exactamente igual en un sitio que en otro, y repito que ello no es culpa en absoluto de ninguna de las personas que están allí; es culpa del sistema, porque como están las unas en contacto con las otras, naturalmente, las más pervertidas…, iba a decir que se divierten, por más que es una diversión harto triste, en pervertir a las demás.

Por tanto, yo rogaría al Sr. ministro de Gracia y Justicia —y vuelvo a decir que esto, más que una interpelación, es un ruego; pero no un ruego para los efectos del tiempo, Sr. presidente, sino porque no lo quiero hacer en forma que no merece tampoco el Sr. ministro de Gracia y Justicia— que recoja mis palabras y vea el medio de que se solucione, tanto la situación material, física, como la situación moral de las presas dentro de la cárcel y dentro de los penales. Y yo tengo la seguridad de que el Sr. ministro de Gracia y Justicia pondrá toda su actividad, toda su energía, en afrontar estos problemas, lo mismo que ha afrontado otros dentro de su radio de acción, porque, repito, son problemas que deben interesarnos profundamente y que exigen, reclaman, un remedio eficaz y radical.

Y antes de pasar al segundo punto, yo quisiera formular un ruego, ahora sí que es un ruego, al Sr. ministro de Gracia y Justicia. En la cárcel modelo prestaban antes servicio las Hermanas de la Caridad. Se me ha dicho que, el día que salieron de allí, algunos socialistas lloraron, y que es deseoso de la mayor parte, si no de todos los presos, que volvieran allí las Hermanas de la Caridad, sin que esto signifique en absoluto censura alguna para los empleados que cumplen admirablemente; pero, señores, si el corazón femenino lleva consigo ternuras y delicadezas que le son propias, ¿qué no llevarán esos corazones femeninos que, además de serlo, guardan todas sus ternuras y compasiones para todas las llagas sociales, porque de la caridad hicieron la finalidad de su vida? (*Muy bien. Aplausos.*).

Y pasemos, Sr. ministro, a la segunda parte. Tenemos ya las presas (y al decir las presas me refiero igualmente a los presos). Claro es que, siendo yo mujer y conociendo por ello más el problema femenino, debo abogar a favor de las presas. Pero mis palabras se refieren también a los presos. Tenemos ya a las presas o a los presos fuera de la cárcel. Han cumplido su condena o se les ha indultado. ¿A dónde irán? Habrá algunos que no quieren de ninguna manera regenerarse, que no sientan el ansia de lavar su frente de esa señal que la expiación de su crimen les puso. Los habrá, pero, yo creo, que serán los menos. Los más, créalo el Sr. ministro de Gracia y Justicia, créanlo los señores asambleístas, los más, sienten ese anhelo vivísimo de quitarse de encima esa mancha y de regenerarse, de salir del fango en que cayeron, y cayeron, señores, ¡cuántas veces, cuántas! porque no tuvieron quienes les señalase el camino de la honradez y de la virtud, porque no hubo quien les dijese que existía el premio y el castigo, ni que existía Dios, ni que Dios había muerto en la cruz por salvar a los pecadores. Y no creáis que estos son sentimentalismos femeninos, no; es la verdad escueta; son escenas que os podría referir. Y os llevaría una vez junto a una anciana encanecida, es cierto, en el crimen; pero que, después de una misión que se les dio en la cárcel, en que se les enseñaron las excelencias, las bellezas, la misericordia de nuestra santa religión, exclamaba sollozando: "Si yo hubiera conocido esto antes, yo no me encontraría aquí. De niña nadie me enseñó; el vicio me rodeó por todas partes y he caído". Y otro día llegaréis junto al lecho de una pobre mujer en el Hospital de San Juan de Dios, y de sus labios, entre sollozos profundos que os emocionarían, oiríais que ella fue buena y fue honrada hasta que su madre no tuvo qué comer, hasta que ella misma tuvo hambre y, ante la tentación, sucumbió.

Repito que estos no son sentimentalismos femeninos, que es la historia de la humanidad delincuente, que la mayor parte de las veces por ignorancia y por miseria cae, y la sociedad ni tiene derecho a cruzarse de brazos, cuando esas mujeres y esos hombres, al salir de la cárcel, quieren rehabilitarse y levantarse del fango en que se hundieron.

Yo pregunto a la Asamblea: ¿Qué hacemos con los presos y con las presas cuándo salen de la cárcel? ¿A dónde los mandamos? Porque es muy fácil decirles que sean buenos, que no reincidan, pero ¿qué armas les damos para que se defiendan? ¿Qué puertas les abrimos? ¿Es que alguno de vosotros recibiría en su casa a quien acabara de salir de una cárcel o de un penal? Seguramente que no. Sin embargo, es preciso facilitarles el camino para que puedan regenerarse y salir de la abyección en que cayeron.

Este sería un magnífico complemento de la Ley de Libertad Condicional, porque la libertad condicional tendrá plena eficacia, cuando el favorecido por ella sepa que puede encontrar un techo bajo el cual cobijarse y un trabajo honesto que le permita defenderse en la vida. Si a las presas, sobre todo a las que son madres, que es el mayor acicate y el estímulo más fuerte para que deseen ser buenas, se les facilitara el medio de regenerarse, seguramente se regenerarían.

Yo he oído decir, y lo creo firmemente, porque en estos tiempos la gente es muy avispada y se ingenia extraordinariamente para vivir, que hay muchas agencias que prometen ese trabajo honrado y ese techo donde cobijarse a los favorecidos por la Ley de Libertad Condicional, pero, luego, esas promesas no tienen realidad y hasta es posible que el remedio sea peor que la enfermedad, mientras que estas asociaciones que yo defiendo, serían de una garantía absoluta para el Estado, que está obligado a ayudarlas y a fomentarlas para que sigan prósperamente su camino.

Señor ministro: todos estos problemas, que al igual que los problemas que se discutieron, con una elocuencia que yo no tengo (y bastante lo siento por las presas por quienes abogo), en tardes anteriores, respecto de la cuestión de la reforma del código, de personal de prisiones, etcétera, son problemas que se deben mirar también de una manera afanosa, con un estudio sincero y grande, porque afectan hondamente a la vida social y, además, son problemas de justicia y de caridad.

Hubo una época en que la voz de una mujer, que se llamó Concepción Arenal, hizo que las miradas de los que no se habían preocupado en pensar en la suerte de los presos, se fijaran en ella. Nosotros tenemos también que procurar la mejora de la situación de los delincuentes.

Yo no voy a establecer comparaciones; pero, sí quiero decir que, en la tarde de hoy, y puedo decir que ante España entera (puesto que España entera está aquí representada), una mujer que siente también hondamente estos problemas pide al Sr. ministro de Gracia y Justicia que se ocupe de ellos, que no desatienda su voz, y trate de mejorar la situación de estas pobres presas, de estas pobres desgraciadas que, tal vez, la mayor parte de ellas cayó en el mal porque no hubo quien les enseñase el camino del bien.

Rasgo eminentemente simpático y social ha sido el que ha tenido el Gobierno de S. M., al desempeñar las prendas que se empeñaron un día de agonía moral en que fallaron los recursos. Pues bien, el rasgo es simpático, pero, creo que sería más rasgo simpático, de caridad hermosísima, rasgo eminentemente social, el devolver a esos desgraciados los medios de vida, librándoles del estigma que pesa sobre ellos, porque una cosa es la justicia y la execración del crimen y otra la piedad y la compasión para los que lo cometieron. (*Muy bien.*).

Y voy a tocar el tercer punto, cual es los patronatos.

(…)

Los patronatos comenzaron a tener su desarrollo en Alemania en 1693. Primero, atendieron a la juventud y a la infancia desvalida y, después, se dedicaron también a atender a los presos dentro de la cárcel y a la salida de la cárcel. Estos patronatos en Alemania pronto adquirieron gran extensión, y dice un autor que ha publicado artículos muy interesantes sobre esta materia, que se dio el caso en seguida de observarse que había un cinco por cien de rebaja en la reincidencia de los reclusos que pasaban por estas asociaciones benéficas.

Sobre los patronatos han hablado y escrito con mucha elocuencia personalidades como Dato, Juan Catalina, Oloriz, Manzano y otros, y en gracia a la brevedad, no voy a leer nada de lo que han dicho estos señores, con los cuales estoy conforme.

En Francia, en Inglaterra y en Bélgica, los patronatos se miran con especial predilección. En Alemania se consideran como elemento indispensable para la obra carcelaria, y en España realizaron una labor hermosísima, pudiendo decir que la mayor parte de los reclusos añora todavía la labor de esos patronatos allí donde no existen en la actualidad. El patronato de Zaragoza, entre otros, realizó una obra verdaderamente digna de todo elogio, y de otros sitios podemos decir, como de Barcelona, Cartagena, etc., lo mismo, porque, en todas partes, los patronatos siempre han realizado una obra digna de todo elogio, de todo encomio, y siendo una cosa buena, eminentemente social, una colaboración de la cual no se debía prescindir, es lástima que los patronatos no estén hoy en la forma en que estuvieron antes.

Según cuentan las crónicas, los patronatos no tenían todas las simpatías de algunas personas afectas a las cárceles. Sin duda, temieron por la influencia que estos patronatos tenían cerca de los reclusos, influencia que no tiene nada de particular, puesto que los empleados, por buenos que sean (y vuelvo a decir que, con raras excepciones que hay en toda obra humana, los empleados son buenos y yo me congratulo mucho en poderlo reconocer), sin embargo, siempre los reclusos ven en esos empleados a los individuos que les están guardando, que les están vigilando y, por consiguiente, no pueden mirarles con la misma simpatía con que miran a las personas que vienen de la calle, que integran esos patronatos, a los cuales ven llegar sin ninguna prevención, y que pueden realizar una obra verdaderamente cristiana poniendo, junto a la dureza de la pena, que es necesaria, la compasión y la piedad.

Por lo tanto, no puedo estar conforme con que esos patronatos no existan en la forma que existían antes, pues, en 18 de octubre de 1918, se transformaron en comisiones económicas, y luego, en 14 de diciembre de 1923, a las juntas de disciplina se les conservaron las mismas atribuciones que a estas comisiones económicas.

Pero no tienen ya los patronatos el carácter que tenían los antiguos, y que yo quisiera (y se lo pido encarecidamente al Sr. ministro de Gracia y Justicia) que vuelvan a tener. Porque, repito, que, si es verdad que elementos extraños, más que por interés por curiosidad y porque querían saber lo que ocurría dentro de las cárceles, se introdujeron allí donde no debieran, no por ello se debe suprimir en absoluto lo que era una colaboración esencial y que completaba la obra carcelaria y poscarcelaria.

Por consiguiente, yo pido al Sr. ministro de Gracia y Justicia que mire con interés esta petición que le hago; que trate de reponer esos patronatos, porque, aunque no sean quizá necesarios hoy en día, por haber sacado de las cárceles de provincias a los que estaban encerrados en ellas, sin embargo, yo creo que, sobre todo la mujer, nada más por el hecho de haber sido procesada, necesita del amparo, de la protección, del interés, del cariño de esos patronatos que, por lo menos, no sobran, y que creo que están haciendo mucha falta en la forma que antes estaban.

Y voy a terminar, porque, aun cuando agradezco al Sr. ministro de Gracia y Justicia la amabilidad y galantería que ha tenido conmigo, no quiero abusar más de la atención de la Asamblea. Sin embargo, el tema exigía que yo me extralimitara un poco en las atribuciones que se nos conceden para las interpelaciones, porque, si damos todo nuestro interés y nuestra compasión a los desvalidos y a los enfermos, ¿qué no deberíamos dar a estos desvalidos de la sociedad, que los separa de ella con repugnancia y con horror, aun cuando, como dije al principio, quizá no hizo nada para evitar que se produjeran esos males.

¿Y qué amor, qué ayuda no debemos dar a esos enfermos del alma los que nos gloriamos de pertenecer a la religión católica, que tenemos más obligación de prestarles y tratar de cicatrizar esas llagas que el mal les causó? Pues bien, hagámoslo así, hagamos de la finalidad de nuestra vida esa caridad que el Maestro Divino nos legó como su mandato supremo, cuando nos dijo, en la noche de la última cena: "Amaos los unos a los otros, como yo os he amado". He dicho. (*Muy bien. Grandes aplausos.*).

(…)

Muy brevemente, porque, además, las últimas palabras del Sr. ministro me dan la seguridad de que está conforme conmigo y de que hará todo lo posible para que se solucione aquello que le he expuesto y que, por lo menos en parte, se subsanen las deficiencias apuntadas.

El Sr. ministro ha dicho que no puede asegurar nada, pero que, cuando menos, "procurará" que se solucione. Yo, a ese "procurará" le doy tanta importancia, que me quedo plenamente convencida de que, dentro de poco, llegaré a la "seguridad".

Y en cuanto al Ayuntamiento de Madrid, debo decir que en las épocas a que se ha referido su señoría, yo no pertenecía a él; pero en la actualidad haré todo lo posible para que el Ayuntamiento de Madrid —y supongo que aquí estará su dignísimo alcalde— colabore con el ministro de Gracia y Justicia, para ver si entre uno y otro se puede subsanar el asunto de la cárcel de mujeres, y pronto tengamos en Madrid una adecuada a la capital de una nación, porque, realmente, hoy día, la cárcel de mujeres de Madrid es algo vergonzoso para la capital de España y, además, como está tan ruinosa, corren peligro las reclusas, si se repiten los hundimientos, de sufrir algún accidente.

En cuanto a que sea femenino el personal de la cárcel de mujeres, es natural que así sea; pero es que yo he empezado por decir que no culpaba a nadie, he comenzado por reconocer el celo y la inteligencia de todos los directores de las cárceles de Madrid, Alcalá y Segovia. Por consiguiente, mis palabras no envolvían censura, absolutamente ninguna, para el personal, y he hecho resaltar la labor de abnegación que realizan las Hermanas de la Caridad dentro de la cárcel de mujeres.

Respecto del sistema celular, deseo, Sr. ministro, y se lo pido encarecidamente, que vea si es posible implantarlo, dentro de los medios económicos de que pueda disponerse, porque sería muy triste que, por no disponer de estos medios, continuase este mal moral tan grande, que deploramos los que conocemos de cerca lo que sucede en la cárcel.

A ver si es posible que se vaya llegando a ello poco a poco, sino del todo. Yo me contento, como el Sr. Siurot, con que, poco a poco, por etapas, se vaya realizando esa labor y vaya desapareciendo ese mal, hasta llegar al sistema celular, siquiera por la noche, lo cual no es difícil de conseguir, ni dificulta la vigilancia; antes, al contrario, pues es muy fácil, me parece, que esas personas, que están contaminadas de esa lepra social, queden separadas de las demás y no hagan el daño que ahora hacen en la comunidad.

Espero, por tanto, del Sr. ministro, que, con esa buena voluntad, con ese interés que pone en todo, recogerá mi ruego y buscará el medio de llevarlo a la realidad, en la forma que se pueda, porque yo no pido imposibles.

Tendré muchísimo gusto en leer la Memoria de que nos ha hablado S. S. Desde luego, el señor ministro sabe mucho más que yo de estas cosas — ¡pobre de mí, que no sé nada! —. Pero, precisamente por eso, es por lo que he hecho mi ruego, para que lo recoja con la capacidad y la experiencia que le dan los trabajos que ha realizado durante tantos años y lo lleve a la práctica. En cuanto al hecho pintoresco que nos ha relatado, no hace más que confirmar lo que yo he pedido; es decir, que, al salir de la cárcel, ninguno debemos recibir, ni recibiríamos, a los que salen de ella, sino que se necesita un período de transición, y así, el que entró en esa colonia de trabajo, en ese ambiente distinto del de la cárcel, en ese ambiente de honradez, de virtud y de costumbre de trabajo, quizá, agradeciera al Sr. ministro lo que había hecho por él y no volviera a robar otro reloj. Por eso, yo pedía el reformatorio, para que no ocurran esos casos, que no pueden evitarse con la mera reclusión en la cárcel.

Respecto al patronato, como me ha anunciado que está conforme conmigo y que hará que vuelva a funcionar, yo no tengo, sino que agradecerle profundamente que eso se haga. Yo he de hacer notar que, en efecto, en lo de las visitas se cometían algunos abusos, porque había gente que no iba por interés, sino por simple curiosidad; pero si hay algún defecto, lo que se debe hacer es corregirlo, y ello se puede lograr, por ejemplo, reglamentando las horas. El Sr. ministro, que está acostumbrado a hacer cosas de mucha trascendencia, seguramente podrá reglamentar eso fácilmente. Y como, repito, que ha dicho que tiene la idea de hacerlo, yo me limito a expresarle mi reconocimiento por haber recogido con tanta benevolencia uno de los puntos que he tocado.

Y no quiero decir más, para que no se diga que las mujeres somos habladoras (*Risas*). Pero, antes de terminar, quiero rogar encarecidamente al Sr. ministro que, si no tiene en la actualidad medios económicos en el presupuesto para hacer esa obra de regeneración de las presas, busque bien, que, a veces, en los rincones de los ministerios, se encuentra algún dinero cuya existencia se desconocía (*Grandes risas*), y vea si por este medio puede disponer de esos pocos miles de duros que se necesitan para comenzar esta obra, que las presas están deseando, porque son las primeras en reconocer la falta que les hace para poder volver a la sociedad regeneradas.

Tenga la seguridad el Sr. ministro de Gracia y Justicia que, de todas las obras que ha hecho y de todas las que haga en el sentido que el otro día le pedían (y como yo no entiendo mucho de ello, sería pedantería hablar de esas cosas), ninguna será para él motivo de tanta alegría de alma ni provocará tantas bendiciones y gratitudes, como las que recibirá, si pone mano a esta obra y da a esas pobres presas el medio de que, al salir de la cárcel, puedan hacerlo regeneradas. (*Aplausos*).[44]

Enmienda. Ministerio de Instrucción Pública.

De doña María de Echarri solicitando un donativo de veinticinco mil pesetas para la obra de vacaciones de la Federación de Sindicatos Obreros Femeninos.[45]

MARÍA LÓPEZ MONLEÓN

Nació el 20 de junio de 1893 en Valencia.
Fue miembro del Sindicato de la Aguja.

---

[44] *Diario de las Sesiones*, núm. 11, 19 de enero de 1928, pp. 372-376, 379.

[45] Anexo 3.º al Apéndice 3.º al *Diario de las Sesiones*, núm. 32, 11 de diciembre de 1928, p. 4.

Presidió la Confederación Regional de los Sindicatos Obreros Femeninos de Nuestra Señora de los Desamparados de Valencia. Para esta asociación consiguió una subvención de tres mil pesetas.

En 1929, gracias a su intervención, se le concedió a la Escuela Nocturna de Obreras de Santiago de Compostela una pensión de mil pesetas.

Perteneció a la Junta Provincial de Valencia para coordinar el acto de homenaje a Miguel Primo de Rivera en 1929.

Como señoría...

Fue asambleísta por representación de actividades de la vida nacional. Se realizó su nominación en la sesión plenaria del 10 de octubre de 1927.[46]

Fue dada de alta el 10 de octubre de 1927 y su baja se cursó el 15 de febrero de 1930.

INTERVENCIONES EN LA ASAMBLEA

Intervino con un discurso sobre la dignificación del trabajo de la mujer en la sesión plenaria celebrada el 14 de febrero de 1928.

Señores asambleístas: Con el natural encogimiento que puede suponerse en una humilde obrera, que se ve ocupando, sin buscarlo, este puesto de la más alta representación ciudadana, levanto mi voz para dirigirme al Sr. ministro de Trabajo, requiriendo su atención sobre asuntos referentes a la necesaria protección y a la dignificación del trabajo de la mujer obrera, cuyos intereses me siento, en conciencia, llamada a defender en esta Asamblea Nacional, ya que el nombramiento con que inmerecidamente fui enaltecida por el Gobierno, llevaba implícita la misión de velar por los intereses de las obreras españolas, y de exponer ante el poder público sus necesidades sociales y profesionales; indicando el remedio que brota del propio sentir y las legítimas aspiraciones a la dignificación de la clase obrera femenina, acreedora siempre a la exquisita y delicada atención del prudente gobernante y a la asistencia social de las clases superiores.

Mas, antes que al ministro, debo dirigirme a la Asamblea en general, significando a todos, y especialmente a las señoras, los respetos de la más humilde asambleísta, y rogarles que, excusando mi torpeza en el decir, propia de quien no cultiva las letras, ni posee dotes oratorias (preocupada solamente en ganar para su madre y para sí el sustento y en ocupar el tiempo sobrante en la labor social de la Confederación de las Obreras Católicas Valencianas,

[46] *Diario de las Sesiones*, núm. 1, 10 de octubre de 1927, p. 7.

que tengo el honor de presidir, inmerecidamente), se fijen más bien en la importancia de mi ruego, prestando obsequio a los millares y millares de obreras españolas, dignas del cariño y de la asistencia de las demás clases sociales, porque dan a la Patria la fecundidad de su trabajo y la riqueza imponderable de la crianza y de la educación del pueblo, de ese pueblo español, que hizo legendaria y gloriosa, en todo tiempo, la historia de nuestra amada patria. (*Aplausos*).

Y entro ya en materia, señores asambleístas, alentada con vuestra cariñosa acogida, y esperando que mi ruego ha de hallar eco en la Asamblea, y que será tenido en consideración por el señor ministro del Trabajo y por el Gobierno en pleno; porque cuento como prenda: en primer lugar, las manifestaciones del Sr. presidente del Consejo, que, al esbozar el programa de Gobierno para 1928, ofreció atender preferentemente a las reformas y atenciones de carácter social; en segundo lugar, porque es de todos conocida la disposición del Sr. ministro de Trabajo, acariciadora de todo progreso en la legislación social y de toda empresa que redunde en beneficio del obrero y en protección de la obrera; y finalmente, porque así lo reclama la materia (tan en armonía con los sentimientos y celo del Sr. ministro), como se verá en la exposición.

En efecto, mi ruego abraza dos partes, referente, la primera, a la protección urgente, y la segunda, a la dignificación deseada y necesaria del trabajo de la mujer. Ambas son de importancia, y sobre ello reclamo la atención de la Cámara breves momentos.

Comprende la primera parte tres puntos, que considero de suma trascendencia. Es el primero, la espantosa y persistente crisis de trabajo femenino.

Sr. ministro: Vienen ya varios años experimentando las obreras (de aguja principalmente y, en segundo término, las de fábricas y las dependientas de comercio) de las principales capitales de España, una espantosa crisis de trabajo, cada año más pronunciada y angustiante; y no solo en las temporadas de calma, sino en las que debiera experimentarse mayor auge de trabajo. Crisis que, además de lo que a Valencia afecta, atestiguado por toda la organización regional que abraza veinte grandes poblaciones, lo hemos visto confirmado por las informaciones que hemos pedido, en encuesta verificada al efecto y que obran en mi poder, de todos los extremos de España donde se encuentra organizada la Confederación Nacional de Obreras Católicas, a la cual me honro en pertenecer.

En estas cartas se encierran lamentos desoladores y clamores que demandan remedio urgente y amoroso para curar el hambre y la miseria de cuerpo y alma de millares, quizá de millones de obreras.

Hemos inquirido también las causas de esta crisis y los remedios que proponen desde las más extremas poblaciones, sin previa inteligencia, las obreras, y coinciden todas en señalar las siguientes causas:

1)La exorbitante importación de ropas de señoras, confeccionadas en el extranjero e introducidas por viajantes y modistas al amparo del bajo cambio.
2)El trabajo en horas extraordinarias fuera de la jornada legal y no retribuido, que priva de muchos jornales y de ocupar a más obreras en los obradores.
3)La exorbitante elevación de facturas por hechuras, y la carestía de la vida, que ahuyenta a los clientes y disminuye la mano de obra.
4)El abuso de los bajos salarios en algunas regiones de España, donde se explota enormemente la confección por el trabajo a domicilio.
5)La admisión de obreras menores de la edad que permite la ley y que, ocupando el puesto con menor retribución, privan del pan a las verdaderas obreras.

Como remedios para conjurar tamaño mal, proponen unánimemente:
1)Que se prohíba en absoluto la importación del extranjero de ropas confeccionadas, persiguiendo con graves sanciones el contrabando de este género.
2)Que se impida, en absoluto, el trabajo fuera de la jornada legal, en las horas extraordinarias, obligándose al cierre al dar la hora reglamentaria, así en talleres como en comercios, dando atribuciones a la Policía para imponer multas por la infracción de estas disposiciones.
3)Que se impida en absoluto el trabajo a las menores de catorce años.
4)Que se organicen talleres subvencionados por el Estado, y el seguro de paro, como obra de asistencia y de subsidio transitorio.

Sr. ministro: Yo transmito a V. E. estas peticiones clamorosas de millares de obreras españolas, tan justas, razonables y hacederas, y ruego que se transformen en disposiciones oficiales, urgentes, como urgente es el remedio que se desea y necesita.
En marzo empieza la nueva temporada de trabajo. Si para entonces no se cuenta con estas eficaces medidas de protección, se perpetuará un año más el hambre y el sacrificio de tantas desgraciadas, con daño irreparable para la juventud obrera femenina española.
El segundo punto, sobre protección al trabajo femenino a domicilio. Sr. ministro: Las obreras de España están reconocidas a V. E. por la promulgación del decreto ley tan ansiado y por el espíritu en que está inspirado de justicia, de paz y de protección a la gran masa obrera femenina, que vive de este trabajo y que hasta el presente permanecía huérfana de toda protección tutelar del Estado.
Agradecen, igualmente, la especial delicadeza y tacto en que se inspira el artículo 16 de esta ley, que viene a cortar enormes abusos e inmorales explotaciones, vergüenza de la humanidad, al fijar que se retribuya por el tiempo que se haga esperar al obrero, cuando pase de media hora, para la

entrega y recepción de la obra, y que, cuando se trate de obreras, sean mujeres las encargadas de distribuir el trabajo en las tiendas, por prestarse lo contrario a indecibles procacidades e injusticias.

Las obreras de la aguja, en particular, aplauden la aclaración y contenido del artículo adicional que a ellas especialmente se refiere; aunque lamentando que el nombre del Sindicato de la Aguja y Similares de Valencia, que, como famoso promotor inmediato de esta ley, en 1914, venía figurando en el preámbulo de los anteriores proyectos, y del que se dijo, en el debate en que se ofreció la ley, "que quería figurar al pie de esta, antes que el ministro que la firmara", haya sido eliminado de un plumazo, olvidando gestas históricas de este Sindicato, que toda España, sin distinción de matices, aplaudió con entusiasmo.

Mas, cerrando este paréntesis de queja tan justa, para ceñirnos al asunto, debemos decir al Sr. ministro, que tememos mucho por la eficacia de esta ley tan deseada y aplaudida, y que se frustren las esperanzas del urgente y necesario remedio de protección al trabajo de la mujer a domicilio. Porque:

a) Son tan largas las tramitaciones, porque han de pasar los expedientes de constitución de los Comités Paritarios.

b) Son tales los reparos que las comisiones encargadas en el ministerio ponen a las peticiones de las asociaciones de las obreras que piden dichos comités, por ser estas en corto número o por pertenecer especialmente al campo católico, cuando son estas las únicas que hay organizadas con exclusiva personalidad femenina.

c) Son tan pequeños los núcleos asociados de las obreras a domicilio, en proporción al número inmenso, de las que, recelosas aun de los desmanes sindicalistas, no quieren asociarse.

d) Es, de otro lado, tan tenaz la resistencia de los patronos no asociados, faltos de todo sentido profesional y social... que, en suma: primero, de no respetar con más cariñosa acogida, en la comisión de corporaciones y en la permanente del Consejo de Trabajo del Ministerio, las solicitudes de Comités Paritarios de los pequeños núcleos femeninos organizados, apreciando con sentimental delicadeza, cuánto cuesta, frente a la indiferencia individualista española, crear y mantener el espíritu de asociación, y que esfuerzo heroico supone, en un puñado de obreras, perseverar en ella; segundo, de no inspirarse los procedimientos prácticos en sentimientos tutelares y de verdadera protección, impulsada y exigida por el ministerio legal, más que confiada al esfuerzo de la masa obrera femenina, que está como el herido tullido y debilitado que no puede valerse por sí, esperando que el Gobierno actúe de samaritano, la levante y la cure, con maternal solicitud y cuidado...

Me temo, Sr. ministro, que serán inútiles las disposiciones legales y la buena intención de S. S., y no vamos a tener ni comités, ni patronato alguno efectivo, para el trabajo femenino a domicilio.

Ruego, pues, al Sr. ministro, en consecuencia, de lo expuesto:

En primer lugar, que las peticiones de los pequeños núcleos de obreras asociadas, demandando la constitución de los Comités Paritarios, así del trabajo en general, como de este a domicilio, por insignificantes que parezcan a los encargados de los negociados y a la comisión del Consejo de Trabajo, sean respetadas como un sagrado de justicia y de tutela debida a la mujer desvalida.

En segundo lugar, que se negocie, pronta y expeditamente, la constitución de los comités en toda España, obligando a formarlos a los patronos y obreras asociadas o no, en el plazo más breve, y que toda asociación femenina tenga puesto privilegiado en los Comités Paritarios por respeto a su carácter femenino, sin quedar absorbida por la representación masculina.

En tercer lugar, modificar para ello si es preciso los procedimientos legales orgánicos, a base de intervención y asistencia protectora directa, en atención al estado de necesidad y debilidad actual de la masa obrera femenina. Así se cortará rápidamente una parte principal de la crisis del trabajo, que antes hemos pedido se remedie con urgencia proporcionada al mal.

En cuarto lugar, la protección por medio de la inspección del trabajo femenina.

Sr. ministro: contamos en España, y a V. E. se debe buena parte, con una excelente legislación social obrera, inspirada en los más elevados sentimientos tutelares de justicia y paz. Mas, desgraciadamente, hemos de lamentar:

Primero, que tan excelente legislación quede incumplida, y la masa obrera femenina, huérfana de su protección porque los alcaldes no se cuidan, o se inclinan al lado del más fuerte, y las delegaciones del trabajo no funcionan y la inspección de trabajo, ordenada sabiamente como remedio inmediato, resulta insuficiente y no cuenta con atribuciones expeditas para imponer el respeto a la ley.

De otro lado, la naturaleza del trabajo femenino reclama singulares atenciones, que los hombres, aun con el mayor celo, no bastan a llenar. Mucho se ha conseguido —es verdad—; mas los abusos y las infracciones, sobre todo en el campo de la mujer, son demasiado lamentables aún para que no clamemos por el remedio.

Yo me atrevo a pedir al Sr. ministro, por tanto:

En primer lugar, el aumento de inspectores de trabajo y la concesión de más amplias facultades para su misión, sin recursos a las autoridades judiciales o gubernativas.

En segundo lugar, que se aumente el número de auxiliares inspectoras, o se nombren donde no las haya en las capitales de provincia para el ejercicio de esta delicada función, en armonía con las necesidades de la mujer.

En tercer lugar, que se exija, en fin, de los alcaldes, el cumplimiento de las leyes obreras y la tutela especial al trabajo de la mujer, mediante el funcionamiento de las delegaciones de trabajo, ya que no es posible la actuación constante del inspector de trabajo en todas las poblaciones.

Y sobre protección al trabajo de la mujer, quedan formulados los puntos principales.

Voy ahora brevemente a proponer lo que, tocante a la dignificación del mismo, es aspiración y anhelo vehemente de las obreras españolas, reiteradamente expuesto en asambleas y congresos y, últimamente, reclamado en las cartas que se me han dirigido.

Pudiera proponerse una nueva ley así llamada: "De dignificación del trabajo femenino", que además de lo sano que aún queda de la ley de 1900, sobre el trabajo de mujeres y niños, incluyese los siguientes puntos:

1.º) Que, en los establecimientos donde se expendan artículos de uso exclusivo de la mujer, quede a cargo de mujeres la venta, no permitiéndose a los hombres, en dichas tiendas, el cargo de dependientes.

2.º) Que asimismo sean mujeres las contramaestres o encargadas de los talleres o salas donde trabaja personal femenino.

3.º) Que se establezca la separación indispensable entre obreros y obreras en talleres y fábricas, salvo el personal masculino necesario para el trabajo auxiliar propio de hombres.

4.º) Que no se exija a las dependientas de almacenes, física y moralmente, trabajos inconvenientes a su sexo, ni a las de aguja, especialmente a las aprendizas, servicios impropios de su profesión.

5.º) Que los patronos respeten y hagan respetar la moralidad de las obreras, especialmente menores, prohibiéndose terminantemente que se envíe a las obreras y a las menores en general a cobrar facturas a casas de mal vivir.

6.º) Que se persiga duramente a las casas de corrupción de menores con aspecto externo de obradores y talleres femeninos.

7.º) No permitir mujeres acomodadoras en teatros y espectáculos públicos.

8.º) Que a las obreras que han de pernoctar fuera de su casa se les procure, por los encargados, albergue honesto e higiénico a salvo de todo peligro de inmoralidad.

9.º) Que se dé a la mujer igual salario que al hombre por igualdad de ocupación y rendimiento.

10.º) Que, en los organismos oficiales, en que se tratan cuestiones que afectan a la obrera, tenga esta su debida representación, no excluyendo de este el mismo Consejo de Trabajo del Ministerio.

11.º) Que, existiendo ya una nutrida organización obrera femenina, que ha de aumentar considerablemente bajo el régimen de corporación nacional obligatoria, procede la división del negociado de asociaciones del Ministerio, confiándose a una mujer el referente a las asociaciones femeninas, para que sean estas llevadas con tacto y comprensión, más en armonía con la naturaleza de las cuestiones sociales que a la mujer afectan.

Sr. ministro, estos puntos referentes a la dignificación moral, profesional y social de la obrera española merecen suma atención. Repito que podrían ser objeto de una ley, que honraría altamente al Gobierno, que perpetuará las endechas de tan exquisita sensibilidad e hidalguía para con la obrera española. Quizás nadie como V. E. posea las altas dotes de comprensión y celo necesarios a este propósito. Además, no creo que hayamos tenido en España momento más propicio para ello que el presente, ni ambiente mejor dispuesto para aplaudir la mejora que esta ley y los puntos expuestos en la primera parte habían de reportar, en orden a la reconstrucción moral de España, sin la cual será ineficaz toda reforma social y política.

He terminado. Doy gracias por la atención que se me ha prestado, e invito a los distintos sectores de la Asamblea a manifestar su sentir sobre los puntos expuestos, confiando en que, si en 1914 los hombres de las más contrarias opiniones políticas se unieron caballerosamente en la Cámara, apoyando la propuesta de la Ley del Trabajo a Domicilio, en homenaje de respeto a las obreras españolas, hoy también las eminencias sociales y políticas en que abunda la Asamblea, y singularmente la representación de las señoras, tan escogida y selecta, espero se unirán a mis ruegos al Sr. ministro de Trabajo, a cuya bondad y elevado talento confío el éxito de mi demanda. He dicho. (*Aplausos*).[47]

Presentación con otros, señores Barrachina y Castán, de una enmienda, proponiendo la adición de varios artículos al Proyecto de Código Penal.

A la Asamblea:

---

[47] *Diario de las Sesiones*, núm. 13, 14 de febrero de 1928, pp. 459-462.

Los asambleístas que suscriben, encontrando digno de elogio el criterio de los autores del Proyecto de Código Penal de recoger en él cuanto requieren los aspectos modernos de la vida social, tienen que manifestar que, en su opinión, no han sido suficientemente recogidos todos esos aspectos. Especialmente, se permiten llamar la atención de la Asamblea, o cuando menos la de la sección 5.ª, sobre la necesidad de garantizar el derecho que tiene todo ciudadano a formar o a no formar parte de una asociación profesional. Creemos que lo evidente del principio y lo elocuente de las duras lecciones recibidas en no lejanos tiempos, no excusan de razonar dicha afirmación. Y, consecuentemente, solicitamos que se adicionen los artículos siguientes:

Art. ... Los miembros de la junta de una asociación profesional, o los miembros de la misma que tengan autoridad equivalente, que se nieguen a admitir la baja al socio que la solicite, serán castigados...

Art. ... Los que, con coacciones, por vía de hechos o con amenazas, especialmente la de hacerle perder su ocupación o empleo, o las de que queda expuesta a algún daño o perjuicio en su persona o en las de su familia o en sus bienes, obligaren a una persona a formar parte de una asociación profesional o a dejar de formar parte de ella, serán castigados...

Art. ... Los que, sin emplear los medios enumerados en el artículo anterior, y no estando legalmente autorizados para ello, emplearen otros medios, directos o indirectos, para que una persona, contra su reiterada voluntad, forme parte de una asociación profesional o deje de formar parte de ella, serán castigados...

Art. ... Los que, en los contratos de trabajo o en su aplicación, incluyan cláusulas o establezcan prácticas como la de entrañar la obligación de sus asalariados de pertenecer a determinada asociación o cualquiera otra que dañe la libertad de asociación profesional, serán castigados...

Estos textos u otros equivalentes creemos que pueden ser incluidos o en el capítulo II del Título II del Libro II, como delitos relacionados con la libertad de asociación; o, quizá mejor, en el capítulo III del Título XIII, como variantes de las amenazas o coacciones. La sección 5.ª apreciará esta cuestión más autorizadamente.

Madrid, Asamblea Nacional, a 30 de marzo de 1928.

F. Barrachina, María López Monleón, Cándido Castán.[48]

Intervención con un discurso sobre los Presupuestos Generales del Estado, en relación con la sección 7.ª, Ministerio de Instrucción Pública. Sesión celebrada el 15 de diciembre de 1928.

---

[48] Apéndice 1.º al núm. 20 del *Diario de las Sesiones*, 30 de marzo de 1928, pp. 2-3.

Solo el cumplimiento de un sagrado deber me obliga, por breves instantes, a ocupar esta tribuna, aunque no me considero digna de ella, pero, al hacerlo, sigo las indicaciones de la presidencia, indicaciones que también tendré en cuenta en mi intervención, que será brevísima para no molestar a la Asamblea. Como he dicho, tengo un sagrado deber que cumplir, y es defender las enmiendas que tuve el honor de presentar a la sección, enmiendas que, por la misma causa que las anteriores, no llegaron a tiempo y, por consiguiente, no pudieron ser admitidas; pero ello me ha producido, si cabe, una satisfacción, porque, aunque haya de sentir la turbación natural en una pobre obrera que ha de exponer sus ideas ante una Asamblea, careciendo de las condiciones oratorias que quisiera tener en estos momentos, voy a tener ocasión de ampliar mis peticiones anteriores con las demandas que me han formulado otros sindicatos, a los cuales represento en esta Asamblea, y celebraré que el Gobierno las pueda atender.

Se ha hablado aquí, y muy elocuentemente, de la necesidad de aumentar las cantidades consignadas en presupuestos para atender a la enseñanza en las escuelas. Yo estoy conforme con ello y lo suscribo con toda mi alma; pero, tengo que decir, que todo lo hecho hasta ahora en muchos casos no alcanza a remediar la necesidad de instrucción que la obrera siente. Yo tuve que abandonar la escuela a los diez años para ingresar en un taller; de modo que a mí no me ha servido apenas la enseñanza de las escuelas nacionales, que es tan necesaria. Afortunadamente, gracias a las disposiciones del Gobierno actual, esto se va reformando para evitar que las niñas salgan tan pronto de la escuela para entrar en el taller.

El vacío que quedaba en la instrucción de las obreras lo han llenado las organizaciones que dignamente represento, y a las cuales afecta la petición que voy a defender. No voy a entrar en detalles para exponer la gran labor, y lo muy elevada, que realizan estas enseñanzas para obreras; y digo que no voy a detallarla porque muchos de los señores asambleístas, que me escuchan, conocen ya la obra de la organización de Valencia. Algunos de los señores ministros conocen también, en parte, la labor que desarrollan.

Y como no deseo cansar la atención de la Asamblea, solo diré que, en esta organización de Valencia, que cobija cinco mil asociadas, con las quince mil de la organización regional de Levante en otras veinticinco poblaciones, se procura la instrucción completa de la obrera, considerándola como mujer, como obrera, como cristiana, como casada, como madre, como ciudadana católica y amante de su patria.

Todo eso que yo digo en muy breves palabras, porque sería un programa muy extenso para desarrollarlo en esta Asamblea, todo eso, lo procura la organización que represento. Para esa institución he recabado yo una subvención, porque con gran asombro, al repasar los presupuestos, he visto que se consignaban cantidades (globales, desde luego), para subvenciones y auxilios de esta índole, y he visto, con una admiración enorme, que para una ciudad como Valencia no corresponden más que ocho mil quinientas pesetas, cuando (y he tenido el gusto de sacar la nota para poder comparar) Madrid tiene doscientas quince mil quinientas; Barcelona, cincuenta y nueve mil; Igualada, quince mil; Zaragoza, veinte mil, y ¿para qué seguir?

Todo esto lo he anotado para poder comparar si Valencia, con una labor tan hermosa y tan completa como la que está realizando, no es digna de ser tenida en cuenta, para ayudar a que se realice con mayor amplitud estas obras de instrucción popular que existen en Valencia y en la región de Levante.

¿Por qué no se amplían esas cantidades que se consignan en el presupuesto, para que se puedan proteger estas instituciones, que con un esfuerzo heroico realizan labor tan admirable, para atender al sostenimiento de la casa, del material escolar, de los premios de final de curso, que no es posible atenderlos, debidamente, por no contar con medios económicos, y estas enseñanzas se están dando gratuitamente, tanto en Valencia como en la región?

Por eso, yo solicito (por no cansar más a la Asamblea, que estará convencida de esta necesidad y conveniencia, no bien expuesta por mí, pero sí muy sentida), yo solicito, repito, del Gobierno y de la sección, que, bien sea de la cantidad consignada en presupuesto, de setenta y cinco mil pesetas para obras de esta índole, o de las cuarenta y cinco mil para escuelas de enseñanza profesional, de las que también tenemos en nuestro Sindicato funcionando, no ya cuatro años, sino diez y siete de vida legal no interrumpida, y que se destine una subvención para nuestras instituciones, porque claro que mi anhelo, mi ideal sería que el Sr. ministro de Hacienda se hiciera cargo de la situación, y con un rasgo de generosidad de los que le caracterizan, abriera ese tesoro y aumentase la consignación en los tres millones, como dijo el Sr. Pemán en la tarde de ayer. Entonces, se podrían atender tal y como lo reclaman estas instituciones.

Para concretar, en una forma o en otra (que no soy yo la llamada a decir en qué forma se ha de hacer, sino limitarme a exponer la necesidad a la consideración del Gobierno y de la Asamblea, para que vean la manera más fácil y conducente de poder conseguir la cantidad global de veinte cinco mil pesetas que solicito, que de las cuales, cinco mil serían para la Universidad Popular Femenina Profesional, del Patronato Social y Sindicato de Obreras de la Virgen de los Desamparados de Valencia (es la misma cantidad que puse en la enmienda, de modo que ahí no he corregido la cifra); quince mil pesetas para las escuelas y talleres de aprendizaje de la Confederación y Patronato Social de Obreras Católicas de la Región de Levante, pues han acudido nuevas peticiones y no he podido negarme, y para otros sindicatos de España, los cuales también represento, mil pesetas para el Sindicato Barcelonés de la

Aguja, otras mil ptas. para los Sindicatos Femeninos de Vitoria, y dos mil para las escuelas de los Sindicatos Femeninos de San Sebastián.

Parecerá grande la cifra, dada la economía que todos perseguimos; pero la realidad nos dice que, a pesar de parecer grande, no va a bastar para atender a todas las necesidades que en estas organizaciones se sienten.

Doy gracias a la Asamblea por haberme prestado tanta atención, y le ruego encarecidamente al Gobierno que haga el máximo esfuerzo para que se pueda conseguir lo que es de tanta justicia y que tanto bien ha de reportar a la obrera española. (*Aplausos.*).[49]

Presentó varias enmiendas por iniciativa personal.

Una, proponiendo se concedan las siguientes subvenciones: mil pesetas para el Sindicato Barcelonés de la Aguja; mil pesetas para los Sindicatos Católicos Femeninos de la Sagrada Familia de Vitoria; dos mil pesetas para los de Nazaret, de San Sebastián.[50]

Otra, solicitando, se conceda una subvención de cinco mil pesetas para la escuela general y los talleres de aprendizaje femenino de los Sindicatos Católicos Femeninos de la Virgen de los Desamparados de Valencia, y otro de cuatro mil pesetas para las escuelas generales y los talleres de aprendizas y obreras de la Confederación Regional de los Sindicatos Católicos Femeninos, a distribuir entre varias poblaciones que enumera.[51]

Y también se leyeron y pasaron a la sección 14.ª unas enmiendas al dictamen sobre el Proyecto de Seguro de Maternidad.[52]

MARÍA LÓPEZ DE SAGREDO Y ANDRÉS

Nació el 12 de febrero de 1881 en La Habana (Cuba).

Fue elegida concejala del Ayuntamiento de Barcelona, un cargo que desempeñó entre 1926 y 1930.

En 1928, viajó a los Países Bajos para asistir al Congreso Católico Internacional Femenino de La Haya, en representación de Acción Católica de la Mujer, una asociación en la que tuvo un papel determinante en su delegación de Barcelona.

---

[49] *Diario de las Sesiones*, núm. 36, 15 de diciembre de 1928, pp. 324-326.

[50] Anexo 3.º al Apéndice 3.º al núm. 32 del *Diario de las Sesiones*, 11 de diciembre de 1928, p. 3.

[51] *Ibid.*

[52] *Diario de las Sesiones*, núm. 38, 30 de enero de 1929, p. 449.

Como señoría...

Fue asambleísta por representación de actividades de la vida nacional. Dicha designación se realizó en la sesión plenaria del 10 de octubre de 1927.[53]

En colaboración con otros diputados se le encomendó una ponencia de la sección 5.ª —Codificación Civil, Penal y Mercantil— sobre *Asuntos Mercantiles*.[54]

Fue dada de alta el 10 de octubre de 1927 y su baja se cursó el 15 de febrero de 1930.

INTERVENCIONES EN LA ASAMBLEA

Discurso sobre el Plan General de Organización de la Beneficencia. Sesión plenaria celebrada el 15 de febrero de 1928.

Empiezo por pedir perdón a la Asamblea, si no acierto a dominar la emoción que me embarga en estos momentos. Soy mujer, y a pesar de que por las circunstancias de mi vida debería estar en cierto modo habituada a hablar en público, yo no puedo substraerme a la idea de que, a través de los muros de esta sala, España entera nos contempla, dispuesta a otorgar su fallo inexorable sobre los que, en virtud de un sagrado imperativo del deber, hemos querido traer nuestro granito de arena a la obra formidable que este Gobierno viene realizando para asegurar los cimientos de la prosperidad y de la paz de España, que es como asegurar a nuestra patria días de gloria.

Vaya, pues, mi respetuoso saludo al Gobierno de S. M., y de una manera especial al hombre providencial que está a su frente; pero antes séame permitido dirigir, desde el fondo de mi alma, a ese emblema santo de la Cruz que preside las deliberaciones de la Asamblea, para que sea ella la que inspire todos sus actos, como garantía de la bondad de los mismos y defensa de los sagrados intereses que persigue, que no deben ser otros que los de velar, dentro del seno de la Iglesia católica, apostólica y romana, por el progreso espiritual, por el orden y por el equilibrio social de España.

Yo veo, en la respetuosa atención que prestáis a mis palabras, tanta curiosidad como interés. Nuestra actuación en la vida política es algo tan nuevo, que nada tiene de particular esa especie de desconfianza de que va casi siempre precedida; pero, si la sociedad es una gran familia, en donde al hombre y a la mujer corresponden el lugar que les fue designado por Dios desde el principio

---

[53] *Diario de las Sesiones*, núm. 1, 10 de octubre de 1927, p. 8.

[54] *Diario de las Sesiones*, núm. 32, 11 de diciembre de 1928, p. 131.

de los tiempos, nosotras, las mujeres, dejamos a los hombres que actúen como tales, reservándonos, en la resolución de los problemas políticos, el mismo lugar que nos corresponde en la familia, que es el de madre. Madre, sí, de los pobres, de los necesitados, de los débiles, de los ignorantes; madre, para afianzar los grandes cimientos de la familia; madre, para velar por los intereses de nuestra religión; madre, para trabajar, con todas las delicadezas de nuestra alma femenina, por el bien de la mujer madre y del niño aun antes de nacer; porque si nuestra actuación en la vida pública diera por fruto la formación de una generación de hombres sanos de alma y cuerpo, habremos hecho mucho más que todos los políticos, legisladores y parlamentarios de todos los tiempos por el engrandecimiento espiritual de nuestra patria. (*Muy bien. Aplausos.*).

La caridad es un sentimiento que brota espontáneo del corazón; el dolor lo excita, y sin él, la vida social no se concibe. La beneficencia es el apostolado de la caridad, que encauza, reparte y domina sus ímpetus desordenados. Cuatro clases de pobres existen en la tierra: los pobres de solemnidad, los pobres vergonzantes, los que se dedican a la mendicidad y los vagos de oficio. Según esta clasificación, podemos decir que la pobreza es un accidente, la mendicidad un vicio, la vagancia un delito. Así lo dice el preámbulo del interesantísimo Proyecto de Ley de Vagos, recientemente publicado por el Consejo Superior de Protección a la Infancia, del que es alma el ilustre filántropo Sr. García Molinas. Para acudir al auxilio de los primeros está la caridad pública y la privada; para combatir la segunda están las ordenanzas municipales y disposiciones gubernativas; la tercera, cae por completo bajo el peso de la ley.

Aceptemos, pues, como bueno, el principio evangélico de que siempre habrá pobres entre nosotros, y vamos a estudiar los medios de que podemos disponer para enfocar el gran problema del pauperismo. Son estos, a mi entender, preventivos y resolutivos, siendo más importantes los primeros que los segundos, porque en todos los males de la tierra mejor es prevenir que remediar.

Las personas que vivimos en contacto constante con las verdaderas necesidades de los pobres y estudiamos los medios eficaces de que podemos disponer para atajar los problemas que se presentan, tropezamos con la dificultad de la falta de medios con que acudir a las necesidades de urgencia. A pesar del número crecido de hospitales, asilos y sanatorios edificados en torno de las grandes urbes, cuando se presenta el momento de urgencia, no sabemos dónde dirigirnos. En los hospitales, abarrotados de enfermos, faltan camas; en los asilos, está completo el número de plazas; en los sanatorios, hay que esperar turno interminable, en cuyo tiempo los enfermos se agravan, ingresando muchas veces en ellos para morir.

No cabe duda de que hay que enfocar el problema con medidas de verdadera urgencia. Pero antes yo me pregunto, señor ministro de la Gobernación: ¿qué sería mejor, recabar el auxilio del erario público o de la beneficencia particular para aumentar el número de sanatorios, hospitales y asilos, o emplear esos millones en detener la ola de corrupción que, como verdadera tromba, amenaza con regar los frescos brotes de la humanidad, representada en esa juventud de nuestros tiempos, que arrastra una vida que más parece muerte, con las almas heridas por el fuego candente de las pasiones malsanas, con los cuerpos destrozados por el vicio, reduciendo a montón de ruinas los que fueron un día esperanza y promesa de una familia, de una generación o de una raza?

Señores asambleístas, yo creo que es inútil que tratemos de exteriorizar nuestro entusiasmo y nuestra generosidad levantando verdaderas catedrales a la beneficencia, a la caridad y a la ciencia, si no empezamos por arrancar de la sociedad los gérmenes de su degradación.

¿Y queréis saber cuáles son estos? En primer lugar, el abuso del alcohol y de los estupefacientes. Hace pocos días he tenido en mis manos una estadística francesa, según la cual los ochenta y dos mil locos que existen en Francia, cuarenta mil lo son a causa del alcohol. ¡Y qué diremos de la invasión de la pornografía en nuestros libros, en nuestro teatro, en nuestros periódicos y en nuestras calles!

Todo esto lleva como fruto inmediato la degeneración de la raza por el espantoso cáncer de la prostitución. ¡Qué hablen si no esos cientos y miles de niños tísicos, avariósicos, encefalíticos, ciegos, sordomudos, que invaden nuestros asilos, y como verdadero río de dolores corre de la cuna al hospital y del hospital a la tumba, donde allí la tierra vuelve al polvo lo que solo fue barro miserable! ¡Cuántas vidas transcurridas en el incógnito del dolor, a la sombra de las blancas tocas de la caridad, blancas con albores de cielo, entre tantas negruras y corrupciones humanas!

Otro asunto importantísimo voy a tratar, y es el que se refiere al abuso que se viene haciendo de los asilos, aun por las personas dedicadas a la práctica de la beneficencia con un celo digno de elogio. Pero es cosa sabida: en cuanto ocurre en el hogar del pobre el conflicto económico, lo primero que se hace, en nombre de la caridad, es destruir la familia. Muere el padre, solicita la madre el auxilio de la beneficencia, y los que acuden a prestárselo, ¿qué es lo que hacen? Enviar a los niños al asilo, al padre enfermo al hospital, a la madre anciana a las Hermanitas de los Pobres, y a ella, la mujer sola, débil e indefensa, la dejan libre, para que pueda ponerse a servir.

¿Y queréis saber lo que luego ocurre? Pues, primero, se olvida de que tiene hijos y, después, se olvida de que tiene alma; y el arroyo, con su fiero espejismo, la seduce con la esperanza de una promesa o el halago de una realidad. Y después, ¿qué es lo que queda? Pues unos hijos sin madre para siempre y una víctima más para todos los días. (*Aplausos.*).

Por esta razón, yo ruego al señor ministro de la Gobernación que estimule a toda costa, como presidente del Consejo Superior de Protección a la Infancia, la creación, no solo en Madrid y Barcelona, sino en todas las capitales de importancia, de salas-cunas, guarderías y parques infantiles, donde los hijos de los obreros puedan estar recogidos desde la mañana a la noche. De esa manera, cuando el deseo de descansar reúna a la familia bajo el techo del hogar, el trato mutuo, la comunicación de afectos irán estrechando los lazos del amor, y no dudemos que tanto habremos trabajado por el engrandecimiento espiritual de nuestra patria cuanto mayor solidez hayamos dado a los sagrados vínculos de la familia.

Otro peligro gravísimo conviene que atajemos con las medidas de urgencia de que podamos disponer. Me refiero al terrible y peligroso mal de asilo. A pesar del celo que despliegan las personas dedicadas a su organización interna, tanto religiosas como laicas, la vida en masa, el hacinamiento en que viven los niños, los va despojando poco a poco de su propia personalidad y de la percepción de aquella parte que a cada uno corresponde en el tesoro de caridad y afecto que se derrocha a manos llenas. El corazón late en ellos como el péndulo del reloj, porque le dan cuerda, y cuando a los diez y seis años salen a la calle en busca de trabajo o para reintegrarse a la vida social por cualquier medio, son como pájaros sin jaula que no saben volar; las alas les arrastran por el peso de la inercia, y ni siquiera saben buscar el pan, acostumbrados como están a que se lo pongan en la boca.

Preguntad, al hijo del proletario, lo que le cuesta reponer las alpargatas rotas o el delantal hecho jirones, qué de cálculos hechos por la madre para reunir los seis u ocho reales que aquellas representan, qué de vueltas dadas al pedazo de tela vieja con que ha de remendar el pantalón roto o el delantal, que es preciso que tire unos días más hasta que cobre el padre la semana o se reciba algún auxilio.

Por esa razón, a todos ruego, de la manera más encarecida, que se tenga presente, que el hecho de la caridad no debe ser elemento que destruya y separe, sino lazo de unión que conforte, que una y que sostenga los muros del hogar, que amenaza derrumbarse en el momento del conflicto económico, acudiendo por medio del auxilio de la beneficencia domiciliaria, la más perfecta de todas las beneficencias en el orden económico, en el orden moral y en el orden religioso, porque es la que no separa ni disgrega la familia, y valiéndose para ello de las admirables cajas de alquiler, de las bolsas de trabajo, del seguro de invalidez, de paro forzoso y de enfermedad, seguro que, pagado por partes iguales entre el Estado, el patrono y el obrero, está implantado ya en muchas naciones del mundo, siendo España uno de los pocos países que no lo tienen todavía en vigor.

Por esta causa, la beneficencia tiende a evolucionar en este sentido, sustituyendo los asilos por las casas de familia, donde viven repartidos, en pequeños núcleos de catorce o quince, los niños o niñas que se educan en la vida doméstica; esto siempre bajo la garantía de que las personas que están al frente de esos organismos, reúnen las condiciones de moralidad que son precisas para tomar sobre sí la grave responsabilidad que implica la custodia y educación de aquellos.

En Barcelona, ha sido un éxito el ensayo realizado por el Tribunal Tutelar, del que es presidente mi querido amigo D. Ramón Albó, el cual, con el auxilio de las Hijas de María de Santa Clara, ha establecido tres de ellas, donde viven acogidas un limitado número de niñas, que crecen y se forman para la vida libre de las trabas de los centros benéficos.

Convendría también que el señor ministro de la Gobernación, y por todos los que en su mano tuvieran el poder de realizar esta obra tan hermosa, estimularan a toda costa la crianza natural de las madres, dando cuantas facilidades fuera posible para que las mujeres obreras realizaran tan noble misión, estableciendo, ante todo, comedores gratuitos o semi gratuitos, donde aquellas pudieran acudir a alimentarse debidamente, para que después puedan dar al mundo hijos sanos y fuertes, en vez de verdaderas pavesas, candidatos a la tuberculosis y al raquitismo, que vienen a aumentar las enormes estadísticas de la mortalidad infantil, las cuales arrojan un total de ciento setenta y cinco mil víctimas sacrificadas a la muerte todos los años.

A este fin, ruego al señor ministro de la Gobernación que estimule la creación cerca de los grandes núcleos industriales o fabriles de salas-cunas y guarderías, donde las madres lactantes puedan acudir a cumplir su nobilísima misión, alejándose del taller tan solo el tiempo estrictamente necesario. Barcelona lo tiene ya implantado en algunas fábricas, entre ellas la del señor marqués de Alella, por lo cual, este ilustre patricio, tan buen catalán como buen español, merece un ferviente y caluroso aplauso.

El velar por la vida del niño, aun antes de nacer, es función que corresponde al Estado, ya que esta ha de ser en su día importante factor de su vida económica, militar y política, como, asimismo, continuador y base de la virilidad y preponderancia de la raza.

Tales son, a grandes rasgos, los medios que estimo preventivos. En cuanto a los resolutivos, creo que los más importantes son los que se refieren a la mendicidad, a los enfermos incurables, a los locos y a la tuberculosis.

Yo sé perfectamente que, no pudiendo disponer del tiempo necesario para desarrollar los cuatro, he de limitarme a citar los más urgentes, por lo que solo dedicaré unos instantes al problema de la mendicidad, ya sé que de él se ocupa de modo especial la sección 14.ª, cuyo presidente tuvo la bondad de mandarme un dictamen o Proyecto de Plan de Beneficencia, interesantísimo, por cierto, y que, desde luego, mereció mis modestísimos elogios.

La mendicidad es preciso combatirla por todos los medios imaginables, puesto que, además de ser fuente de vicios y de crímenes, representa un capital que se desperdicia inútilmente. Según un cálculo que me he permitido hacer, si en una ciudad como Barcelona o Madrid existieran solo quinientos individuos, entre mujeres, hombres y niños, dedicados a la mendicidad, y de cada uno de ellos lograse sacar solamente tres pesetas, esta suma, multiplicada, arrojaría un total de quinientas cuarenta y siete mil quinientas pesetas al año. Huelga decir todo lo que se podría hacer con este dinero bien repartido y bien empleado, atendiendo a necesidades de verdadera urgencia, en vez de servir para fomentar el vicio y la vagancia.

En relación con este asunto, tengo que hacer una advertencia de verdadera importancia. En estos tiempos, en que atravesamos una verdadera crisis de trabajo, nos encontramos con que son calificados de vagos infelices obreros que andan por el mundo buscando ocupación, sin encontrarla. A mí, la semana pasada, me ha ocurrido el caso de un pobre hombre, que llevaba dos meses tratando de encontrar colocación, y a quien yo quería favorecer recomendándolo a varios industriales, el cuál fue recluido en un asilo de mendigos como vago de oficio.

Pero ¿cómo no ha de vagar el hombre que no encuentra trabajo? Necesariamente, el sobrancero ha de pasar por vago, y no es porque quiera serlo, sino porque así lo disponen las circunstancias. A mí no se me ha acercado jamás un hombre a pedirme dinero, sino que siempre ha venido a pedirme trabajo; pero, si no hay trabajo, tiene que vagar, y si vaga, necesariamente ha de encerrársele.

La mendicidad ha sido combatida desde tiempo inmemorial, porque ya los Reyes Católicos la castigaban con penas severísimas. Posteriormente, las Cortes de Valladolid, Toro, Burgos y Madrid se dirigieron a sus monarcas en súplica de que: "Todo home que fuere sano... e tal que puede afanar, que les apremien los alcaldes de las cividades e villas e logares de nuestros regnos: que afanen e vayan a trabajar y a labrar o vivan con señores, e que aprendan oficio en que se mantengan, e que no les consientan que estén baldíos." (*Leyó.*).

Efectivamente, yo creo que es preciso a toda costa suprimir la mendicidad; pero no es posible impedir que un hombre pida de limosna lo que no puede obtener por otro medio. Por eso conviene que las autoridades y el gobierno se preocupen de la manera de dar trabajo a esos braceros innumerables que hay por esas calles y con los cuales, actualmente, no sabemos qué hacer.

En cuanto a los enfermos incurables, nadie ignora que es uno de los conflictos más graves que pueden presentarse en el hogar del pobre. El enfermo incurable no puede, la mayor parte de las veces, valerse por sí mismo, y el proletario ha de salir de su hogar para acudir a su trabajo; y en ese caso, ¿cómo dejar abandonados a estos enfermos? Y si quiere mandarlos a alguna parte, ¿dónde?, ¿cómo?

En Barcelona, una ciudad de un millón de almas, tenemos un hospital de incurables instalado en un pabellón que se levantó a toda prisa y con carácter provisional en momentos de epidemia, donde caben treinta y cinco o cuarenta camas, próximamente. ¿No es esto una irrisión? Y, sin embargo, ¿qué podríamos hacer los que acudimos en auxilio de esos pobres enfermos, si no fuera por los hospitales generales, cuyos dignos patronos faltan a veces a su reglamento para admitir enfermos que están en tales circunstancias? Yo he visto casos en que hijos modelos han tenido que coger a su padre o a su madre y dejarlos abandonados en el borde de la acera de la calle, para que la ronda realice, como servicio de urgencia, lo que ellos no han podido obtener por otro medio.

En tales circunstancias, yo me permito rogar al señor ministro de la Gobernación que se haga intérprete cerca del Comité de Enlace de las Exposiciones de Barcelona y Sevilla, en las cuales, la economía nacional ha realizado un esfuerzo titánico para reunir los millones que una y otra representa; y, desde luego, muy merecido, dada la importancia grandísima que una y otra representan en beneficio de la expansión de nuestras actividades industriales, a fin de que acuerde que se grave con un sello de un real las entradas de ambos certámenes, cuyo importe se empleará en levantar un hospital de incurables en la ciudad del Turia y otro en la que es perla y emporio del Mediterráneo, siendo este el mejor monumento que se podría levantar en memoria de esas dos importantes Exposiciones.

En cuanto a los locos, ¿para qué hablar de ello? Yo no quiero hacer cargos al Gobierno; no tengo títulos para ello y, además, admiro demasiado su labor para permitirme esa libertad. Solo pido amparo y protección para esos desgraciados. Ya sabemos todos los esfuerzos que la Diputación de Barcelona viene realizando para llevar a cabo la construcción de la clínica mental, que es el sueño ideal de los buenos barceloneses. Pero, yo ruego al Gobierno que, por cuantos medios tenga a su alcance, no ya solo en Barcelona, sino en Madrid, donde me figuro que ocurrirá lo mismo, y en toda España, se preocupe por la suerte de esos desgraciados.

Ya sabemos todos lo que es un loco encerrado en una casa. Es un enfermo, al que precisa recoger y separarlo del contacto de la vida social. Pero ¿dónde llevarlo? Actualmente los tenemos hacinados y amontonados en lugares impropios, cometiendo un verdadero crimen social, ya que esos infelices, esos pobres infelices que son a veces padres, hijos o hermanos, que sostienen un hogar o una familia, podrían recobrar la salud atendidos a tiempo. Pero ¿cómo se van a obtener tales resultados, si por todo remedio se les pone una inyección de algún somnífero para tenerlos inmóviles, echados en un montón de paja durante unas cuantas horas, sin poder disponer de otro medio de corrección más adecuado?

Perdóneme el Sr. ministro, si en esta ocasión me he permitido hacer casi un cargo. Interpreto con ello el sentir de muchas madres que se han dirigido a mí desoladas, buscando la protección oficial para sus infelices enfermos.

Y nada más, sino agradecer a la Asamblea la respetuosa atención que se ha dignado prestar a mis palabras, pidiéndole perdón si he abusado de ella, movida por el anhelo, que es la esencia de mi vida, de propugnar y defender los intereses de los pobres.

Los labios hablan de la abundancia del corazón. Al de todos me dirijo, pues, para que todos presten su colaboración a la obra del Gobierno, en bien de nuestros hermanos necesitados.

La caridad es algo que flota en el ambiente como reflejo de la conciencia humana, y es que, siendo atributo del mismo Dios, nos une a todos como Aquel, en íntimo y fraternal abrazo. (*Grandes aplausos.*).

(…)

Por mi parte, no quiero dar por terminado este debate sin que conste mi profundo agradecimiento al señor ministro de la Gobernación y sin congratularme de haber tenido la satisfacción grandísima de dar ocasión a que esta Asamblea se haya hecho cargo de la labor admirable que el Gobierno viene realizando en bien de nuestros pobres hermanos los necesitados.

Yo tomo sobre mí la honra grandísima de transmitir al señor ministro de la Gobernación la gratitud de tantas y tantas madres como reciben y recogen los beneficios de todas esas obras que ha citado, y que son otros tantos timbres de gloria que sumar a su actuación oportunísima.

Especialmente en lo que se refiere a los ciegos, no tengo palabras de bastante elogio con que estimular y agradecer lo hecho, porque realmente es de las obras más hermosas que se pueden llevar a cabo, no solamente teniendo en cuenta el bien que se hace suprimiendo de las calles el espectáculo tristísimo de los infelices faltos de vista, sino por la obra formidable que significa reintegrarlos a la obra social por medio de la reeducación, ya que el ciego es hombre capaz de dar de sí un rendimiento a la vida, una vez educado y formado debidamente.

Casos hay de ciegos que han sido abogados y han ejercido carreras de muchísima importancia, y yo misma tuve el honor de citar al señor ministro de la Gobernación el caso de un ciego que se ha puesto en mis manos, el cual ha terminado recientemente la carrera de Medicina, toda ella con notas de sobresaliente. Además, no solo hay ciegos entre los que se dedican a la mendicidad, sino que los hay también en las clases acomodadas, y esos, por medio de institutos de reeducación, se pueden reintegrar a la vida social, realizando con ello una obra nobilísima.

Digo lo mismo de los sordomudos, que son también seres educables, los cuales pueden perfectamente ocupar en la sociedad un puesto del que hoy están alejados por la falta de medios para formarse, y que pueden recuperar, con el auxilio de una enseñanza adecuada, lo que la naturaleza les ha negado por su desgracia.

En cuanto al seguro a que me refería, señor ministro de la Gobernación, debo hacer hincapié en que era el de enfermedad al que yo aludía, el cual, según los datos que tengo en mi poder, está establecido en Alemania, Austria, Hungría, Luxemburgo, Noruega, Serbia, Rusia, Gran Bretaña, Rumanía, Bulgaria, Portugal, Checoslovaquia, Polonia, Grecia, Japón y China. Seguro, cuya prima satisfecha por partes iguales entre el Estado, el patrono y el obrero, viene a cubrir un vacío importantísimo, ya que, por medio de este auxilio domiciliario, se puede evitar la necesidad de que el enfermo salga de su casa, y si sale, el mismo seguro satisface la cuota correspondiente en el hospital o asilo donde haya sido recogido.

Por eso aprovecho estos minutos que se me han concedido para salvar una omisión que he tenido en la interpelación. Esta ha sido el hacer referencia a lo que estimo que sería una forma eficacísima de cubrir los gastos que representan los servicios de beneficencia, repartiéndolos por partes iguales entre el Estado, los Ayuntamientos y las Diputaciones. Los Ayuntamientos pagarían las estancias en sanatorios, hospitales, manicomios o asilos, de sus vecinos pobres; las Diputaciones tomarían a su cargo la construcción, sostenimiento y habilitación de los centros de beneficencia; el Estado acudiría en auxilio de las Diputaciones, cuyos medios económicos no alcanzaran a subvenir a sus propias necesidades.

Según unos datos que tengo a la vista, la Diputación de Barcelona satisface un millón doscientas cincuenta mil pesetas solamente en mantener a sus alienados; un millón cuatrocientas mil en sostener las casas de caridad, expósitos y maternidad, y más de cuatrocientas cincuenta mil en subvencionar obras benéficas.

Pues de estos gastos que representan el sostenimiento de individuos, que la mayoría de las veces son hijos de diferentes localidades de la provincia y aun del mismo Barcelona, fueran satisfechos por sus respectivos Ayuntamientos, la Diputación de Barcelona haría una economía con la cual podría emitir un empréstito de cuarenta millones de pesetas, suma que invertiría en cubrir necesidades, que hoy tiene desatendidas por falta de consignación en sus presupuestos.

Ese punto de mira creo que ya lo tiene enfocado el proyecto que ha presentado D. Inocencio Jiménez en la sección 14.ª. Por tanto, me parece que, estudiado y puesto en práctica, tendrá un éxito indiscutible, al que se deberá, asimismo, la vida de muchas obras particulares que hoy arrastran una existencia lánguida por falta de medios. A ello se debe el que, en Barcelona, donde, como he dicho, echamos de menos un hospital de incurables, existe otro hospital particular que tiene cabida para doscientas camas, y que se va a cerrar por falta de enfermos.

Si se satisfacen en ellos las estancias de los enfermos pobres, no solamente quedarán atendidos los ciudadanos menesterosos e indigentes, sino que se evitaría que el caso de que hospital como el antes citado tuviera que cerrarse por carecer de enfermos.

Con esto termino, repitiendo las gracias al señor ministro de la Gobernación en nombre propio y de todas las madres, esposas e hijos que recogen los beneficios de la obra admirable que viene realizándose desde el Ministerio de la Gobernación. (*Aplausos.*).[55]

Ruego solicitando modificación del Real Decreto Ley sobre Contratos de Arrendamiento de Fincas Urbanas. Sesión plenaria celebrada el 28 de junio de 1928.

Permítame el Sr. ministro de Gracia y Justicia que, en nombre de un importante sector de ciudadanos españoles que sienten el amor a los niños y la caridad por los pobres, formule un ruego a S. S. que, en labios de una mujer, y abogando por tan noble causa, es más bien una súplica.

Hace veinte años, se instituyó en Madrid una asociación que se llama de la Preservación de la Fe, una de cuyas ramas principales la constituye la enseñanza escolar. Esa asociación, como dice perfectamente su nombre, tiene por misión especial propagar la fe católica en España, donde ya, por tradición, está arraigada de una manera especialísima.

Pero, como la propaganda protestante, la comunista, la masónica y otras varias han hecho estragos enormes, estableciendo infinidad de centros docentes, gracias a la gran cantidad de dinero de que disponen los que las alientan y sostienen, y esas escuelas llevan por misión especial el establecer la contraposición a tales influencias, procurando atraer a sí cuanto fuera posible a millares de niños, con el fin de formarlos en la fe católica.

Un número de mujeres verdaderamente apostólico, dirigidas por un alma de Dios, empezaron la obra sin medio alguno, y la caridad de los madrileños, siempre pródiga cuando se ha tratado de hacer el bien, derramó a manos llenas sus limosnas, y así se hizo el milagro, depositándolas en aquellas manos, que solamente se extendían para curar llagas, enjugar lágrimas y repartir bendiciones. Apenas instituida la obra, se crearon en Madrid setenta y seis escuelas, en cada una de las cuales había, por lo menos, doscientos niños, y

<hr />

[55] *Diario de las Sesiones*, núm. 14, 15 de febrero de 1928, pp. 506-510, 515-516.

de ese modo empezaron a vivir, haciendo una obra fructífera, como bendecida por Dios.

Pero, poco tiempo después, empezó el calvario para esas santas señoras: al principio, la abundancia de pisos y el poco valor de estos daba grandes facilidades para encontrar locales donde establecerse, ya que, si en alguna ocasión oponía el propietario una pequeña dificultad, con una prima insignificante quedaba subsanada; pero, más adelante, cuando escasearon los pisos y abundó más el dinero, acogiéronse los propietarios a las disposiciones sobre contratos de arrendamiento para obligarles a desalojar los locales que ocupaban, cuando no era preciso abandonarlo por el estado ruinoso del local. Por tales procedimientos cerráronse hasta dieciséis escuelas, que representaban aproximadamente tres mil seiscientos niños abandonados en medio de la calle. Y no es lo malo que así fuera, sino que, inmediatamente, esos niños eran acogidos por esas otras escuelas neutras o anticatólicas, que no cejaban nunca en su labor de atracción y de propaganda.

Encontrándose actualmente en esta situación, la obra peligra extraordinariamente, porque, por este cauce progresivo, llegará día en que esas escuelas se verán en la imposibilidad absoluta de disponer de un local adecuado como no sea propio. De estos, tienen ya algunos hasta doce; y, por cierto, que, sobre este punto, también he de hacer observar al Sr. ministro de Gracia y Justicia, que habiendo recibido un donativo generoso de una persona buena que les ha cedido un solar en inmejorables condiciones para edificar un grupo escolar capaz para quinientos niños, solamente por derechos de plusvalía se les piden quince mil pesetas, las mismas que, por supuesto, les es imposible pagar, por cuyo motivo tendrán que renunciar a edificar aquel, resignándose a esperar que Dios se las mande por algún lado.

En tal situación, yo me permitiría rogar al Sr. ministro de Gracia y Justicia que, en el Decreto Ley de 22 de diciembre de 1925, en el cual se hace una excepción para el caso de que el propietario pueda disponer del piso para sí, sus ascendientes o descendientes, en cuyas circunstancias queda autorizado para hacerlo desalojar, se añada el mismo apartado que se puso ya en la parte que se refería al caso de que el propietario dispusiese del piso, cuando los inquilinos protestasen de las incomodidades que les proporcionaba un vecino molesto, redactando la modificación en estos términos:

Nota sobre modificación que se propone al Real Decreto Ley sobre Contratos de Arrendamiento de Fincas Urbanas (de alquileres)

Se propone la adición, a continuación del primer párrafo del apartado primero del artículo 5 del vigente Real Decreto Ley de 21 de diciembre de 1925 (*Gaceta* núm. 356, del día 22, pág. 1.587), reformado y prorrogado por Reales Decretos de 24 de mayo de 1926 y Real Orden de 26 de diciembre de

1927, de un nuevo párrafo que diga: "No será aplicable la disposición expresada en este apartado cuando los locales sean ocupados por escuelas públicas o particulares, siempre que estas estuvieren constituidas y desenvuelvan su labor ajustándose a las disposiciones vigentes, o en el caso de que los locales se hallen destinados a consultorios públicos, casas de socorro e instituciones benéficas, legalmente constituidas, de todas clases".

De aceptarse la modificación que pedimos, se evitaría el que estas señoras se encontraran sin casa donde alojarse, y con ello el perjuicio grandísimo que se ocasionaría a esos catorce mil niños que reciben educación en sus escuelas, cuyo sostenimiento se deba solo a las limosnas y en el que emplean medio millón de pesetas anuales. Esos catorce mil niños, acogidos hoy a la obra escolar de la Preservación de la Fe, buscarán lógicamente otros centros donde instruirse, y ya sabemos que, por desgracia, a pesar del buen deseo del Sr. ministro de Instrucción Pública, nos faltan muchos todavía.

En Barcelona, que es de donde yo puedo hablar mejor impuesta, según la Ley Moyano, tendría que acoger el municipio el tercio del censo infantil, el cual asciende a cien mil niños, y como el Ayuntamiento tiene solo catorce mil en sus escuelas, de ahí resulta que hay más de treinta mil niños que no pueden recibir enseñanza primaria en las escuelas nacionales o municipales, por no ser estas en número bastante.

Júzguese, pues, la importancia tan grande que tiene el que la obra de la Preservación de la Fe subsista no solamente en bien de la instrucción de los niños que quedarían abandonados, sino para evitar que sus espíritus se turben con la influencia y la propaganda de esas doctrinas anticatólicas.

Yo ruego, encarecidamente, al Sr. ministro que tenga presente esta importante petición, tan modesta como sinceramente formulada. Si a ella accede, proporcionará a millares de niños no solo luz a sus inteligencias, sino elementos sanos de formación a sus almas juveniles, que "no solo de pan vive el hombre". (*Aplausos.*).

(…)

Para dar las gracias al Sr. ministro de Gracia y Justicia por la bondad con que ha acogido mi ruego, agradecimiento que le expreso, no solamente en mi nombre y en el de la entidad a que represento, sino, sobre todo, en el de esos centenares, de esos millares de niños que, una vez que el Sr. ministro estudie el asunto y modifique las disposiciones que a él se refieren en el sentido que le he pedido, recogerán de sus manos el beneficio en provecho de sus inteligencias y en bien de sus almas.[56]

---

[56] *Diario de las Sesiones*, núm. 28, 28 de junio de 1928, pp. 1038-1040, 1041.

Ruego para incluir la blasfemia y el abandono de la familia como delitos. Sesión plenaria celebrada el 30 de octubre de 1928.

Hace algunos meses, tuve la honra de levantarme por primera vez a hablar de los pobres desde estos escaños. Hoy lo hago en defensa del nombre santo de Dios Nuestro Señor y de la familia, intereses ambos que cristalizan en las buenas costumbres. Creo, pues, no haberme salido del campo de acción que, a mi juicio, corresponde a la mujer en el orden de las tareas parlamentarias. Perdone el Sr. ministro de Gracia y Justicia, que sea S. S., a quien tanto estimo y tanto debo, a quien se dirija hoy mi ruego y mi pregunta, y perdóneme también que lo haga leyendo no solo por el temor de dejar en la improvisación algún concepto olvidado, sino con el deseo de concretar todo lo posible mi pensamiento, exponiéndolo con toda la consideración con que deseo hacerlo ante S.S.

Sometido, oportunamente, el estudio de la sección 5.ª de la Asamblea el Proyecto de Código Penal, que elaboró, tras meritorio esfuerzo, la Comisión Codificadora, cúpome el honor de unir mi modesta colaboración a la de mis ilustres compañeros de sección, correspondiendo así a la alta distinción que me fue conferida, invitándonos a emitir informe sobre el Código Penal que, en lo sucesivo, ha de regir la justicia en nuestra patria, el cual llevará al pie un nombre tan ilustre y respetado por todos como es el del ministro de Gracia y Justicia, D. Galo Ponte y Escartín.

En el transcurso de las deliberaciones que se sucedieron durante el examen minucioso del articulado, hube de permitirme hacer algunas observaciones dentro de la modestia de mi juicio, pero siempre de acuerdo con los dictados de mi propia conciencia, ya que un código, en mi sentir, es algo sagrado que otorga al hombre, en el ejercicio del alto ministerio de la justicia, atribuciones que le elevan sobre el nivel de su personalidad, poniendo en su mano con las simbólicas balanzas algo de la Divina Omnipotencia, que es a quien corresponde fallar sobre los actos de los hombres, sentencia inapelable que tiene como plazo ilimitado toda una eternidad.

Entre tales observaciones fue, sin duda, la más importante la que se refería a la blasfemia, que en el Proyecto del Código Penal aparecía como falta acompañada de una sanción gubernativa, y que yo solicité pasara a ser calificada entre los delitos contra el respeto a la religión.

Para ello fundaba mi voto personal en la razón de que, siendo Dios realidad augusta de nuestras creencias religiosas y encarnación perfecta de la suprema autoridad, no era posible dejar de reconocer la mayor culpabilidad en que incurría quien ultrajare de palabra el nombre santo de Dios Nuestro Señor, sobre el hombre que, en igual forma, ultrajare a otro hombre.

Así lo reconoció esta sección, sin que a ello se opusiera ni un solo voto en contra, pues el espíritu de religiosidad de todos los miembros que la integran bastó para dar fuerza a mi proposición, y la blasfemia fue colocada como figura de delito entre los que se cometen contra la religión, y como tal apareció entre las enmiendas que esta sección tuvo a bien proponer al Proyecto de Código Penal.

Posteriormente, y como consecuencia de las variaciones introducidas en el mismo por el Consejo de Ministros, se ha desestimado dicha modificación, quedando, por lo tanto, clasificada nuevamente la blasfemia entre las faltas contra la moralidad pública, equiparándola, a pesar de su índole especialísima, con la culpa que comete "quien por su desnudez o por medio de discursos, palabras, actos, cantares obscenos o de cualquier modo ofendiere la *decencia pública*, el cual será castigado con la pena de tres a treinta días de arresto y multa de diez a doscientas cincuenta pesetas (art. 818 del texto de Código Penal, publicado en la *Gaceta* de 13 de septiembre).

Ante tal determinación, yo me permito oponer, respetuosamente, mi modesta opinión en contra, expresándola así en este ruego, que someto a la aprobación del Ministerio de Gracia y Justicia, por si procede que vuelva sobre tal acuerdo, por entender que, como católicos y súbditos de una nación que tiene a legítimo orgullo el haber sido siempre hija sumisa de la Iglesia de Cristo, no podemos admitir, en manera alguna, que la blasfemia, cuya gravedad castiga Dios con penas eternas, sancionan los Sagrados Cánones con todo el peso de su rigor y aun hubo tiempo en que la justicia humana la condenaba con la privación de la vida temporal, sea hoy equiparada a los actos que ofenden la pública decencia, sin considerar que la torpe expresión del blasfemo, aunque esta sea proferida inconscientemente, ofende a Dios Nuestro Señor, ante cuya soberana grandeza doblan la rodilla todas las potestades de la tierra.

Y no se alegue en contra mía la razón de que esa inconsciencia excuse al mal hablado su delito, pues, precisamente, la mayor confusión para nosotros debe de ser el hecho lamentable de que la impunidad en que ha quedado hasta hoy el blasfemo haya sido causa de que el pueblo bajo y las clases incultas, y aun otras que no lo son tanto, hayan hecho un hábito de ese grosero lenguaje, que si no fuera sobradamente reprobable por su gravedad intrínseca, lo sería desde el punto de vista humano, por la incultura que representa para quienes tenemos derecho a exigir en el orden y el respeto mutuo la garantía de la paz social.

Y añado, Sr. ministro, a estas palabras, que esa rutina, que ha hecho un hábito lamentable en el pueblo bajo y en otras esferas más elevadas, de la torpe expresión de la blasfemia proferida inconscientemente, nos ha llevado hasta el extremo de que también blasfemen los niños. Yo los he oído blasfemar, y muchos de vosotros habréis tenido también esa desgracia. Si otra razón no hubiera para que nuestro Código Penal castigara con penas severísimas tal ultraje, bastaría solo el hecho de que, por tal procedimiento, se pudiera salvar de esa inmunda costumbre la lengua inmaculada de los niños.

Pero, sobre esta razón, ha de pesar en el ánimo de todos la que está muy por encima, la de que la blasfemia ofende a Dios, y nosotros, los católicos, no debemos tolerar que se pueda considerar la blasfemia como culpa menor o menor delito que el que comete un hombre que ultraja a otro. Pudiera ser que se me arguyera diciendo que, en estos asuntos de orden espiritual, es a la Iglesia a la que compete su defensa; pero yo me permito decir a ese argumento, que la Iglesia no se debe mezclar en los asuntos de la Asamblea, porque su misión, que es esencialmente divina, la pone muy por encima de las materias que aquí se discuten, de carácter más humano todas ellas. Además, como católica, creo que tengo derecho a defender los intereses, nuestros intereses, tan sagrados, por lo menos, como cualquiera de los otros que aquí se discuten.

Asimismo, aparece suprimido del texto del Código Penal, aprobado por el Consejo de Ministros, el artículo que propuso esta sección se colocase entre el 389 y 390, cuyo texto era: "Será castigado con la pena de seis meses a dos años de reclusión el jefe de familia que abandonare a su mujer o hijos o ascendientes recogidos o necesitados, sea por ausencia no justificada de su domicilio, sea por negarse a pasar los debidos alimentos".

Inútilmente hemos tratado de inquirir las razones que pudieran justificar la supresión de ese artículo, que la sección 5.ª añadió al proyecto a petición del vocal que suscribe, por entender que, siendo el que nos ocupa un código esencialmente de defensa social, justo era que en él hallase cabida una medida que afecta de manera especial a la familia, eje fundamental de la sociedad constituida, altar santo donde consagra el hombre los primeros afectos del corazón y fuente de la raza en quien descansan con legítimo orgullo las glorias del pasado, la fe en nuestro presente y la esperanza en nuestro porvenir.

Testigos hemos sido infinidad de veces de las tragedias a que da lugar todos los días el abandono del marido o del padre que huye del hogar sin razón ni derecho, dejando a la infeliz esposa con la penosa obligación de alimentar y sacar adelante a los hijos que hubiere, colocándola en una situación de aparente viudez, pero, sin los derechos a que, de serlo en realidad, podría aspirar legítimamente.

Y luego, cuando al cabo de unos años, crecidos ya los hijos y en situación de rendir con el producto de su trabajo un auxilio al fondo familiar, vuelve el padre y reclama su sitio en el hogar, la ley se lo otorga, sin que para esta mujer ultrajada y abandonada haya defensa alguna, viéndose en la triste situación de optar entre compartir la vida con el esposo indigno o renunciar a los hijos que han sido su sostén, su amparo y su consuelo en su abandono.

El abandono de familia es un delito que viene repitiéndose con frecuencia alarmante, precisamente, por la total impunidad en que queda hasta ahora el que lo realiza, siendo así que falta a uno de los deberes más sagrados de la sociedad.

Este hecho encierra en sí todas las circunstancias que constituyen una infracción legal, porque ataca al orden público y es, además, punible desde el punto de vista económico.

Hay quien sostiene que las leyes penales no pueden actuar sobre las costumbres, lo cual no es admisible en esta ocasión concreta, puesto que, a pesar de su frecuencia extraordinaria, sigue siendo, por ventura, excepcional.

El hombre que huye cobardemente de su hogar, abandonando su obligación de alimentar, velar y proteger a sus hijos o padres, si los hubiere, abdica de todo sentimiento no solo de humanidad, sino también de dignidad y de decoro, convirtiéndose en un ser peligroso para el individuo, para la familia y para la sociedad.

Inglaterra, Bélgica y Suiza tienen legislación propia sobre el abandono de familia. Francia votó una ley importantísima el 7 de febrero de 1924. Los Códigos Penales de Zúrich, Lucerna, Shaffousse, Friburgo, Basilea, Appenzell, Soleure y San Gal consideran la violación del sagrado deber de mantener a la familia y dictan contra el que lo comete sentencia condenatoria que les priva de libertad.

Austria incluye esa figura de delito en su Código de 1905, así como Bulgaria, el Perú, Siam, Chile, Paraguay, El Salvador y Nicaragua. Alemania, Holanda y Noruega lo aceptan también con algunas modificaciones y agravantes, tales como el mal que puede seguir en la mujer, hijos o ascendientes como consecuencia de dicho abandono.

Los Estados Unidos de América: Illinois, Luisiana, Massachusetts, Nueva York, California y Pensilvania han votado también sus leyes penales en igual sentido, siendo especialmente la de Illinois severísima en su sanción con arreglo a su texto, que dice como sigue: "El hombre que abandone a su mujer sin razón justificada, o todo padre o madre que lo hiciera asimismo con sus hijos siendo menores de doce años, será culpable de delito, y como tal satisfará una multa de cien a quinientos dólares o incurrirá en la pena de un mes a un año de reclusión temporal, pudiendo, en caso de agravantes, satisfacer ambas penas reunidas".

Sin embargo, casi todos los Códigos a que nos hemos referido, a excepción de la ley rusa, que excluye la protección del niño en su legislación de 1903, defienden la obligación que tiene el padre de pasar alimentos a la mujer y a los hijos, pero de ella se desprende el hecho de que, una vez cumplido este requisito, puede creerse el padre reivindicado en su función social y, por lo tanto, con derecho a incorporarse nuevamente a la familia que dejó abandonada, tras una larga ausencia; cosas precisamente que nosotros pedimos que no ocurran. Antes, por el contrario, lo que queremos es que la esposa pueda optar entre conservar su libertad y la patria potestad sobre sus hijos, o compartir nuevamente la vida conyugal con todas sus consecuencias.

¿Qué razón puede abonar a quienes han creído improcedente la introducción en nuestro Código Penal de esta nueva figura de delito? Ya hemos visto que en las legislaciones extranjeras aparece incluido y sancionado; pero, aunque así no fuera, honor sería para el Código español defender el hogar, la familia, la mujer madre contra posibles ataques de quienes, impulsados a veces por un arranque de cobardía, cuando no movidos por un instinto bajo y miserable, no reparan en violentar las leyes de la naturaleza, contando con la justicia de los hombres.

Madres he visto yo que, en la lucha de tener que optar entre la necesidad de compartir la vida con tal esposo o renunciar a los hijos de sus entrañas, han enloquecido.

Profundamente convencida de la urgencia y utilidad de las posiciones que me permito formular en esta moción, en evitación de males mayores, y por entender que ellas realzarían ante el juicio del mundo civilizado nuestro Código Penal, habida cuenta del alto respeto que representan hacia los principios fundamentales de la religión, de la familia y de la moralidad de nuestras costumbres, la que suscribe, respetuosamente, somete al ilustrado y recto juicio del ministro de Gracia y Justicia las anteriores consideraciones. (*Aplausos.*).[57]

Intervención en el dictamen sobre el Seguro de Maternidad. Sesión plenaria celebrada el 31 de enero de 1929.

Pido perdón a la Asamblea si me dirijo a ella desde mi escaño. No como medida de estrategia, según dijo mi digno compañero el Sr. Argente, porque eso de estrategia parece que envuelve algo de guerra, y yo, como mujer, vengo a hablaros en tono de paz, que es el que debe imperar siempre en todos nuestros actos.

Empiezo por dedicar mis más calurosos aplausos a la labor de la sección, primero, por el cariño que ha puesto en ella; segundo, por la importancia inmensa que entraña el Proyecto de Seguro Materno; tercero, porque corresponde perfectamente a la alta selección de los elementos que en él han puesto su esfuerzo y sus anhelos.

Y en mi inferioridad inmensa casi no me atrevería a hablar, si no lo hiciera segura en absoluto de que no voy a emitir concepto alguno que pudiera ser de crítica a lo que la sección ha hecho; antes, por el contrario, me limitaré a exponer algunas simples consideraciones, que quizá merezcan ser tenidas en cuenta no por ser mías, sino por entrañar una realidad que he sentido palpitar

---

[57] *Diario de las Sesiones*, núm. 30, 30 de octubre de 1928, pp. 40-43.

a mi alrededor, cuando he tocado de cerca las verdaderas necesidades de los pobres.

El Seguro de Maternidad abarca tres finalidades: la primera, robustecer y defender la raza; la segunda, proteger a la madre y, la tercera, amparar al niño.

Si el Seguro Maternal quiere afianzar la raza, debemos proponernos, antes de hacer seguro, de hacer que se respete la moral. Pues, cuando yo oigo pronunciar las cifras aterradoras de las estadísticas y pienso que todo se atribuye a la falta de seguros, ya que por ello no están las madres debidamente amparadas y defendidas, yo afirmo, Sres. asambleístas, que la mayoría de esas muertes de niños y de madres no es debida a tal falta, sino al hecho innegable de que las madres van al parto y los hijos vienen a la vida contaminados con la venenosa ponzoña de enfermedades congénitas, que tienen su origen en la inmoralidad, que todo lo corrompe, y que venimos obligados a combatir con todo nuestro esfuerzo.

Si se dedica el seguro a proteger a la madre, tiene, en mi concepto, un grave inconveniente que también he tocado de cerca y sobre cuyas consecuencias he tenido ocasión de intervenir.

Si bien es cierto que el seguro proporciona a las madres ventajas indudables, como son las seis semanas de descanso antes y después del parto, esta obligación crea al patrono una serie de entorpecimientos y que no escapan a nuestra consideración, lo cual hace que, conceptuándolas como una carga pesada, opten por rechazar la colaboración de la mujer casada, que, en vez de sentirse protegida, ha de ceder su puesto a las solteras por ser menos gravosas, aun cuando sean menos necesitadas de auxilio y protección.

Y si son aceptadas, cuando, una vez transcurrido su tiempo de descanso, se reintegran al trabajo, sé positivamente y lo puedo decir con verdadera pena, que son muchas las ocasiones en que la misma obrera tiene que darse de baja por haberle hecho el patrono la vida irresistible en el taller.

Todo eso nos demuestra hasta qué punto nuestro esfuerzo debe encaminarse a mejorar las condiciones del trabajo de la mujer madre a domicilio, velando porque sea este debidamente retribuido, evitando que, como ahora ocurre, tenga que aceptarlo en condiciones misérrimas, con lo cual realizaríamos una labor social y humanitaria digna del aplauso y de la bendición de todos.

La mujer madre no debiera salir nunca del hogar para buscar trabajo; y así es como harían raza, así tendríamos madres y así no se morirían a millares los niños. (*Aplausos que interrumpen al orador*).

En cuanto a la protección que el seguro otorga al niño, también me permito hacer una indicación. Para asegurar su robustez no bastan seis semanas de descanso antes del parto; si esa madre no va alimentada y preparada como es debido, podrá salir a flote del trance difícil y peligroso que le espera; pero el hijo que echa al mundo no será más que un germen de tuberculosis, que a los cuatro días de nacer es ya carne de cementerio o de hospital.

Hay que preparar para su alumbramiento, creando restaurantes obreros económicos cerca de las fábricas y de los grandes centros industriales, donde por un modesto dispendio, en vez del alimento exiguo que acostumbra a llevar en una cazuelilla que consume fría y deprisa, pueda tomar una comida sana y sustanciosa, que disponga a su organismo para el momento transcendental de dar al mundo y a la raza un hijo. Eso es hacer política social, y, sobre todo, es hacer caridad, que es lo más grande que pueden hacer los hombres.

Otra indicación quiero también hacer, aunque en ella dejo a salvo los respetos que me merecen los acuerdos tomados en momento tan solemne como fue el Congreso Convenio de Washington, y es en lo que se refiere a la igualdad en que son consideradas ante el Seguro Maternal la madre legítima y la ilegítima.

Cuando un obrero se cae de un andamio y se mata, inmediatamente le Ley de Accidentes del Trabajo ampara al hijo que ha quedado huérfano; pero, cuando un hombre dispara una pistola para herir a otro hombre, y por desgracia se mata él, ninguna ley ampara a los hijos del muerto; quien los acoge compasiva es la caridad, porque para ella no existen limitaciones ni distingos, y así las madres legítimas como las ilegítimas son asistidas en su desgracia o su abandono.

Pero la ley no puede proteger por igual a la madre ilegítima, porque entonces, ¿qué dirán las que no lo son? ¿En dónde buscarán su apoyo? ¿Únicamente en la satisfacción de su propia conciencia, ya que es mucho? No. La ley debe tener en ellas preferencia indiscutible, porque amparando y santificando la santa unión del matrimonio se dignifican las costumbres, y no dudemos que los pueblos más fuertes y poderosos son aquellos que descansan en los principios de la moral y de la justicia.

Abundo en la teoría del Sr. Jiménez de que este seguro deberá ser un día seguro de enfermedad. De esa manera, como ha dicho también el Sr. Argente, la contribución de las obreras solteras y de las obreras viudas será justa. Además, en realidad, el alumbramiento debería conceptuarse como enfermedad, ya que un parto sencillo, sin complicaciones de ninguna especie, suele ser cosa breve, como prevista por la sabia naturaleza; prueba de ello es el caso que cita en un escrito dirigido a la Sra. Domínguez por un caballero versado en cosas de beneficencia, el cual dice haber visto labradoras del campo que en plena siega han dado a luz, reanudando su trabajo dos días después. ¿Y eso, por qué? Porque su organismo está sano y no tiene, como he dicho al principio, elementos nocivos que comprometan su vida y la de su descendencia.

No quiero alargarme más, porque creo que con estas breves palabras he interpretado el sentimiento de todos los que me escucháis. Son breves, pero tienen sabor de realidad. Segura estoy de que la sección las acogerá con el mismo cariño que he puesto en ellas, y así termino como empecé, dedicándole un aplauso y pidiendo al Señor que el Seguro de Maternidad sirva para llevar consuelo y fortaleza a tantos y tantos hogares obreros, que bien los necesitan.[58]

TERESA LUZZATI QUIÑONES

Nació en Lugo el 5 de octubre de 1889.

Era hija del italiano Gustavo Luzzati Dal Pozzo (1857-1917), un ingeniero de la Compañía de los Ferrocarriles del Norte. La casualidad quiso que este falleciese en un accidente ferroviario en 1917, en la comarca leonesa de La Tercia. Participó en la construcción de obras de ingeniería moderna muy admiradas en aquella época, como resultó ser el túnel de San Gotardo (Suiza).

Su ascendencia por vía materna derivaba de un linaje pudiente de Ponferrada (León). Su madre fue Margarita Quiñones Armesto, fallecida en 1951 y tía de José María Gil Robles, líder derechista de la CEDA y militante de Acción Católica.

Contrajo matrimonio con el coruñés Jovino López Rúa, capitán de caballería del Regimiento de Galicia, en 1907. Fruto del matrimonio nacieron sus cinco hijos. Residieron en La Coruña durante un tiempo, en donde él fue director de un centro de enseñanza en el número 2 de la Puerta de Aires, dedicado a estudios de Primera y Segunda Enseñanzas, Correos, Telégrafos y Aduanas, Escuela de Comercio y Preparación para la Facultad de Derecho.

En 1922, Teresa Luzzati ya formaba parte del consejo asesor de los Sindicatos Femeninos de Madrid.

Representó a Acción Católica de la Mujer en el VI Congreso Internacional de Ligas Católicas Femeninas en 1925.

Por una Real Orden de 23 de noviembre de 1926, se la nombró vocal del Patronato del Trabajo a Domicilio en colaboración con otras dos asambleístas, María Domènech y María de Echarri.

También desempeñó otros cargos relevantes. Así, en 1927, fue vocal del Patronato de Protección a la Vejez, secretaria de la Escuela Social, directora de la Universidad Profesional Femenina y representante de Acción Social Femenina Española en los congresos celebrados en las ciudades italianas de Milán y de Roma, por citar algunos paradigmas.

Ocupó la presidencia del jurado del concurso a favor de los niños superdotados, promovido por la revista *Unión Patriótica*, en 1928.

Fue una de las asistentes al Congreso Hispano Femenino, que se celebró en Sevilla en mayo de 1929.

---

[58] *Diario de las Sesiones*, núm. 39, 31 de enero de 1929, pp. 498-500.

Como reconocimiento a su dedicación continua a lo largo de los años, se le impuso la Medalla de Plata del Trabajo el 15 de diciembre de 1929.

Presidió la Mesa del Comité Paritario de Vestido y Tocado de Madrid. Fue cesada de este cargo el 30 de mayo de 1931, relevándola, en situación de interinidad, Clara Campoamor Rodríguez (1888-1972).

En 1934, se procedió a su nombramiento definitivo como presidenta del Jurado Mixto de Vestido y Tocado.

Como en otros muchos casos, ella y su familia padecieron las consecuencias de la guerra Civil española. Su hermano Jerónimo fue fusilado en 1936 en Paterna (Valencia), y su hermana María Susana falleció tras haber sido detenida e interrogada en una checa por el bando republicano. Hubo varios intentos de detener a Teresa, pero a ella le salvó su delicado estado de salud, salvaguardada por los continuos ingresos hospitalarios a causa de su diabetes en Madrid.

Se le concedió una administración de loterías en la calle Mayor de Madrid. Falleció en esta capital en 1942.

Como señoría...

Fue asambleísta por representación de actividades de la vida nacional. Su nombramiento tuvo lugar en la sesión plenaria del 10 de octubre de 1927.[59]

Estuvo asignada a la sección 14.ª (Acción Social, Sanidad y Beneficencia).[60]

Como fecha de su alta aparece el 10 de octubre de 1927, mientras que la baja se llevó a término el 15 de febrero de 1930.

INTERVENCIONES EN LA ASAMBLEA

Ruego sobre la tributación de los establecimientos de segunda enseñanza. Sesión plenaria celebrada el 29 de marzo de 1928.

Me levanto a hablar, señores asambleístas, para dirigir un ruego al Sr. ministro de Hacienda, al que van unidas las quejas de los que, dedicados a la enseñanza en instituciones privadas, ven entorpecida su labor por las trabas impuestas por aquellos que más debieran ayudarles, porque se da el caso de que establecimientos benéficos de enseñanza, tan benéficos que cuestan al año muchos miles de pesetas a la generosidad de sus fundadores, tan útiles que el municipio o el Estado, o ambos algunas veces, se han creído en el deber de

---

[59] *Diario de las Sesiones*, núm. 1, 10 de octubre de 1927, p. 7.

[60] *Ibid.*, p. 14.

solucionarlos, están sin embargo sujetos no solo a la contribución territorial, sino a la industrial, por cuota mínima, a la de utilidades por número de profesores, al recargo municipal y no sé si a algo más, sin tener en cuenta que con aquellas subvenciones apenas si pueden atender a los gastos más indispensables.

Bastaría esta sola consideración para comprender la injusticia de estas contribuciones; pero es que, además, la forma misma de estar impuestas, permítame S. S. que se lo diga, es un poco absurda. Dice la tarifa 2.ª, clase 1.ª, número diecisiete, que pagarán ochenta pesetas los profesores que den clase en casas particulares o colegios; en los que haya más de un profesor, contándose como tal el director o jefe de establecimiento, pagarán en Madrid quinientas pesetas, en poblaciones que excedan de cuarenta mil habitantes, cuatrocientas, etc.

Cuando en estos establecimientos se dé a los alumnos media pensión, tributarán además con el cincuenta por ciento de la cuota de este epígrafe, y cuando se dé pensión entera, tributarán con doble cuota. Las cuotas de este epígrafe son independientes de las que deberán satisfacer los profesores por la clase 1.ª de esta tarifa, tengan o no retribución; es decir, que tengan o no retribución, pagarán las ochenta pesetas de contribución, ocurriendo que un profesor que luche con entusiasmo y abnegación y quiera dar gratuitamente una clase, se ve obligado por este solo hecho a pagar ochenta pesetas de contribución.

Claro está que, si hubiera muchos profesores que pudiesen permitirse el lujo de enseñar gratuitamente, barato le saldría al colegio que los utilizase, aunque por cada uno tuviera que pagar las ochenta pesetas de contribución; pero como no es así, el director del colegio se ve obligado a pagar sobre el sueldo de cada profesor ochenta pesetas de contribución, esto por lo que afecta a las utilidades, porque en cuanto a la contribución territorial, se da el caso de tasar el valor íntegro de un edificio dedicado a la enseñanza y calcular la renta que podía producir dedicado a vivienda, imponiéndole la contribución partiendo de este concepto, ¿no cree el señor ministro de Hacienda que este sistema encierra, en cierto modo, una protección a la enseñanza mal organizada? Porque es evidente que si un director de colegio, olvidándose de los fines que la enseñanza debe llenar, siente el cosquilleo de la ambición, por este procedimiento se favorece esa ambición.

Todo director de colegio sabe que la enseñanza debe darse en locales amplios, cuanto más amplios mejor, y tampoco ignora que el excesivo número de alumnos dificulta las tres cuartas partes de la labor del profesor; pero como al mismo tiempo sabe que, cuanto mayor sea el local de sus enseñanzas, cuanto mayor sea el número de profesores, no solo tendrá que pagar más sueldos, sino que aumentará más la contribución, es natural que tienda a librarse de todas estas cargas.

Además, hay otro aspecto de la cuestión; considerada la enseñanza como una industria, como un negocio, y permitidme, señores asambleístas, que me asombre de que se pueda considerar así la enseñanza, no sé si vosotros la consideraréis en esa forma; yo no conozco ningún caso de esos grandes capitalistas, que acuden a la explotación de todos los negocios productivos, que se le haya ocurrido organizar colegios, centros de enseñanza, como medio de sacar rendimiento de sus capitales. Ya sé, que personas beneméritas hay, que algunas veces dedican sumas considerables a la enseñanza; pero lo hacen de un modo puramente benéfico, por ejercer la caridad, jamás con esperanza de lucro, porque saben perfectamente que por ese medio no habrían de encontrarlo.

Este solo hecho es bien significativo; pero, además, hay que tener en cuenta, que ya dijo en su brillante discurso, en uno de los pasados plenos, el Sr. ministro de Instrucción pública, refiriéndose a los centros de enseñanza oficial, que la enseñanza no solo produce ganancia al Estado, sino que le causaba anualmente un déficit de no sé cuántos millones, y si esto les ocurre a los centros oficiales que no tienen ninguna de las trabas que se ponen a los centros de enseñanza no oficial, ¿por qué supone S. S. que para estos es un negocio?

Refiriéndome concretamente a la enseñanza profesional, no creo que haya nadie que se atreva a decir que puede ser un negocio. La enseñanza profesional, esa enseñanza tan útil, tan necesaria, más necesaria hoy porque es la que prepara a esa multitud inmensa de jóvenes, hombres y mujeres, para ganarse la vida, y que todos sabemos que es la enseñanza más costosa de todas, no creo que haya nadie en la Asamblea que se atreva a decirme que la escuela profesional sea un negocio; pero si se atreviese, yo le diría, mejor dicho, yo le demostraría que no sabe una palabra de lo que es enseñanza profesional o sufre la mayor de las equivocaciones. (*Rumores.*).

Considerada, sin embargo, la enseñanza como una industria, está sometida a la contribución industrial, y la ley autoriza en casos ordinarios el uno por ciento sobre los ingresos brutos; posteriormente, la Junta Superior Consultiva asignó a los colegios el cero cincuenta por ciento; pero se da el caso de que algunos colegios que han querido acogerse a esta ley, no encontraron medio legal de poder hacerlo, y teniendo por ese medio que pagar dos mil pesetas, se ven obligados a pagar doce mil por este solo concepto; sumando lo que tendrán que pagar por utilidades, más lo que han de pagar por la territorial, importa una contribución tal que no es posible que puedan sostenerse, y se verán obligados, en el plazo no más largo del curso próximo, a cerrar.

Tengo cuantos datos quiera S. S., Sr. ministro de Hacienda, que pueden demostrar la exactitud de mi afirmación. ¿No cree el Sr. ministro de Hacienda que es justo gravar la enseñanza con estas contribuciones, como si no se hiciese una obra benemérita, como si fuese un castigo a estos centros de enseñanza perfectamente organizados? Y al hablar de eso, señores, no me refiero exclusivamente a la organización técnica, porque si fuera este el momento oportuno, yo me atrevería a pedir al Gobierno la máxima protección para aquellos centros de enseñanza en que no solo se atendiese a la instrucción técnica, sino que, además, se atendiese de un modo muy especial a la formación moral, a la educación patriótica, base indispensable para hacer buenos ciudadanos, y por la misma razón me atrevería a pedir al Gobierno que no otorgase ninguna protección a aquellos centros de enseñanza que no reuniesen no una, sino todas estas condiciones. (*Aplausos.*). Ya sé yo que el Sr. ministro de Hacienda, con una inteligencia y una laboriosidad dignas de todo elogio, está poniendo orden en el caos que desde antiguo existe en ese departamento, y eso con éxito tan lisonjero como brillantemente nos lo expuso S. S. fue aplaudido sin reservas. Precisamente por eso, con mayor confianza me atrevo a rogarle vea la importancia que tiene no dificultar la colaboración que las entidades privadas prestan al Estado, dedicándose a la enseñanza.

Yo creo que la forma de hacerlo es sencillísima: oblíguese a los colegios a llevar una cuenta clara, precisa, de los ingresos que perciban por concepto de enseñanza y de los gastos que hacen en su beneficio; impóngaseles una contribución por utilidades sobre la diferencia entre ambas cifras. Ya sé que se me podrá decir que este sistema se presta a fraudes, pero para eso está la inspección; hágase una inspección de verdad, castíguese sin contemplación a los defraudadores, pero no se dificulte la acción de los que emplean su inteligencia, su dinero y su trabajo en beneficio del pueblo, y menos que en ninguno otro, en el terreno de la enseñanza.

El dinero y el trabajo son ya por sí mismos una contribución altamente útil al pueblo y, por consiguiente, al Estado debe este, ya que no sostener, al menos ayudar, o cuando menos no impedir esta clase de obras, y no veo forma más a propósito de hacerlo que no lucrándose con las cantidades que la generosidad privada dedica a suplir la imposibilidad en que el Estado se encuentra de atender en todos los casos a la cultura del pueblo.

Ya ve el Sr. ministro de Hacienda que no era mi propósito atacar despiadadamente esas arcas del tesoro tan tenazmente defendidas por S. S.; mi petición no puede ser más moderada, ni más justa. Por eso tengo la seguridad de que la Asamblea habrá de apoyarla y espero que el Sr. ministro de Hacienda, comprendiéndolo así, lo atenderá. Tenga la seguridad de que con ello habrá contribuido de un modo poderoso y eficaz al desarrollo de la cultura del pueblo y, por consiguiente, al engrandecimiento de la patria. (*Muy bien.*).

Y termino, señores, que no quiero emplear ni un momento más de los que el reglamento me concede, en primer lugar, por consideración al presidente, que tan amablemente ha accedido a concederme este ruego y, además, porque quiero tener la satisfacción de demostrar a la Asamblea que, como mujer, sé estimar en cuánto valen la disciplina y el tiempo. (*Muy bien. Grandes aplausos.*).[61]

MARÍA DOLORES PERALES Y GONZÁLEZ BRAVO

Su padre era Emilio Perales del Río, jefe de sección del Ministerio de Fomento, y mayordomo de semana del rey, fallecido el 7 de diciembre de 1884.

Destacó por su habilidad como paisajista, dando a conocer algunos de sus cuadros en la Exposición de Bellas Artes de 1908.

Fue concejala del Ayuntamiento de Madrid en 1925.

Como señoría...

Fue elegida asambleísta por representación de actividades de la vida nacional. Su nombramiento se realizó en la sesión plenaria del 15 de febrero de 1928.[62]

Se procedió a su alta el 15 de febrero de 1928 y su baja se hizo efectiva el 15 de febrero de 1930.

INTERVENCIONES EN LA ASAMBLEA

Discurso sobre las obras neutras de carácter social y protector de la mujer y del niño. Sesión plenaria celebrada el 21 de mayo de 1928.

¿Por qué estoy aquí y por qué me atrevo a levantar la voz en este lugar?, me pregunto.

¿Cómo me atrevo a dirigir una interpelación al ilustre general Primo de Rivera, yo, que soy la última, casi un cornetín de órdenes, en el ejército donde militan las mujeres de más altos prestigios, que coadyuvan con su virtud, su talento y su actividad a la gran obra regeneradora de España, iniciada y casi realizada ya por el valiente caudillo que felizmente preside el Gobierno de la nación?

La contestación es sencilla. Por fortuna me conozco, y a pesar de sentirme dominada por el miedo preoperatorio o, mejor dicho, por el miedo de quien no se cree merecedor de ocupar este escaño, me levanto para formular un ruego al señor presidente del Consejo de Ministros, impulsada por el amor

---

[61] *Diario de las Sesiones*, núm. 19, 29 de marzo de 1928, pp. 708-709.

[62] *Diario de las Sesiones*, núm. 14, 15 de febrero de 1928, p. 537.

patrio, que, después del amor de Dios, es el que con mayor ímpetu acelera los latidos de mi corazón.

Espero que la Asamblea me permita molestar breves momentos su atención, excusando mi carencia total de dotes oratorias.

Desde hace algún tiempo, las obras *neutras* dirigidas y gobernadas por "Comités extranjeros", que dan a sus diferentes agrupaciones el nombre del país donde radican, para desvanecer temores y sospechas; las obras neutras, repito, desde hace algún tiempo van ampliando su radio de acción bajo aspectos varios, culturales, educativos, artísticos o benéficos, según convenga al momento y lugar donde han de tender sus redes.

Estas obras despiertan simpatías y atraen a su seno personas que "inconscientemente" se prestan a garantizar la actuación de otras *muy conscientes*, facilitando la realización de equivocados ideales. Ahora le ha tocado a España recibir el chaparrón de obras "protectoras, amigas y bondadosas", al parecer independientes, pero sujetas al espíritu de su directiva extranjera.

Animadas aparentemente de inmejorables deseos de redención, vienen a ofrecernos fundaciones que no necesitamos, porque todas ellas existen en esta tierra bendita donde la caridad impera.

¿No sería más práctico favorecer las españolas existentes que las recién llegadas extranjeras?

Las obras neutras regidas de hecho, aunque no de derecho, por una junta suprema internacional, son completamente "naturistas", y pretenden apoderarse de los niños para hacerlos buenos por la influencia del sol y del aire libre, el amor a los pájaros y a las flores, influencia suficiente, según dicen, para inclinar su naturaleza al bien.

El sentido de las palabras divinidad, patria, abnegación y sacrificio será desconocido para esos niños, y cuando sean hombres y mujeres, ofuscados con la educación cosmopolita recibida, que les infligirá inconmensurable superioridad sobre aquellos que aprendieron a ensalzar las glorias patrias antes que las ajenas, no vacilarán en trocar su nacionalidad por cualquiera que les brinde ficticios horizontes; los hombres, considerando tiranía insufrible el honroso servicio militar, y las mujeres, mirando como denigrante opresión el sacramento del matrimonio y la sublime misión de madre cristiana.

El peligro de las obras neutras es grave, si no se sale a su encuentro. Su objeto es destruir la familia primero, y más tarde, fingiendo generosa amplitud de ideales, fomentar en los corazones falso amor universal hasta matar el amor, innato en nuestras almas, hacia la bandera de oro y púrpura donde campean el león indomable y la cruz redentora que conquistó veinte naciones.

Bajo esa bandera que nos habla de santos, héroes y sabios españoles, no pueden cobijarse obras neutras engendradoras de sociedades sin Dios y sin patria.

110

Hace tres semanas asistí con las Srtas. de Echarri y de Sagredo, entre otras españolas, al congreso internacional celebrado en la capital de Holanda, y hemos oído lo que no ignorábamos acerca de cuanto se proponen los enemigos de la familia y de la sociedad.

Hemos visto con pena que en muchas naciones no pueden combatirlos de frente, porque carecen de gobernantes como los que ahora ocupan el banco azul en España.

Nosotras podemos llegar en todo momento a Sus Señorías, con absoluta seguridad de ser atendidas, siempre que nuestros ruegos tengan elevado y noble fin, cual es resguardar al niño de hoy, ciudadano de mañana, de esos aires de fuera, que no enferman los cuerpos, pero matan las almas.

Europa admira el estado floreciente de nuestra hacienda, el resurgimiento de gloriosas tradiciones y la paz octaviana en que se desenvuelve nuestra vida; pero no todos nos miran con embeleso. Los enemigos del orden han fijado su vista en nosotros con deseo de perturbar la marcha en rápido *crescendo* que lleva España, y para ello se valen de esas obras que se filtran con antifaz y silenciosamente sembrando la confusión, arma predilecta de los *sin patria*, y que no tardarían en hacer ruido si no les cortásemos el paso.

No pretendo negar felices iniciativas a otros países, ni creo que sistemáticamente deban rechazarse; lo que afirmo es que cuantas iniciativas extranjeras se llevan a la práctica en España deben nacionalizarse no solo oficialmente, como lo están casi todas, sino en su esencia, y amoldarse a nuestro ser, en vez de pretender modelarnos a su antojo.

Las obras neutras humanitarias de carácter internacional, como la Cruz Roja, solo por el hecho de quedar oficialmente reconocida en España, pierde su forma neutra, se nacionaliza y toma la religión del Estado.

Me honro de pertenecer a la Unión de Damas Españolas del Sagrado Corazón, federada a la Unión Internacional de Ligas Católicas Femeninas, y admiro la obra internacional Protección de la Joven, establecida en España, porque, aunque están federadas a una Unión Internacional, no están regidas por un comité extranjero que trabaja en la sombra; están dirigidas por el representante en la tierra del Rey de Reyes y bajo las órdenes del padre santo, por un cardenal español.

Suplico al Sr. presidente del Consejo que mire con detenida atención cuanto acabo de exponer, porque entre esas obras de apariencia inocente se esconde un peligro social.

Los que vivimos consagrados a la acción católica social conocemos, por fortuna, el fondo de las obras neutras; y digo por fortuna, aunque he recibido tristísimas impresiones, porque es preciso conocer el mal para ponerle remedio.

Conozco casi todas las obras neutras, sus fines reales y aparentes, y tengo datos a la vista que no leo por no cansar a la Asamblea; pero que pongo a disposición del Sr. presidente del Consejo por si le fuesen necesarios, y convencida de que cumplo un deber he explanado esta interpelación, esperando que el señor marqués de Estella, con sus altas dotes de gobernante, su claro talento y su juicio sereno, encontrará medio de acabar con obras que, pretextando *humanitarismo*, son un peligro real para la patria. (*Aplausos.*).

(…)

Para dar las gracias al señor presidente del Consejo por sus amables frases y por la atención que ha concedido a mis modestas cuartillas; pero debo hacer constar que yo no he hablado de las obras internacionales reconocidas por todos los gobiernos, que admiro y creo que son necesarias; hablo de otras obras pequeñas, de aspecto más bien particular, que son las que se van filtrando y que son las que están haciendo que las acojan aun las personas mejor intencionadas, sin darse cuenta del peligro en que se ven, porque todas ellas están regidas, no por gobiernos extranjeros, sino por personas extranjeras, que seguramente no tienen cabida ninguna de ellas en los gobiernos de la nación donde viven. (*Muy bien.*).[63]

Solicitud de subvención. Ministerio de Instrucción Pública.

De doña María Perales solicitando una subvención de seis mil pesetas para la bolsa del trabajo que funciona en la Protección al Trabajo de la Mujer.[64]

NATIVIDAD DOMÍNGUEZ ATALAYA

Nació en Madrid el 8 de septiembre de 1888. Era sobrina de Ramona Domínguez Barriga, una reputada maestra oriunda de Brozas (Cáceres) con la que se educó los primeros años de su infancia, antes de regresar a Madrid, en donde continuó su formación académica. Estudió en la Asociación para la Enseñanza de la Mujer. Fue discípula del historiador, político y jurista leonés Gumersindo de Azcárate (1840-1917), cofundador de la Institución Libre de Enseñanza y propulsor del pensamiento krausista, al que pudo acceder a través de Julián Sanz del Río (1814-1869).

En 1904, cursó el primer año superior de la Normal Central de Maestras, recibiendo el premio de honor. Concursó y ganó una plaza de maestra en la Asociación para la Enseñanza de la Mujer en 1905. Logró el premio en todas las asignaturas y el título extraordinario de maestra superior en la Escuela

---

[63] *Diario de las Sesiones*, núm. 21, 21 de mayo de 1928, pp. 795-796, 797.

[64] Anexo 3.º al Apéndice 3.º al núm. 32 del *Diario de las Sesiones*, 11 de diciembre de 1928, p. 4.

Normal Central. Posteriormente obtuvo los títulos de profesora de Comercio y el Superior de Institutrices.

Se presentó, por turno libre, a las oposiciones para obtener una plaza de profesora numeraria de la sección de letras de la Escuela Normal. Su puesto quedaba entonces especificado por una Real Orden de 29 de julio de 1907.

En 1908, se la nombró maestra de la Escuela Elemental de Valencia, tras haber quedado en cuarto lugar en las pruebas a escuelas de niñas, con un sueldo anual de dos mil pesetas.

El Ministerio de Instrucción Pública ya contaba con ella para ocupar el cargo de vocal en el tribunal de oposiciones a escuelas de niñas en 1909. No se trató de algo puntual, sino que fue una constante a lo largo de su carrera, asistiendo como vocal en las diferentes convocatorias celebradas en Valencia durante varios años.

Se le designó una plaza en Valencia, en donde dirigió el Grupo Escolar Graduado Cervantes. A la altura de 1916, estaba situada en el puesto doscientos sesenta y siete del escalafón de maestras. Tan solo tres años después, por una Real Orden de 23 de junio de 1919, y a propuesta de la comisión organizadora de la escala general del magisterio, se hallaba en el número ciento cuarenta y seis, remunerado con un sueldo de tres mil quinientas pesetas.

Estuvo casada con Gil Roger Vázquez (1862-1940), abogado y político valenciano, quien fue diputado en el Congreso en 1905, si bien renunció a su nombramiento temporalmente. Así a todo, volvía a tener acta de diputado cinco años después. No era un desconocido en este ámbito, y más bien habría que considerarle continuador de una saga valenciana de políticos. De hecho, su padre, Gil Roger Dubal (1823-1907), fue también congresista en 1871.

Natividad Domínguez ocupó la secretaría de la comisión de la Exposición Escolar de Valencia en 1922. Ese mismo año, formó parte de la junta organizadora de los actos con los que el magisterio valenciano se sumaba a las fiestas de la Coronación de la Virgen de los Desamparados.

Ostentó varios cargos en diferentes asociaciones e instituciones. Fue vicepresidenta del Alto Consejo de Exploradores de España, vocal del Patronato Escuela de Reforma y Colonia de San Vicente, vocal del Ropero Escolar de Valencia, vocal de la Junta de Unión Iberoamericana, vocal de la Junta Valenciana de Colonias Escolares, vocal del Comité pro Monumento al Quijote en el Toboso, además de maestra y vicerrectora de la Institución para la Enseñanza de la Mujer de Valencia. Ocupó las presidencias de la Federación del Magisterio de Levante y de la Asociación de Maestros Nacionales de la provincia de Valencia.

Hay que destacar su participación en una velada en honor a Miguel de Cervantes (1547-1616), dando una conferencia sobre "Las mujeres en Cervantes" en el Ateneo Mercantil en 1927.

113

Fue condecorada con la Gran Cruz Blanca del mérito militar, regalada por suscripción entre todos los jefes, oficiales y subalternos de la guarnición de Valencia. También por suscripción, en este caso, del magisterio de Levante, se le otorgó la Cruz de Alfonso XII.

A estas distinciones habría que añadir las Medallas de Oro de la Constancia, de la Virgen de Sales, de *Lo Rat-Penat*, de Chelva (Valencia) —lugar de nacimiento de su esposo—, así como la Medalla de Hierro de Mutualidades Escolares y de Monte Sampayo. Por su parte, los somatenes de Valencia la nombraron su madrina y le rindieron honores en 1926.

Falleció en Valencia el 11 de enero de 1932.

Como señoría...

Fue asambleísta por representación de actividades de la vida nacional. Su elección se realizó en la sesión plenaria del 10 de octubre de 1927.[65]

Fue asignada a la sección 6.ª (Leyes de Carácter Político).[66]

Se la dio de alta el 10 de octubre de 1927 y su baja se realizó el 15 de febrero de 1930.

INTERVENCIONES EN LA ASAMBLEA

Discurso sobre las aspiraciones mínimas del magisterio español. Sesión plenaria celebrada el 23 de mayo de 1928.

Sres. asambleístas, empiezo por saludar a la presidencia de la Asamblea, al Gobierno también muy afectuosamente y a todos vosotros, diciéndoos que confío en la benevolencia que no me han de negar vuestra bondad y vuestra tolerancia.

Al hacer la exposición de motivos de lo que he considerado como aspiraciones mínimas del magisterio español, y al hacer también un encarecido ruego para alcanzar la pronta consecución de las mismas, no esperéis de mí un discurso.

No tengo pretensiones ni condiciones de oradora y, aun cuando las tuviera, no creo que debería hacer aquí gala de ellas, porque entiendo, con toda sinceridad y respeto, que las sesiones de la Asamblea Nacional Consultiva no son palenque de retórica.

A mi modesto juicio, en estas sesiones solo deben exponerse ideas relativas a asuntos determinados, con las fórmulas y conclusiones pertinentes para que

---

[65] *Diario de las Sesiones*, núm. 1, 10 de octubre de 1927, p. 7.

[66] *Ibid.*, p. 13.

las pueda tener presentes, en todo momento, como eco de la verdadera opinión pública —claro está que, de la opinión pública autorizada, competente—, el Gobierno que actualmente trabaja; es de justicia así reconocerlo y proclamarlo, para preparar una España más próspera y fuerte que la de ahora, grande y poderosa.

El camino por seguir para lograr esta prosperidad y esta fuerza, esta grandeza y este poder, el solo camino eficaz para conseguirlo, según mi modesto juicio, Sres. asambleístas, es la educación de las nuevas generaciones. Nadie puede abrigar la más pequeña duda de que con la educación, una educación seriamente, científicamente preconcebida, se prepara el camino para establecer la nivelación en nación tan desgraciada como lo ha sido la nuestra por infortunios y adversidades pasados, los moldes en que se pueda forjar de nuevo su prestigio y su poder, levantándola de su decadencia, ponerla en condiciones de que pueda cumplir, de que pueda llenar su alta misión en la historia.

Y aun cuando todos vosotros sabéis, Sres. asambleístas, mucho mejor que yo, que todos los centros docentes, el instituto, la normal, la universidad y tantas facultades y escuelas profesionales, en fin, deberían mantener siempre latente una fuerte tendencia educadora, es lo cierto que el sitio primero, el lugar sagrado donde se atiende al sentimiento, a la actividad corporal, al carácter moral de los jóvenes, a la cultura completa del espíritu y del organismo es la escuela primaria; institución de cultura ciudadana ha sido llamada la escuela primaria y nosotros ampliamos ese concepto llamándola, con justicia y con verdad, institución de cultura humana.

Pues bien, los maestros que regentan estos centros tan fundamentales y necesarios en la vida cultural de la nación, los treinta y cuatro mil maestros españoles que sueñan con la mejora y enaltecimiento de la escuela nacional, quieren, Sr. ministro de Instrucción pública, quieren que hasta aquí al pleno de la Asamblea Nacional Consultiva, para que esta modestísima voz mía llegue a todos los ámbitos de España, se traigan ante el Gobierno las aspiraciones mínimas de la clase, aspiraciones que son ya una realidad para otros funcionarios públicos que no tienen la preparación ni ejercen la delicada función del magisterio español.

Entre todas sus aspiraciones fundamentales y primordiales, quizá, la principal es esta: la equiparación de los maestros nacionales a los demás funcionarios del Estado. Hoy, Sres. asambleístas, la realidad es triste, es desconsoladora: el sueldo mínimo es de dos mil pesetas y el máximo de ocho mil, con un escalafón microcéfalo en que los ascensos, por lo tardíos, puede decirse que son imaginarios, y en contraposición de esto, la clase anhela que el sueldo mínimo sea de tres mil pesetas, pero de tal manera, que no haya un solo maestro en España que perciba menos de esta remuneración, y un sueldo

115

máximo de doce mil pesetas, con la proporcionalidad necesaria en las categorías intermedias.

Todo esto entiendo que son cosas que nadie puede hoy considerar como irrealizables e inaccesibles; lo único extraño es que no se hayan logrado ya hace mucho tiempo, y por esto creo firmemente que en el seno del Gobierno no habrá la menor vacilación, cuando se traiga al pleno de la Asamblea este problema de enaltecimiento de la escuela española por la mejora de los sueldos de los maestros que la dirigen.

Pero, además, es necesario tener presente el espíritu del magisterio español, que en estos momentos de tanta responsabilidad para mí quisiera yo encarnar y representar dignamente; no son solo aspiraciones de orden económico las que impulsan y animan a esta abnegada y meritísima clase; no.

Se sueña y se pide incesantemente la creación de los miles de escuelas que hacen falta y que estas escuelas posean local propio, con las obligadas dependencias para todos los servicios higiénico-pedagógicos. En este sentido he de apoyar el elocuente ruego que ayer hizo mi distinguido compañero e ilustre profesor Sr. Ascarza.

Se desea la graduación de todas las escuelas en las poblaciones de más de tres mil habitantes: graduadas, con el mayor número posible de secciones y con algunas especiales para anormales.

Se reclama, asimismo, con todo empeño y urgencia, la creación y organización de escuelas de párvulos, que son una necesidad pedagógica y una necesidad también para las familias obreras en que las madres tienen que abandonar a sus hijos para ir a ganarse el sustento.

Sí, señores asambleístas, los maestros españoles, llenos de ideales, saturados de optimismo, anhelan que, con la constancia en el trabajo, la pureza en las costumbres, el desinterés de los móviles que han de caracterizar siempre sus actos, además de una preparación cada vez más intensa y completa, la científica, a ser posible, en la universidad, y la técnica o profesional en las normales y escuelas bien organizadas, anhelan formar alrededor suyo una atmósfera de respeto y de simpatía que se imponga hasta a los más indiferentes, y más que para ellos, reclaman este respeto y esa simpatía para la escuela nacional y un ambiente de constante protección y de amor fervoroso al niño, ¡al niño!, flor de humanidad, que debe ser atendido en todas sus necesidades presentes y futuras, y educado integralmente, ya que todo niño nace con el inalienable derecho a un pleno desarrollo psico-físico, y en este sentido habla la mujer que, aunque no ha tenido la suerte de ser madre, recuerda aquellas hermosas frases de Martínez Sierra, según las cuales toda mujer lleva en el corazón un hijo dormido y toda mujer es madre desde que nace hasta que muere. (*Grandes aplausos*.).

Señores asambleístas, hay que considerar que, si los padres tienen el deber de dar toda clase de facilidades a los hijos para su desarrollo pleno, físico y mental, en el caso de que los padres no fueran capaces por cualquier razón de cumplir ese deber, es el Estado quien tiene la obligación de hacerlo.

Por eso yo me permito hacer presente al Gobierno que no basta con hacer efectiva la enseñanza obligatoria, sino que es preciso hacer efectiva también la alimentación obligatoria, multiplicando para ello las cantinas escolares; es necesario hacer obligatoria la higiene, multiplicando los edificios escolares construidos adecuadamente, con los servicios higiénicos apropiados, con baño y calefacción, y evitando en estos edificios el amontonamiento de alumnos; con campos de juego y clases al aire libre, con facilidades para el reposo durante las horas de clase para los niños pretuberculosos y otros recomendados por el médico escolar con este fin; con instituciones de maternología y de puericultura que instruyan y ayuden a las madres en lo que debe ser el cuidado y la alimentación de los niños; en una palabra, señores asambleístas, hay que rodear a la escuela nacional española de todas aquellas instituciones que aumenten su prestigio, que aseguren su éxito y, sobre todo, para hacer su labor más eficaz y efectiva, hay que crear muchas becas y muchas bolsas de estudio para los alumnos más inteligentes. Esto tiene una importancia enorme y es de una actualidad extraordinaria.

Precisamente, obedeciendo a uno de los principios pedagógicos modernos, según el cual debe facilitarse la enseñanza en todas sus formas y grados a los que posean capacidad para ello, se ha iniciado en todos los países de Europa un movimiento que pudiera llamarse de educación de los más aptos. Representativas de este movimiento son las palabras pronunciadas hace algunos años por el ministro inglés de Instrucción pública, Mr. Fisher, que decía que el gran problema estaba en dar a todos los niños una igualdad de oportunidades; que es preciso que los que tengan la capacidad intelectual y el vigor moral necesario para elevarse por encima de la condición en que nacieron, posean los medios para lograrlo, los medios de triunfar.

Es preciso que el creador, el inventor, el hombre de acción, el jefe, que oculto de sí mismo pueda estar ignorado en los bancos de una escuela, encuentre en ella el ambiente apropiado y los medios que necesita para desenvolverse.

Es preciso que se implante en España un sistema de educación nacional amplio y libre para alentar y conducir el mérito a la realización de su destino; es necesario, señores asambleístas, y en este sentido no hago más que corroborar las afirmaciones del ilustre catedrático Sr. Pérez Bueno, al que con tanto interés oímos en todas ocasiones, dejar vía libre a todas las inteligencias, porque las carreras no pueden ni deben ser exclusivo patrimonio de los favorecidos por la fortuna.

Solo realizando y llevando a la práctica lo que he expuesto, puede mejorarse y enaltecerse a la escuela nacional española, en la que entonces nuestra instrucción pública adquirirá un ritmo más rápido que el que actualmente tiene.

Solo así se convertirá en escuela nueva, en escuela experimental, realizándose en ella la fórmula pedagógica moderna de que la escuela debe ser "más que un auditorio, un laboratorio". Escuela en relación con la vida, vida que espera al niño al salir de la escuela, para llevarlo al seno de la patria, que ha de necesitar del niño transformado en hombre, lo que obliga a que el maestro presente el trabajo y las materias de estudio bajo un aspecto vital, que es también presentarlos como instrumentos de acción social.

Solo en esta escuela ciudadana, solo en esta escuela humana, como decíamos al principio, el maestro idealista, el maestro bien preparado, bien orientado, ensayará siempre, tratará de implantar a través de su temperamento y de su alma, impregnándolas (esto es lo importante) de la esencia de su propia originalidad, las ideas renovadoras y científicas del alemán Fröbel, de la doctora italiana María Montessori, de nuestro Montesinos, el español Montesinos, a quien hay que nombrar con orgullo, del francés Decroly y otros muchos pedagogos modernos.

Y estos ideales y estos tecnicismos y la ternura y solicitud para aplicarlos —con excepción de toda rutina y de toda práctica monótona— harán que el niño llegue a ser hombre sin perder su esencia de niño, fresca y jugosa, "como hijo del hombre que alegra la vida", según dice el maestro Galdós.

Hará, señores asambleístas, que la enseñanza sea lo que debe ser. Enseñar. ¡Qué palabra más hermosa! Quizá, y sin quizá, rotundamente, pueda proclamarse que no hay función más grandiosa, tarea más delicada; ministerio más excelso que el de enseñar; y cuando esta función pueda realizarse debidamente, tengo la creencia arraigadísima de que los seres humanos, de espíritu más noble y delicado, de virtudes más selectas y profundas, se consagrarán al magisterio de la niñez y ejercerán y desempeñarán el magisterio de la enseñanza. Solo entonces habrá sonado la hora en que la cultura y el amor a la humanidad reinen y gobiernen el mundo.

Mas volvamos a nuestro tema y hagamos presente que de todas las aspiraciones enunciadas, las más importantes, las que deben tenerse en cuenta en seguida, las que no es posible olvidar porque constituyen lo urgente, lo apremiante, lo inaplazable, son dos nada más: la creación de escuelas y la dotación decorosa del magisterio.

Es cierto que el Gobierno ha creado ya muchas escuelas; nos consta que piensa crear muchas más y hasta tiene proyectos muy adelantados sobre mejora de sueldos a los maestros, y en este sentido, señor ministro de Instrucción Pública, me permito suplicarle que hiciera suya aquella fórmula que para distribución de las novecientas mil pesetas destinadas a creación de escuelas tuvimos el honor de presentarle, firmada, los asambleístas que constituimos la minoría pedagógica.

Claro está que, para la realización de todas estas modestas aspiraciones del magisterio español, que han sido calificadas de mínimas, el Sr. ministro de

Instrucción Pública y el Gobierno me dirán que hace falta dinero, mucho dinero.

Es cierto; pero también es necesario tener en cuenta que el dinero del Estado no se empleará nunca mejor que cuando se aplique a estas cosas sagradas de la educación y de la enseñanza. Ya lo dijo Benot: "La educación se alimenta con oro", y en fecha más reciente Joaquín Costa afirmaba que hay que gastar millones, muchos millones en crear escuelas y en pagar bien a los maestros, y es preciso, para atraer a nuestra juventud estudiosa y entusiasta a la profesión de maestro, mejorar la dotación y el porvenir de esta carrera para hacer que a ella se consagren exclusivamente, pues bien claramente ha dicho el célebre escritor Dionisio Pérez "que no hay profesionalismo posible donde no se gana dinero suficiente, para entregarse de lleno al cultivo de nuestra vocación", y hasta el mismo Luis Bello, en un artículo publicado hace pocos meses, dirigiéndose a los gobernantes, les decía: "Destinad a instrucción pública una cantidad igual a la del presupuesto de Guerra y Marina."

Ya sé que esta cita es verdaderamente hiperbólica, lo reconozco; pero, aun cuando esta cita sea hiperbólica, me permitiría también hacer una súplica al Sr. ministro de Hacienda para que parte del "superávit" (ese "superávit" que todos hemos reconocido y aquí mismo, después de discusiones muy sabrosas, se ha creído en él por todos los asambleístas) la concediese al Sr. ministro de Instrucción Pública a los fines de esta mejora de la cultura nacional.

En síntesis, para terminar, creo firmemente que nuestros gobernantes recogerán estas mínimas aspiraciones del magisterio español hechas en favor del niño, del maestro, de la enseñanza y de la escuela y, sobre todo, espero que atienda esta reclamación nuestro querido y admirado general Primo de Rivera, que va de triunfo en triunfo, de acierto en acierto en su gloriosa carrera. Primero la pacificación de Marruecos, que resolvió el trágico conflicto de aquella guerra que nos arrebataba el oro a montones y nos segaba despiadadamente tantas vidas en flor. Después, otro éxito muy reciente, el Convenio de Tánger, que dará a España prestigio, gloria y consideración altísimos en el mundo entero; hazañas inmortales que todos hemos de reconocer, proclamando nuestro agradecimiento.

Solo las almas paralíticas pueden dejar de entusiasmarse y de agradecer, y aun estas almas paralíticas tengo la fe y el optimismo de creer que saldrán también de su inercia y apatía, cualquiera que sea su ideario político y religioso, para dejarse convencer con la opinión toda de una manera general de esto que pudiéramos llamar la síntesis y la consecuencia de mis palabras, demasiado largas: que en la lucha universal, la superioridad pertenecerá siempre a los pueblos que hayan sabido asegurar mejor a la juventud una cultura y una instrucción sólidas, mediante la creación y organización de escuelas bien atendidas y merced a la constitución de familias económicamente prósperas y moralmente sanas.

(…) Son dos palabras, sí, señores asambleístas, como consecuencia de esta modesta intervención mía deduzcamos que la ignorancia de las masas no será nunca garantía de orden y de estabilidad para un Estado; que el interés evidente de la monarquía —por la que tanto fervor y respeto sentimos todos los presentes—, exige una difusión cada vez más amplia de la enseñanza; en una palabra: que el porvenir pertenece a los pueblos que sepan resolver mejor el problema de la educación nacional. He terminado. (*Grandes aplausos.*).[67]

Discurso sobre la Escuela Provincial de Puericultura de Valencia. Sesión plenaria celebrada el 13 de diciembre de 1928.

La Sra. Domínguez de Roger (*Al dirigirse a la tribuna es saludada con aplausos*): Señores asambleístas, como la primera vez que tuve el honor de dirigiros la palabra, quiero también en esta segunda ocasión repetir mi saludo no de rúbrica, sino de toda cordialidad, a la presidencia de la Asamblea, al Gobierno de S. M. el rey (q. D. g.) y a todos vosotros.

La enmienda que tuve el honor de dirigir a la comisión de presupuestos ordinarios y extraordinarios del Estado, y que después he sabido por confidencia que galantemente me hizo el señor presidente, que no ha podido ser estudiada, voy a permitirme leerla para conocimiento de la Asamblea. Se refiere a la Escuela Provincial de Puericultura de Valencia, recientemente creada por el art. 14 y siguientes del reglamento promulgado por Real Orden de 31 de diciembre de 1925.

Precisamente de esta Escuela Provincial de Puericultura, por estar enclavada en el Grupo Cervantes que me cabe el honor de dirigir, puedo decir, puedo hablar a ciencia cierta, por un verdadero conocimiento de las altas funciones educativas y culturales que esta institución realiza, de la labor de ciudadanía, de la labor de patriotismo, de la alta labor sanitaria que está llevando a cabo.

La enmienda se refería a lo siguiente: en los presupuestos figura, en la sección de Sanidad, capítulo III, art. 12, una consignación de cuarenta y seis mil pesetas para la Escuela Nacional de Puericultura, y otra de sesenta y dos mil quinientas, en la misma sección, capítulo XVI, art. 9, con destino a la misma institución, partidas que se refieren a gastos de personal y material del citado centro; y la que suscribía esta enmienda, que es la misma que la que ahora habla, solicita, con todo respeto, de los dignísimos miembros de la sección 12.ª de Presupuestos, que se aumente en treinta mil pesetas la consignación para la Escuela Nacional de Puericultura, destinándose dicha cantidad de treinta mil pesetas a la Escuela Provincial de Puericultura de Valencia, que

---

[67] *Diario de las Sesiones*, núm. 23, 23 de mayo de 1928, pp. 866-869.

tan brillante y útil actuación viene desarrollando, y subvención que percibirá la Escuela de Valencia por conducto de la Escuela Nacional.

Ahora explicaré estos conceptos. La Escuela Nacional de Puericultura, Sres. asambleístas, es como si dijéramos la madre de todas estas instituciones provinciales, que están desarrollándose, que están fomentándose al calor suyo. En este sentido, tenemos la Escuela Provincial de Gijón, la Escuela Provincial de Sevilla, recientemente la Escuela Provincial de Valencia, y más recientemente todavía —lo sé por confidencias y datos que esta tarde ha tenido la bondad de comunicarme el Sr. alcalde de Cartagena— la Escuela Provincial de esta última ciudad.

Todas ellas son secuelas, son hijas de la Escuela Nacional de Puericultura; para todas, desde luego, pedimos; para todas queremos la protección, la ayuda, la benevolencia del Gobierno; pero yo decía que iba a circunscribirme, que iba a limitarme a defender con más calor y entusiasmo la Escuela Provincial de Puericultura de Valencia, de cuya labor utilísima y eficaz, si la Cámara me lo permite, puedo ponerla en antecedentes, porque es labor compartida, presenciada, vivida por mí.

Esta Escuela hace una labor de verdadera actuación cultural sobre las maestras, enseñándolas conocimientos de higiene infantil; la hace con relación a las matronas o tocólogas y, además, está capacitada por la Escuela Nacional de Puericultura para dar títulos de enfermeras visitadoras de niños; es decir, para entrenar técnicamente a todas aquellas personas que, por su relación íntimamente educadora con la infancia, necesitan conocer a fondo todos estos problemas puericultores. Pero, sobre todo, señores asambleístas, donde esta institución realiza una labor más brillante y más amplia, de verdadera ciudadanía y de verdadera cultura, es entre los elementos populares, llamando a las madres sin limitación de matrícula, porque es necesario tener en cuenta que las enseñanzas que se dan a las maestras y a las tocólogas tienen una limitación de matrícula; a las madres, como digo, no.

Yo he podido presenciar durante los meses de julio y agosto —que, como saben lo señores médicos, es precisamente la época más calamitosa para la primera infancia, la época del vómito, de la disentería y de la gastroenteritis de los niños—, he podido presenciar la labor utilísima que han realizado los médicos abnegados, llenos de verdadero espíritu de sacrificio y altruismo, teniendo a su cargo ciento ochenta y dos madres que recibían consejos para la crianza, para la higiene, para la alimentación adecuada, para todo lo que significara la conservación de la robustez y de la salud de sus hijos (yo brindo al director de Sanidad esta cifra altamente consoladora, y se la brindo a él especialmente porque sé lo afanoso que está siguiendo paso a paso estos datos referentes a la demografía sanitaria española) precisamente; digo, de esas ciento ochenta y dos madres solo una perdió su hijo; todas las demás los

121

conservaron en un admirable estado de salud lozana y de verdadero desarrollo físico.

Para demostrar que esto tiene una importancia enorme, basta solo con considerar, señores asambleístas, que la inmensa mayoría de las mujeres españolas (me refiero a las mujeres de la clase pobre, de extracción social más humilde e inferior en ese aspecto de categoría), ellas mismas han hecho la propaganda de la Escuela, cuando han visto que los médicos no solamente las enseñan prácticas que se refieren al peso del niño, a la higiene en todos sus aspectos: limpieza de la boca, cuidado de los ojos, es decir, a todo lo que tiene tanta transcendencia en servicios tácita y taxativamente expresado en las disposiciones oficiales que dieron vida a estos organismos —disposiciones dimanantes todas de este Gobierno y que por su contenido patriótico pueden calificarse de históricas— sino que, además, les enseñan las normas racionales de la alimentación de los niños, evitando esas anomalías de que antes se diera al niño de dos meses una corteza de pan, sopitas a los de cuatro meses, cuando no se les daba un postre a los de seis y, en general, una alimentación tan completamente antihigiénica, por lo arbitraria e inadecuada, que esto era la causa eficiente de esa mortalidad aterradora de doscientos mil niños al año, según las estadísticas recientes.

¡Qué horror, señores asambleístas! Imaginemos lo que representa la pérdida de doscientas mil criaturas al año; ¡imaginemos, por un momento, que la ciudad de Sevilla, con doscientos mil habitantes, quedase desierta paulatinamente, día por día, durante un año! ¡Sería una cosa espantosa, monstruosa, que habría de conturbar y entristecer todos los ánimos!

Pues bien, todas estas tristezas, todos estos horrores, todas estas calamidades tienen su máximo remedio en el normal funcionamiento de estas escuelas. Sí, señoras y señores; sobre todo en esa Escuela Provincial de Puericultura de Valencia se ha hecho una labor admirable y consoladora que las madres, que han recibido allí enseñanzas, han sido las mejores propagandistas de esta obra, al ver que sus hijos, con una reglamentación en la lactancia, con el baño diario, con la preparación de papillas (para evitar esos descuidos y esos errores en la alimentación a que antes me refería), están fuertes, sanos, sonrosados.

Esas criaturas angelicales, hermosas y robustas, son la mejor propaganda de la eficacia de las enseñanzas científicas (y al mismo tiempo, adecuadas y asequibles a las inteligencias primitivas de aquellas mujeres, analfabetas en su mayoría) que allí se dan; son la mejor propaganda de la eficacia cultural de las Escuelas de Puericultura.

Pero hay, además, otra cosa. La Escuela de Puericultura no solamente cuida al niño y vela por él desde que nace, desde que surge, precisamente por conocer que, de esa cifra aterradora a que antes me refería, de doscientos mil niños fallecidos al año, unos noventa mil mueren en la primera infancia, es decir, son niños de pecho. Nuestra Escuela de Valencia hace más: extiende sus prácticas y servicios a lo que pudiéramos llamar puericultura intrauterina, para evitar que el germen, por causas fácilmente evitables, pueda malograrse; de modo que se sigue al niño desde antes de nacer con toda solicitud y ternura.

De aquí, Sres. asambleístas, la necesidad de levantar mi voz con energía y entusiasmo y, al propio tiempo, con la mayor decisión (en este sentido, mi calidad de mujer me autoriza para hablar así) pidiendo que esa subvención para la Escuela Provincial de Puericultura de Valencia venga por conducto de la Escuela Nacional, que en Madrid dirige el ilustre catedrático D. Enrique Suñer, Escuela Nacional que es la madre de todas las escuelas provinciales de la misma; pero venga pronto para estímulo y fomento de la Escuela de Puericultura de Valencia. Escuela Nacional de Puericultura que está llamada a extender su eficacia creando e instalando, si fuera posible, una Escuela de Puericultura en cada una de las provincias de España: de este modo, señoras y señores, las Escuelas Provinciales de Puericultura serán faros luminosos, atrayentes, que despierten la admiración de todas las naciones del mundo hacia nosotros, hacia España, que podrá sentirse satisfecha al ver cómo con la cultura, infiltrada en las capas más humildes de la sociedad, contrarresta los perniciosos efectos del comadreo, de la ignorancia y del curanderismo...

Como España, nuestra patria adorada, despierta la atención de otras naciones que la admirarán con entusiasmo ilimitado al ver que el termómetro de su mortalidad infantil va señalando, paulatinamente, el descenso por el que suspiran todos los pueblos cultos y civilizados que se consagran debidamente a la conservación de la especie y al esplendor de su raza. He dicho. (*Grandes y repetidos aplausos. —El Sr. Pérez Bueno*: ¡Cómo se ha rejuvenecido el Gobierno! *Risas.*).[68]

Enmienda. Ministerio de la Gobernación.

De doña Natividad Domínguez de Roger, solicitando se aumente en treinta mil pesetas la consignación para la Escuela Nacional de Puericultura, destinándose el aumento a la Escuela Provincial de Puericultura de Valencia.[69]

CARMEN CUESTA DEL MURO

---

[68] *Diario de las Sesiones*, núm. 34, 13 de diciembre de 1928, pp. 254-256.

[69] Anexo 3.º al Apéndice 3.º al núm. 32 del *Diario de las Sesiones*, 11 de diciembre de 1928, p. 2.

Nació el 3 de julio de 1891 en Palencia. Aprobó los exámenes para ingresar en la sección de Ciencias de la Escuela de Estudios Superiores del Magisterio en octubre de 1911. Ingresó por oposición en el cuerpo de maestros el 19 de julio de 1915, ocupando el cargo de profesora de la Escuela Normal de Maestras de Teruel.

Paralela a esta labor, y gracias a sus dotes oratorias, se catapultó como una excelente conferenciante, unos méritos que a nadie dejaba indiferente, teniendo en cuenta su juventud por aquellas fechas. De tal forma, fruto de los discursos realizados al proletariado madrileño, publicó *La vida y el obrero* en 1915.

Se le concedió la excedencia, a petición propia, como profesora numeraria de Pedagogía, su Historia y Rudimentos de Derecho y Legislación Escolar de la Escuela Normal de Maestras de Teruel, según se pude leer en la Real Orden de 27 de julio de 1918.

Fue destinada a la sección de Ciencias de la Escuela Normal de Tarragona en 1920, a pesar de no prestar servicio temporalmente como empleada del Ministerio de Instrucción Pública.

Un par de años más tarde, en concreto, en septiembre de 1922, se hacía pública la Real Orden en la que se fijaba su situación laboral, en excedencia hasta esa fecha. Se la nombraba entonces profesora especial de Sociología de la Escuela del Hogar y Profesional de la Mujer, "(…) quien reingresará en el servicio activo, ocupando una plaza correspondiente a la categoría de entrada y sueldo anual de cuatro mil pesetas del escalafón de profesoras numerarias de Escuelas Normales, hasta que exista vacante en la categoría que le corresponde".

Demostró tener una ferviente vocación católica desde muy joven, y estuvo muy vinculada al Instituto Teresiano a lo largo de su vida. Entre otras cosas, dirigió el consultorio sobre cuestiones jurídicas y administrativas de instrucción pública, que había puesto en marcha la antedicha institución en 1926, proporcionando asesoramiento gratuito a sus cooperadoras técnicas y a sus antiguas alumnas.

También fue elegida para viajar a distintos países de América del Sur y preparar allí la Confederación de las Asociaciones Católicas Hispanoamericanas en 1926.

Por una Real Orden de 11 de julio de 1927 se la nombró "(…) representante oficial de la Dirección General de Enseñanza Superior para la asistencia a la XI Asamblea del Consejo de la Federación Internacional de Mujeres Universitarias", celebrada en Viena (Austria) entre el 25 y el 28 de julio de 1927.

Carmen Cuesta continuaba en situación de excedencia en abril de 1928, lo que no impidió su nombramiento como profesora numeraria de

Pedagogía, su Historia y Rudimentos de Derecho y Legislación Escolar de la Escuela Normal de Maestras de Jaén.

La Real Orden de 28 de abril de 1928, en la que se verificaba su nuevo puesto, decía además que le correspondía por su categoría profesional en el escalafón "(...) un sueldo anual de cuatro mil pesetas". Por solicitud de ella, se le concedía la excedencia, según consta en la Real Orden de 20 de marzo de 1929.

Otro de los méritos de Carmen Cuesta fue doctorarse en Derecho en diciembre de 1928, convirtiéndose en la primera mujer en España en conseguirlo. Su tesis doctoral se editó con el título *La sociedad de gananciales* (1930).

Se dedicó durante bastante tiempo a realizar actividades pedagógicas en diversos países de Hispanoamérica. De nuevo, en el verano de 1947, volvía a concedérsele una prórroga de excedencia en su labor de profesora numeraria de Escuelas de Magisterio, tal y como se recoge en una Orden de 12 de julio de 1947.

Falleció en un accidente en Madrid el 28 de julio de 1968.

Como señoría...

Fue asambleísta por representación de actividades de la vida nacional. El nombramiento se realizó en la sesión plenaria del 10 de octubre de 1927.[70]

Estuvo asignada a la sección 10.ª (Educación e Instrucción), en la que ocupó el cargo de secretaria desde el 29 de octubre de 1927.[71]

Fue seleccionada para el cometido de secretaria segunda de la Asamblea Nacional Consultiva, obteniendo a su favor el total de votos de los doscientos veintisiete asambleístas que tomaron parte en la elección.[72]

Su alta se realizó el 10 de octubre de 1927 y se cursó la baja el 15 de febrero de 1930.

INTERVENCIONES EN LA ASAMBLEA

Discurso sobre los derechos civiles de la mujer. Sesión plenaria celebrada el 23 de mayo de 1928.

---

[70] *Diario de las Sesiones*, núm. 1, 10 de octubre de 1927, p. 7 y p. 13.

[71] *Diario de las Sesiones*, núm. 2, 29 de octubre de 1927, p. 2.

[72] *Diario de las Sesiones*, núm. 32, 11 de diciembre de 1928, p. 131.

Sres. asambleístas: Sin exordio, porque yo no sabría hacerlo mejor que suscribiendo los brillantísimos de las Sras. asambleístas que me han precedido en el uso de la palabra, y además porque en esta tarde necesito usar de toda la discreción para que contrarreste y encubra —siquiera por no dejar tan mal al Gobierno— la modestia de mi persona con la exaltación del cargo que tan inmerecidamente ostento en esta Asamblea, voy a pasar a dar las gracias al Sr. ministro de Gracia y Justicia por haberse dignado aceptar esta interpelación; y en esas gracias, Sres. asambleístas, va mi felicitación muy cordial a todas las mujeres de España, porque el asunto que me propongo tratar es de tal índole y está tan íntimamente grabado en la conciencia de todos, que creo que el mero hecho de haberla aceptado el Sr. ministro implica, seguramente, la reivindicación de los derechos civiles de la mujer.

El Gobierno de S. M. ha dado, desde luego, un paso magno en el problema del feminismo. Las Sras. asambleístas que me han precedido en el uso de la palabra lo han hecho notar muchas veces, y yo, más que ninguna, debo estar agradecida y creo que sería convenientísimo hacer ahora una especie de balance y de historia desde el origen del feminismo y sus causas para ponernos en un plano de certidumbre al tratar de este problema; pero como el Sr. presidente me acaba de advertir que será inexorable en el cumplimiento del reglamento y también quiero dar ejemplo, en la modestia de mi persona, en la observancia de los preceptos de aquel, voy a concretarme, a ceñirme, al desarrollo del tema objeto de mi interpelación sobre los derechos civiles de la mujer.

Creo que la posición del Sr. ministro de Gracia y Justicia es extraordinariamente airosa, porque no se le puede culpar de ninguna de las injusticias del Código Civil y, en cambio, creo que en su benevolencia y en su espíritu de justicia hará cuanto pueda por remediarlas. En el Código Civil se hace de la mujer objeto de un desprecio y de una desconsideración verdaderamente extraordinaria.

Hay muchos puntos que abordar en esta interpelación que tiene muchas y serias preocupaciones para mí, porque sus raíces ahondan en el derecho natural y tiene muchos puntos de contacto con problemas trascendentalísimos de orden religioso y de orden moral, y la situación es en extremo difícil y delicada. Sin embargo, confío poder abordarlos, porque me parece de estricta justicia.

Los derechos políticos que se han reconocido a las mujeres tienen una importancia trascendental; soy la primera en reconocerlo. Pero creo, en mi modesta opinión, que siempre será muy discutible si es mejor, como decía un autor, que las mujeres formen las leyes en el corazón de sus maridos y de sus hijos y se prescinda de ellas siquiera una vez cada cuatro años para emitir su voto, o si es preferible que tomen una parte activa en estos debates parlamentarios.

126

Insisto en que siempre será una incógnita incluso para la historia; pero, en cambio, no sucederá lo mismo, de ninguna manera, con los derechos civiles, porque el derecho civil es, de todas las leyes positivas, la que más debe reflejar el espíritu de estricta justicia; el espíritu del derecho natural debe estar encarnado en esa ley como en ninguna otra, y por eso decía yo que, agradeciendo mucho, extraordinariamente, esos derechos políticos, la labor del Gobierno no se completará si no nos concede los derechos civiles, y, en cambio, si hace la reforma que reclamamos, escribirá una de las páginas más brillantes de su brillante historia y las mujeres le deberemos gratitud eterna.

Tal vez pudiera decirme el Sr. ministro de Gracia y Justicia, y aquí se ha dicho con un acierto extraordinario, que precisamente en la reforma y en la renovación de las leyes fundamentales del Estado debe irse con mucha parsimonia; se dijo por uno de los asambleístas más autorizados, y yo estoy firmemente convencida de ello; pero, a pesar de este convencimiento, creo que está clamando tanto en las conciencias y en el ambiente, que me parece debe procederse rápidamente a la reforma.

Hay que tener en cuenta que el Código Civil, que es el que reconoce la personalidad y define el concepto de persona como el sujeto capaz de derechos y deberes y que, por tanto, exige como condición indispensable la inteligencia y la libertad, y el Derecho Civil, tal como está actualmente redactado, no concede a la mujer esas cualidades. Y voy primeramente a fijarme, para corroborar mi aserto, en uno de sus artículos más sencillos, para preparar el ánimo de los Sres. asambleístas y atraer su atención hacia estos problemas.

Dice el artículo 237:

"No pueden ser tutores ni protutores:

1.ª) Los que están sujetos a tutela.

2.ª) Los que hubiesen sido penados por los delitos de robo, hurto, estafa, falsedad, corrupción de menores o escándalo público.

3.ª) Los condenados a cualquier pena corporal, mientras no extingan la condena.

4.ª) Los que hubiesen sido promovidos legalmente de otra tutela anterior.

5.ª) Las personas de mala conducta o que no tuvieran manera de vivir conocida.

6.ª) Los quebrados y concursos no rehabilitados.

7.ª) Las mujeres, salvo los casos en que la ley les llama expresamente".

¡Las mujeres!... Sres. asambleístas. (*Aplausos.*) Después de esta enumeración, ¿puede dudarse siquiera de que la voz de la última mujer de España tenga la pretensión de levantarse aquí para atraer la atención de la Asamblea, la atención del Sr. ministro de Gracia y Justicia y la atención del Gobierno de S. M. hacia esta reivindicación natural y justísima, siquiera para que se conceda la calidad de personas a quienes no han robado, matado, estafado ni incurrido en falsedad? (*Aplausos*.).

He leído este artículo del Código Civil para que empecemos a ver cómo está la mujer en un plano de inferioridad, que es —pudiendo hablar las mujeres desde esta tribuna— algo verdaderamente inaudito.

Pero antes de entrar más en materia, quiero hacer, Sres. asambleístas, una distinción. Sé que hay grupos feministas que todos los días están redactando aspiraciones que creen deben formar parte del programa feminista; conozco muchas de esas peticiones, y precisamente por partir de grupos feministas, por ser de mujeres, me duele más no estar en una completa identidad con sus aspiraciones.

Pero me voy a poner en el plano de otro sector mucho más numeroso —aun cuando a nadie represento—, en el que enfocamos el problema feminista dejando a un lado y para siempre el de la superioridad o inferioridad del hombre y la mujer y el de la competencia de sexos. Nosotras entendemos que no hay superioridad ni inferioridad, puesto que son distintos, y lo que creemos es que debe existir colaboración de ambos para la realización de todos los problemas de la vida (*Muy bien*), sin olvidarnos jamás del papel que asignan a la mujer la naturaleza y la historia. (*Aplausos*). Los anhelos de igualdad no son más que la aplicación a estos problemas de otros anhelos de igualdad tan utópica como esta.

Y por eso, antes voy a hacer una distinción, pues creo que hay dos clases de mujeres, para los efectos del Código Civil, que nosotros vamos a analizar aquí: la mujer soltera y la mujer viuda, sin vínculo de relación absolutamente ninguna, que, en cuanto ha llegado a su mayor edad, es justo se les reconozca íntegramente los derechos civiles, puesto que hemos dicho que ellos son los que definen la personalidad. Y en este sentido, mi primera petición, como una de las bases —porque no voy a tener de ninguna manera la pretensión de dictar al Sr. ministro de Gracia y Justicia los artículos del Código como debieran ser dictados—, sino solo, en unas cuantas bases, recoger los anhelos y las aspiraciones de los que, en mi modestia, pueda satisfacer a la mujer española.

Digo, señores, en esta primera base, que desaparezcan del Código todos los artículos que imponen restricciones a que la mujer, soltera o viuda, goce de plena capacidad jurídica. Lo entiendo necesario y lo creo justo, y en este sentido, estimo que la mujer, borrando el artículo 237 que acabo de leer, debe ser tutora y debe serlo por todas las razones dichas, y porque además la naturaleza de esa institución, exactamente igual que la llamada consejo de familia, requiere muchísimo más la intervención de la mujer que la del hombre, puesto que viene a sustituir a la familia, que no puede tener sustitutivo más que en la mujer, en el corazón de una hermana o de la hermana de su padre o de su madre. Entiendo, por tanto, que la mujer puede y debe ser tutora y debe formar parte del consejo de familia, para que aquel pobre infeliz, que ha perdido el calor del corazón de su madre, pueda siquiera calentarse al rescoldo del corazón de una mujer. (*Muchos aplausos.*).

En este mismo orden de asuntos, entiendo que no conduce absolutamente a nada la restricción que se hace en cuanto a la mayor edad de las mujeres. La mayoría de edad que se señala para el hombre a los veintitrés años se restringe para la mujer a los veinticinco años, y se dice que no puede salir de la casa paterna, si no es para tomar estado, y no se considera como estado más que el del matrimonio.

No voy a entrar en digresiones de otra índole, que me alejarían mucho del objeto de mis pretensiones; pero sí le digo al Sr. ministro de Gracia y Justicia que no veo por ninguna parte la razón de esta restricción, y debe desaparecer en la futura reforma del Código Civil, que va a venir a reivindicar los derechos de la mujer.

No creo yo, sinceramente, que algunos artículos —por ejemplo, en los que se habla de quiénes pueden ser testigos— tengan una importancia y una transcendencia social tan extraordinaria, que haya a todo trance que poner a las mujeres en condiciones de poder ejercitar los derechos que determinan; pero no veo tampoco por qué se ha de decir en el artículo 681 que no podrán ser testigos las mujeres en testamentos, a no ser en casos de epidemia.

¡Fíjense los señores asambleístas en la anomalía del Código Civil! No pueden ser las mujeres ni tutoras ni testigos más que en los casos de anormalidad; cuando entonces podría restringírsele precisamente por ser casos de anormalidad.

Pues bien, no pueden ser testigos en testamentos, salvo en casos de epidemia; porque ni pueden ser los varones menores de edad, ni los ciegos, ni los totalmente sordomudos, ni los que no entiendan el idioma del testador, ni los que no estén en su sano juicio, ni los que hayan sido condenados por delitos de falsificación de documentos o por falso testimonio, ni los que estén sufriendo pena de interdicción civil.

¡Basta, Sr. ministro de Gracia y Justicia!; ya he dicho al principio que la posición de S. S. es verdaderamente admirable, porque no ha redactado estos artículos del Código Civil. (*Risas.*).

Vamos a empezar a tratar de otro aspecto: el de la mujer casada. No se puede olvidar de ninguna manera que en el momento en que una mujer se casa tiene ya, por ese mero hecho, constituido un estado, que crea una situación completamente distinta de la anterior, y sin entrar en divagaciones (porque por lo bajo el Sr. presidente me está llamando la atención, yo creo que un poco demasiado pronto), voy a decir que hay, para mí, en el matrimonio dos clases de derechos y de deberes, que son completa y totalmente distintos: los deberes y los derechos de orden moral, que nacen de la naturaleza íntima del matrimonio (que no es la ley positiva la que ha venido a señalar ni determinar cuáles son, sino que es la misma ley de Dios quien los ha impreso en el corazón del hombre), que forman en esencia y que son la unidad, la indisolubilidad y el mutuo auxilio, y que afirmo son exactamente iguales, totalmente recíprocos.

Sr. ministro de Gracia y Justicia, esos deberes y esos derechos, precisamente por ser inherentes a la esencia del matrimonio, necesitan estar resguardados y defendidos como ninguno otro, y el Código Civil, que los enumera, debe además protegerlos y sancionarlos, porque sabe muy bien el Sr. ministro que no hay ley sin fuerza coercitiva que, en la práctica, obligue a su cumplimiento. Como consecuencia de esto, declaramos que el marido es el jefe de la familia, su representante, y administrador de los bienes, de acuerdo con las bases que se dirán sobre el régimen económico del matrimonio, y la mujer le debe obediencia racional. Para dirimir las contiendas —porque pudieran muy bien surgir, y surgen, de hecho, pues verdaderamente no se necesitarían leyes de esta clase para los matrimonios bien avenidos—, para dirimir las desavenencias que se susciten, se creará un consejo, integrado por los parientes más caracterizados de ambas partes, presidido por quien represente la autoridad de la Iglesia, única que puede dar normas en este caso, y sus fallos serán apelables ante las autoridades judiciales.

Yo hago una afirmación antes de entrar en el estudio de las relaciones de orden económico. Creo que debe dejarse sentado que la mujer casada recobrará el ejercicio de su plena capacidad jurídica en los casos de separación legal, siendo inocente, ausencia injustificada, incapacidad, prodigalidad, interdicción del marido en plazos y circunstancias prudenciales, pero siempre breves, y esa capacidad plena jurídica, que debe recobrar la mujer en estos casos, no será obstáculo para que el marido cumpla con todo rigor las leyes, que deben establecer, con eficacia suficientemente garantida, todo lo referente a alimentos respecto a la mujer y a los hijos, créditos que tendrán preferencia sobre cualquier otro.

No puedo hacerme eco, por falta material de tiempo, de todas las penas y de los negros sinsabores que se están devorando en muchísimos hogares, precisamente porque el Código Civil no ha sabido interpretar las leyes del derecho natural, que en este Código debe hacerse brillar y resplandecer, porque, como ha dicho muy bien un señor asambleísta —no aquí, sino fuera, con motivo de una solemnidad—, la propiedad y la familia son las dos puntas de diamante del eje del Código Civil, y si ellas fallan, vendrá el cataclismo del Código.

En armonía con estos derechos, estimo también que la madre debe conservar la patria potestad sobre sus hijos, aunque contraiga nuevas nupcias; pero, en este caso, sometida su gestión a la aprobación del consejo de familia.

Y llega el momento de hablar del orden económico que debe regir en el matrimonio. Es una verdadera lástima que no me permita el tiempo hacer una exposición un poco más amplia de la que voy haciendo. La Asamblea se ha hecho cargo —estoy segura de ello— de la importancia y trascendencia sumas de este asunto, que es muy complejo, pero me alegraría que se pudiera desmenuzar el Código para que quedara bien claro en la mente de todos los señores asambleístas, aunque lo está en la de muchos, porque aquí tienen asiento eminentes jurisconsultos, que se comete una gran injusticia en los artículos referidos.

Estoy reduciendo demasiado el propósito que tenía formado acerca de lo que iba a decir esta tarde; pero sí expondré esto, no obstante, respecto al régimen de bienes con ocasión del matrimonio, que el marido ahora, con arreglo a un artículo del Código Civil, muy solemne, inscribe a su propio nombre los bienes de su mujer. Ya sé que se me va a argüir que tiene obligación de hacer una hipoteca que responda de esos bienes; pero hay que tener en cuenta que la hipoteca está tan condicionada y tan restringida que saben muy bien todos los señores asambleístas lo ineficaz que resulta.

Traía, como datos que exponer a los señores asambleístas para confirmar lo ineficaz de las hipotecas, la síntesis de unas sentencias en que se dice:

"No procede inscribirse la hipoteca constituida por el marido en garantía de la dote confesada, cuando no concurren las circunstancias que determinan el art. 171 de la Ley Hipotecaria, y 1344 y 1345 del Código Civil.

Considerando que la dote confesada por el marido, después de transcurrido un año de la celebración del matrimonio, no surte más efecto que el de las obligaciones personales, si no se acredita la entrega de los bienes…

Considerando que no son inscribibles los títulos que solo producen obligaciones personales…

Considerando que la dote confesada no reúne una de las condiciones exigidas por el art. 171 de la Ley Hipotecaria, puesto que no se ha hecho constar la existencia de los bienes dotales o de otros semejantes o equivalentes…

La cantidad que debe asegurarse por razón de dote estimada no excederá del importe de…"

¡Siempre la Ley Hipotecaria u otras leyes administrativas acaban resolviendo la ineficacia de la hipoteca…, y está en la conciencia de todos los que me escuchan, cuántas lágrimas amarguísimas devoran las mujeres que ven deshacerse su capital! Hay que poner a esto remedio eficaz.

¿Por qué va el marido a poder enajenar los bienes gananciales sin consentimiento alguno de su mujer? ¿Por qué los bienes gananciales van a responder de las deudas del marido, de las que no tiene conocimiento alguno la mujer? ¿Por qué van a cometerse todas estas injusticias, visibles y palpables, y que muchísimo más que las leyes nos las está diciendo la realidad de la vida? Por eso entiendo, señores, que en el contrato sobre bienes con ocasión del matrimonio debe admitirse, sí, el régimen de capitulaciones matrimoniales, pero pudiendo ser modificado, después del matrimonio, por mutuo acuerdo y, en caso, previa consulta del consejo precitado, y de no existir capitulaciones, que se aplicará un régimen de reciprocidad como se dirá en las bases.

Bien sé, señores asambleístas, que el tema que presento a vuestra consideración ha de despertar comentarios y desacuerdos, no se me oculta; porque sería completamente inocente que yo pretendiera dar la única y adecuada solución a problemas que tienen tan hondas raíces y que ofrecen tantas dificultades, pero si he logrado encaminar hacia ellos la atención de la Asamblea, haciendo aportación al Sr. ministro de Gracia y Justicia siquiera de alguna idea que él ha de mejorar y que contribuya a que se escriba una página gloriosa en la historia del verdadero feminismo español, quedaré completamente satisfecha de mi labor.

Y no abandonaré esta tribuna, sin antes decir al señor ministro de Gracia y Justicia que estos asuntos debieran ser tratados más ampliamente que en una interpelación, traduciendo esos murmullos que en algunos señores asambleístas han producido mis palabras, como si yo hubiera forjado una quimera. Quiero que quede muy bien sentado que lo que digo es que el capital, siendo de derecho natural, que la propiedad es un derecho innato, debe pertenecerle a cada uno de los cónyuges. Y esto es justo, justísimo.

Creo que en un contrato *sui generis*, en que los corazones se dan y las almas se anudan, no debiera haber una separación de bienes, que indudablemente puede tener alejado al matrimonio; por el contrario, debiera haber, y ¡ojalá! pudiera haber, la mayor comunidad de bienes, porque este sería el ideal del matrimonio. Pero como sabemos que la ambición no reconoce límites y avasalla los derechos, hay que regular su ejercicio.

Bien sé que lo que educa a los hombres es lo que con tanta elocuencia decía la Sra. Domínguez de Roger; pero, también, estoy cierta de que las leyes ponen un dique al desbordamiento de las pasiones y algunas veces logran encauzarlas. Sr. ministro de Gracia y Justicia, lo que yo quiero es que se respete el derecho de cada uno y, al mismo tiempo, que cada uno participe recíprocamente de los bienes, y que en todas las relaciones en que pueda y deba haber una reciprocidad estricta, la haya.

No quiero tampoco abandonar esta tribuna —con permiso del Sr. presidente— sin decir al señor ministro de Gracia y Justicia que hay otros problemas en el Código Civil muy hondos, como son el adulterio, el divorcio y la familia ilegítima, que afectan extraordinariamente a la mujer; es cierto, pero reconozco que no tengo autoridad para abordarlos, ni tampoco tendría tiempo para ello, además de que me detiene la consideración de que hay aquí personas que lo deben hacer con muchísima más autoridad que la mía.

Sin embargo, llamo la atención del Sr. ministro hacia dichos problemas. Propongo que se estudien con detenimiento, con alteza de miras, inspirándose en el criterio de la Iglesia de igualdad entre los cónyuges, en lo que sea de estricta justicia, las cuestiones del Código Civil y sus concomitantes del Código Penal, referentes al divorcio —en el sentido de separación legal, único admisible—, adulterio y a todas las distintas situaciones que crea la familia ilegítima.

Señor ministro de Gracia y Justicia, anticipadamente, le doy las gracias en nombre de todas las mujeres españolas, porque estoy cierta que su alto criterio y su estricto concepto de la justicia ha de recoger estas aspiraciones, quizás, dichas con demasiada precipitación, pero sintiéndolas en lo íntimo del alma, como deben sentirlas las mujeres españolas, porque son problemas de vida o muerte no para su exaltación, sino para el engrandecimiento de la patria. (*Grandes y prolongados aplausos.*).[73]

Discurso sobre los presupuestos de la sección 7.ª. Sesión plenaria celebrada el 14 de diciembre de 1928.

Señores asambleístas, me habéis de permitir una sincera confesión. Había rogado al Sr. presidente me concediera la palabra pronto en la discusión del presupuesto de Instrucción Pública, porque nunca subo a esta tribuna sin honda preocupación, y tenía prisa verdaderamente por cumplir este cometido, que era un dictado de mi conciencia; y confieso ahora que, si no hubiera sido por no hacer al Sr. presidente cambiar el orden de los oradores, le hubiera vuelto a rogar me reservara la palabra para otro momento.

Me parece esta tribuna extraordinariamente alta; la han enaltecido tanto los discursos que hemos oído en la discusión de estos presupuestos y, sobre todo, en estos momentos la han enaltecido de manera tan extraordinaria las intervenciones de los Sres. Pemán y Cierva al tratar del presupuesto del Ministerio de Instrucción Pública, que me parece una osadía levantar mi pobre y modesta palabra en este concurso.

Sin embargo, voy a cumplir mi deber, y voy a ser breve, porque creo que no tengo derecho; teniendo en cuenta las circunstancias en que se van desenvolviendo estos debates, y teniendo también en cuenta la autoridad de las personas que han de seguirme, no tengo derecho, digo, a entretener demasiado vuestra benévola atención.

Verdaderamente el tema es de una trascendencia suma, y se presta tanto a hacer una especie de panorama de iniciativas y de proyectos, que he estado tentada, por unos instantes, a arriesgarme y acometer la empresa; pero por las razones anteriormente dichas, he desistido de ello; no debo en modo alguno distraeros, y voy a limitarme única y exclusivamente a la defensa de

---

[73] *Diario de las Sesiones*, núm. 23, 23 de mayo de 1928, pp. 873-877.

las mociones que he tenido el honor de presentar a la sección 12.ª del Presupuesto.

Ante todo he de felicitar al Sr. ministro de Instrucción Pública, porque ha puesto en la confección del presupuesto lo mejor de su voluntad, pues me consta positivamente que si tuviera la llave del tesoro, seguramente hubiera dotado suficientísimamente los servicios de su ministerio, porque sabe muy bien que todos, o casi todos, los servicios de Instrucción Pública, y no por culpa suya, están indotados; y sé también que a ese refuerzo en toda la dotación de su ministerio hubiera llevado seguramente el Sr. ministro iniciativas y proyectos, que sabe perfectamente los están reclamando las circunstancias del momento, la elevación de la cultura y el rango que vamos ocupando en comparación con los demás países.

Pero, a pesar de estas afirmaciones, me va a permitir el Sr. Callejo le diga que no ya en las partidas consignadas, sino en las que no están consignadas, he encontrado muchas lagunas, y le diré con todo respeto que, como programa mínimo, echo de menos consignaciones para la creación de institutos femeninos que está reclamando la sociedad; para la fundación de la universidad femenina, principalmente de una Facultad de Medicina. Son imprescindibles, y también como programa mínimo la creación de las Escuelas Normales de Maestras de Santiago y de Melilla, y la creación de escuelas complementarias de orientación profesional y un aumento considerable de inspecciones. Todo esto, señores asambleístas, y repito que lo cito como programa mínimo, son las lagunas que yo noto de momento, en el presupuesto de Instrucción Pública.

Pero no voy a tratar de esto; me voy a limitar a la defensa de las mociones que ha rechazado la sección de Presupuestos, y al haberlas rechazado y preguntarme el por qué, yo me digo que ha tenido que ser, o porque han llegado tarde a la sección, o porque llegaron en momento en que había sobresaturación de peticiones, o han tenido que rechazarlas a continuación inmediata de un discurso del Sr. presidente de la sección o algún otro vocal de la misma, recordando que se habían juramentado para decir que no a todo lo que se pidiera. De otro modo, no es posible que no se hayan aceptado las mociones que he tenido el honor de elevar a la sección de Presupuestos. (*El señor Elola*: Llegaron tarde, llegaron después de redactado el Dictamen en lo que se refiere a Instrucción Pública.) ¿Llegaron tarde? Me satisface extraordinariamente saberlo, pues ello me pone en la mejor situación para apelar a la sección y al Gobierno rogándoles las tome en consideración, porque en mí hubiera pesado mucho el hecho de que la sección de Presupuestos las hubiera rechazado después de estudiadas, pero puesto que han llegado tarde, voy a poner en antecedentes a la Asamblea del contenido de estas mociones.

Una de ellas se refería a la creación en el presupuesto de doce plazas de profesoras numerarias de Escuelas Normales en las capitales de rectorado, pues esas plazas que crea el Sr. ministro de Instrucción Pública, señores asambleístas, me va a permitir que le diga con todo el respeto que le debo y sabe le tengo, que no responden a una necesidad pedagógica distinta de las que se sienten en las demás Escuelas Normales, puesto que la matrícula de muchas es superior a la de algunas enclavadas en la capital del rectorado: eso responde, sin duda, a un remordimiento de conciencia del Sr. ministro, y ese remordimiento de conciencia es motivado porque está sin cumplirse el Real Decreto de agosto del 14, en que se dice que en las Escuelas Normales habrá una profesora de Geografía y otra profesora de Historia, y no hay más que una sola profesora. Luego, está sin cumplir esa disposición vigente.

Pero, además, hay otra razón de peso para que el Sr. ministro de Instrucción Pública se sintiera movido a la creación de esas plazas, y esa razón es que vienen a reparar una injusticia que el Estado, y no es el Gobierno actual responsable de ello, pero debe subsanarlo, está cometiendo con las alumnas procedentes de la Escuela de Estudios Superiores del Magisterio, a quienes se había comprometido a colocar a la terminación de sus estudios, hay, sin embargo, una lista de ochenta y nueve en expectación de destino, alguna de la promoción del 21, las cuales están esperando esta ansiada colocación, espera injustificada, que además está matando energías, ideales y entusiasmos. (*El Sr. ministro de Instrucción Pública*: Se han colocado muchas de ellas en estos últimos tiempos.).

Sí, señor ministro, se han colocado algunas de ellas, solamente veinte o veintiuna, pero como había más de ciento, todavía quedan ochenta y nueve, y me parece que lo que se pide es una cantidad insignificante, porque esa plaza está dotada con la cantidad de quinientas pesetas. Las que la desempeñan por acumulación tienen idénticas obligaciones que las demás profesoras numerarias, con lo cual están realizando una labor heroica. Esas quinientas pesetas de acumulación vienen, no obstante, a ser tan mísera la dotación, a simplificar el problema para el Gobierno.

¿Por qué? Porque como las plazas que se piden son cuarenta y siete y están dotadas actualmente con quinientas pesetas, no falta más que añadir a la consignación del Sr. ministro un crédito de ciento veintidós mil pesetas, que tendrían la virtud de dar cumplimiento a la legislación vigente, y al mismo tiempo reparar esta injusticia del Estado, injusticia que hay necesidad de reparar porque está perdiendo mucho la cultura, porque las alumnas cuando salen de la Escuela Superior del Magisterio están entrenadas en el estudio y ansiosas de verter los anhelos de su corazón en la cátedra, y después de esta esterilidad mental, por fuerza ha de padecer la enseñanza.

Y como he prometido ser breve, voy a pasar a otra moción en la seguridad de que el Sr. ministro de Instrucción pública no necesita ni una razón más, ni un argumento más, para acceder a este ruego mío, recordándole que la sección no lo ha rechazado después de haberlo estudiado, sino que lo ha rechazado por haber llegado tarde.

Voy a hablar de los auxiliares masculinos y femeninos de las Escuelas Normales. Estos auxiliares tienen, unos ciento siete, la dotación de mil quinientas pesetas después de estar sirviendo la auxiliaría quince o veinte años, y los que llegan al final de su carrera no pueden pasar de cuatro mil pesetas; pues bien, estos auxiliares tienen la obligación de colaborar en la cátedra, tienen que sustituir en ausencias y enfermedades a los profesores y tienen que vivir con el decoro propio de la esfera social en que ejercitan su función y ministerio, y no pueden ayudarse con remuneración ninguna, porque por una disposición reciente de septiembre —disposición que debe ser derogada— se les ha quitado hasta el derecho de dar lecciones particulares.

El Sr. ministro de Instrucción Pública sabe muy bien (sin que esto suponga reproche personal, que no puede serlo para el Sr. ministro saliendo de mis labios), toda la amargura que tengo que poner al hacer notar a la Asamblea esta injusticia, que espero habrá de quedar reparada, puesto que el crédito es insignificante —cuatrocientas mil pesetas para dotar mejor las categorías—, en comparación con los daños que viene a evitar.

Creo firmemente —y este criterio seguramente lo sustenta la Asamblea—, que cuando el Estado tiene una función debe dotarla, y es completamente imposible que puedan vivir en una capital de provincia con veinticinco duros escasos las personas que tienen todos los días que atender a una misión transcendental, ni que puedan estar con la tranquilidad de espíritu que se necesita para desempeñarla cumplidamente. Es de tal relieve la justicia de mi petición que, en gracia a la brevedad, no añado ni una sola palabra.

Están apoyadas, señores asambleístas, las dos mociones que tenía presentadas, pero no quiero abandonar esta tribuna —además me parece que todavía no he consumido el tiempo reglamentario— sin levantar mi voz por los diez mil maestros de escuela primaria que están cobrando dos mil y dos mil quinientas pesetas con treinta y cinco y cuarenta años de servicios.

En este asunto no he de aducir ni una cifra ni he de presentar soluciones, porque sé que personas de muchísima más autoridad que la mía van a ocuparse de la cuestión; pero sí lamento mucho no tener tiempo, no para cantar un himno al maestro, porque el himno al maestro se lo cante seguramente todo el que tiene conciencia de la responsabilidad que este tiene contraída con Dios y con la patria, sino para exponer todo lo transcendental y sublime de su misión y de la labor social que realiza, porque creo que estamos todos de acuerdo en que no hay nada más grande que abrir a las inteligencias a la verdad y formar los corazones en la virtud y forjar las voluntades en el yunque del deber. Y esta es la labor cotidiana del maestro, y se da el caso verdaderamente triste y doloroso que quien, con sacrificios y heroísmos, reparte todos los días el pan de la inteligencia, el pan espiritual, a todos los que se acercan a él, tiene que negar el pan material a sus propios hijos.

No es posible esto, Sr. ministro de Instrucción Pública, y como sé cómo piensa S. S. en este asunto y conozco muy bien que hará todo lo posible por mejorar esta situación —yo así lo creo y así lo espero—, me atrevo a decir algo más: nosotros tenemos que aplaudir forzosamente al señor ministro de Instrucción Pública por la marcha ascendente y progresiva y entusiasta con que está llevando a cabo la creación de escuelas y de edificios escolares, lo cual viene a resolver el grave problema del analfabetismo, problema que tiene una transcendencia grandísima no solo por lo que a nosotros toca, sino en relación con las demás naciones.

Pero yo me atrevería a decir al Sr. ministro que si es verdad que no se puede elevar el sueldo a los maestros de derechos limitados, que son diez mil, hiciera un alto en la creación de escuelas y en la construcción de nuevos edificios escolares hasta dar pan y tranquilidad espiritual a los maestros, compensándoles su trabajo en el modo que cabe hablar de compensación en un asunto de índole tan elevada, porque creo es mejor que los treinta y tantos mil maestros, que desempeñan su cometido a satisfacción seguramente de todos los españoles, cumplan su alta misión poniendo el alma toda sin amarguras y temores, siendo esto preferible, a mi juicio, a que se proceda más rápidamente en la creación de nuevas escuelas, puesto que en estos ocho años que se calcula llegaremos a la cifra necesaria, habrá después que aumentarlos, ya que por razones pedagógicas elementales son muchos setenta alumnos para cada maestro, y cómo es posible seguro que al llegar a esos ocho años las exigencias sean otras, es mejor tardar algún tiempo más en tener el cupo de maestros. Y, sobre todo, si el Gobierno acoge la proposición que tan espléndida y maravillosamente ha defendido el Sr. Pemán, y se convence o está convencido de que la enseñanza privada le ayuda grandemente en la realización del problema, tengo la seguridad de que puede desde luego hacerse ese alto que he indicado en la creación de escuelas y en la construcción de edificios, elevando el sueldo a los maestros, que encontrarán una compensación a su esfuerzo, a su trabajo y heroísmo.

Tampoco me he de retirar de esta tribuna sin hacer otro ruego al Sr. ministro de Instrucción Pública. Hay otra clase en las Escuelas Normales femeninas, y subrayo esta palabra femenina, porque si hubiera tiempo, nos llevaría a consideraciones muy transcendentales acerca de la manera de enfocar estos problemas. Digo que en las Escuelas Normales femeninas se da el caso sensible y doloroso de que el personal subalterno, las porteras y conserjes, que también ganan mil quinientas pesetas, no tienen derechos pasivos y, después de haber estado sirviendo durante toda su vida al Estado, son los únicos funcionarios suyos que no encuentran alivio y consuelo en los quebrantos de la vejez. Esto, Sr. ministro, me parece que es algo también que demanda la justicia, la clemencia y la caridad.

Por eso precisamente dirijo este ruego al Sr. ministro. Claro que sería muchísimo mejor que subieran a dos mil pesetas los sueldos de las porteras y conserjes para que pudieran vivir; pero me importa muchísimo más, que yo levante mi voz en esta tribuna a favor de una clase humilde, por todas las razones que aquí se han dado, por la necesidad de ayudar a las clases humildes, como con tanta elocuencia decía el Sr. ministro de Fomento, y por eso la levanto para pedir que por lo menos tengan derechos pasivos que sean consuelo y amparo en su vejez.

Estoy completamente segura de haber llevado al ánimo del Sr. ministro de Instrucción Pública, el convencimiento de que debe acceder a estos ruegos míos, formulados con tanto respeto, pero con una convicción profundísima. Y termino, para no cansar más a la Asamblea, diciendo que, estoy cierta de que esta, la sección y el Gobierno, han de recoger estas mociones que he presentado y estos ruegos que he dirigido al señor ministro de Instrucción Pública y hasta me anticipo a darle las gracias por su concesión. (*Aplausos.*).[74]

Discurso sobre las bases de la estructuración agropecuaria nacional. Sesión plenaria celebrada el 3 de julio de 1929.

Sres. asambleístas, dos palabras, mejor dicho, una sola palabra, que es la que me toca a mí pronunciar en este dictamen, aunque tenga mi concepto formado acerca de la corporación obligatoria, pero no me corresponde enjuiciar esta cuestión, y por eso voy a referirme exclusivamente a un punto de la base cuarta, que dice: "La mujer casada, los menores e incapacitados votarán por medio de su representante legal o persona en quien delegue este". Para mí es indudable que hoy no debo hacer hincapié en los argumentos que expuse en mi modesta interpelación, ni aun tratar de reforzar aquellos argumentos, porque comprendo que esta es una cuestión que, en estos momentos, pudiera considerarse como incidental dentro de un proyecto muy importante y, por otra parte, tampoco yo me resigno a tratarla, como inciso de una cláusula principal, cuando es un problema que por sí mismo encierra una transcendencia suma.

Por esta circunstancia, no hago ahora más que llamar la atención de la Asamblea y del Gobierno para que se fijen en este párrafo, en que se prohíbe el voto a la mujer casada y se la vuelve a poner en parangón y en el mismo plano que a los menores e incapacitados, viniéndose a afirmar, una vez más,

---

[74] *Diario de las Sesiones*, núm. 35, 14 de diciembre de 1928, pp. 300-303.

el desdén y el desprecio hacia el sexo femenino, de lo cual no tenemos nosotras más remedio que protestar.

Estoy segura de que la sección, al redactar ese párrafo, ha procedido o con un poco de precipitación en la confección del proyecto o quizá impulsada por el hábito; pero es lo cierto que la sección ha de comprender que me asiste una razón fundamentalísima para reclamar la reivindicación de este derecho. Además, entiendo que el Gobierno debe acoger con el mayor interés mi rectificación al dictamen, porque acogió benévolamente mi modesta interpelación, no por ser mía, sino precisamente por la justicia de los derechos que defendía, y porque recientes manifestaciones del Sr. presidente del Consejo están inspiradas en los mejores deseos, y porque hasta por cuestión de alta política debe acometer ya esa empresa, que me parece va retardando demasiado; y que creo que no solo acogerían con satisfacción y gratitud las mujeres, sino que también lo habían de acoger bien los hombres, puesto que yo estoy cierta que a todos animan los mejores deseos por la reivindicación de la justicia. He dicho. (*Aplausos.*).[75]

Enmiendas. Ministerio de Instrucción Pública.

De doña Carmen Cuesta, proponiendo se aumente el profesorado numerario femenino en las Escuelas Normales.

De doña Carmen Cuesta, sobre inclusión de una plaza de director de Enseñanza Musical para las Escuelas Nacionales de Madrid, y que se aumente el sueldo del profesor de Taquigrafía del Instituto Cardenal Cisneros.

De doña Josefina Oloriz y doña Carmen Cuesta, proponiendo se consigne la cantidad de cuatrocientas mil pesetas para mejora de haberes al profesorado auxiliar de Escuelas Normales, para que el sueldo de entrada sea de tres mil pesetas y el superior de seis mil pesetas.[76]

MARÍA DE MAEZTU WHITNEY

Nació en Vitoria (Álava) el 18 de julio de 1882.

Opositó a la plaza de profesora numeraria y también a la cátedra de Ciencias para Escuelas Normales de Maestras entre 1903 y 1904. En 1907,

---

[75] *Diario de las Sesiones*, núm. 45, 3 de julio de 1929, p. 680.

[76] Anexo 3.º al Apéndice 3.º al núm. 32 del *Diario de las Sesiones*, 11 de diciembre de 1928, p. 2.

aspiró a una de las plazas vacantes para Escuelas de Niños, dotada con un sueldo anual de dos mil pesetas.

La Junta para Ampliación de Estudios e Investigaciones Científicas la propuso para asistir al Congreso de Pedagogía de Londres en 1908.

Realizó las pruebas de ingreso para la sección de Letras de la Escuela Superior de Magisterio en 1909, consiguiendo el número uno. Cuando era alumna del tercer curso, realizó las prácticas en el Museo Pedagógico Nacional.

El Consejo Superior de Protección a la Infancia le concedió un premio en 1909. Ese mismo año, siendo ya directora de la Escuela Pública de Bilbao, se le dio una prórroga para que pudiese utilizar la pensión otorgada para realizar estudios en el extranjero.

En 1912, a propuesta de la Junta para Ampliación de Estudios e Investigaciones Científicas, fue pensionada para desarrollar su formación como pedagoga en Alemania durante un año. Esta beca estaba remunerada con trescientas cincuenta pesetas anuales, quinientas pesetas para viajes y trescientas pesetas para el pago de matrículas.

Se la designó profesora numeraria de la sección de Letras de la Escuela Normal Superior de Maestras de Cádiz en 1912, con un sueldo anual de dos mil quinientas pesetas. Posteriormente fue agregada al Centro de Estudios Históricos.

En 1913, a propuesta de la Junta para Ampliación de Estudios e Investigaciones Científicas, le fue adjudicada una prórroga de nueve meses, dotada con trescientas cincuenta pesetas mensuales y con doscientas cincuenta pesetas para el viaje de vuelta. Figuraba entonces como maestra y directora de la Escuela Pública de Bilbao.

Formó parte de tribunales de oposiciones en varias ocasiones. Así, en 1914, su nombre se reflejaba como miembro suplente del concurso para asignar una plaza vacante de profesor de enseñanza de Industrias Mecánicas del Hogar, en la Escuela del Hogar y Profesional de la Mujer. Curiosamente la presidenta del tribunal era Emilia Pardo Bazán, que ocupaba el cargo de consejera de Instrucción Pública por aquel entonces.

Durante el curso lectivo 1914-1915, estuvo destinada en la Escuela Superior de Magisterio. Aquí permaneció poco tiempo, y su cese se produjo en julio de 1915.

Se la nombró profesora numeraria de la sección de Letras de la Escuela Normal de Maestras de Álava con un sueldo anual de tres mil pesetas, según se recoge en la Real Orden de 29 de enero de 1915. En aquel momento, era docente de la asignatura de Pedagogía y su Historia, y Rudimentos del Derecho y Legislación Escolar.

Por una Real Orden de 11 de febrero de 1916 fue nominada directora de la Residencia de Señoritas de Madrid, situada en la calle Fortuny, asignándosele un sueldo anual de cinco mil pesetas. Hay una placa en el exterior del edificio que dice: "Este edificio fue sede de 1917 a 1936 de la Residencia de Señoritas dirigida por María de Maeztu que trabajó por elevar la formación de la mujer en España".

Tuvo una participación destacada en la ceremonia de admiración que se le brindó a la poeta chilena Gabriela Mistral[77], realizada en Madrid el 16 de noviembre de 1924.

En 1926, a propuesta de la Junta para Ampliación de Estudios e Investigaciones Científicas, se le concedió una pensión de treinta días para asistir a un curso sobre los problemas educativos en la Institución Cultural de Buenos Aires (Argentina). Aprovechó su estancia en América para disertar sobre temas educativos. Sirvan de ejemplos las conferencias que pronunció en las ciudades argentinas de Buenos Aires, La Plata, Córdoba, Rosario o Mendoza, y también en Montevideo (Uruguay).

Ya de regreso a España, María de Maeztu fue elegida para presidir el primer Club Femenino Español en la madrileña calle de las Infantas, inaugurado el 13 de noviembre de 1926. La vicepresidencia la ocupó Victoria Kent Siano (1891-1987).

Cesó en su cargo de vocal de la Junta para Ampliación de Estudios e Investigaciones Científicas por una Real Orden de 12 de marzo de 1930.

Se la seleccionó para asistir a los actos de la Federación Universal de las Asociaciones de Estudiantes, celebrados en París (Francia) del 24 al 28 de junio de 1930. Por una Real Orden de 13 de junio se le concedió una remuneración de setenta y cinco pesetas por día para dietas y de cuatrocientas cincuenta pesetas en concepto de gastos de viajes.

Poco tiempo después fue proclamada consejera de Instrucción Pública por un Real Decreto de 29 de septiembre de 1930.

A propuesta del Ministerio de Instrucción Pública y Bellas Artes se la designó vocal del Consejo Nacional de Cultura en diciembre de 1934.

En febrero de 1935, fue seleccionada para el cargo de vocal de la Comisión de Organización y Reforma de la Primera Enseñanza. Ese mismo año, en mayo, ocupó el puesto de vocal del Comité de Tutela Social del Colegio Nacional de Ciegos.

Se la separó definitivamente del servicio de profesora de Escuelas Normales del Magisterio el 16 de abril de 1937, con pérdida de todos los derechos profesionales.

No fue reintegrada a su empleo de profesora de Escuelas Normales hasta el 19 de febrero de 1945, momento en el que el Ministerio de Instrucción resolvía declararla "(…) depurada, sin sanción, y confirmar sus derechos".

---

[77] Seudónimo de Lucila Godoy Alcayaga (1889-1957).

Falleció en un balneario de Mar de Plata (Argentina) el 7 de enero de 1948.

Como señoría...

Fue asambleísta por representación de actividades de la vida nacional. La nominación se realizó en la sesión plenaria del 10 de octubre de 1927.[78]

Estuvo asignada a la sección 10.ª (Educación e Instrucción).[79]

Le fueron encomendadas las ponencias *Enseñanza y Educación Primarias*, y *Enseñanza y Educación Secundarias*.[80]

De los trescientos veintiún asambleístas, obtuvo dos votos en los comicios para elegir a los secretarios segundo y cuarto en la sesión plenaria celebrada el 10 de octubre de 1927.[81]

Como fecha de alta aparece el 10 de octubre de 1927 y se cursó su baja el 15 de febrero de 1930.

INTERVENCIONES EN LA ASAMBLEA

Discurso sobre los Presupuestos Generales del Estado. Ministerio de Instrucción Pública y Bellas artes. Sesión plenaria celebrada el 14 de diciembre de 1928.

Obedezco al Sr. presidente de la Asamblea y acato el ruego que hizo a los señores asambleístas pidiéndoles que hablasen desde esta tribuna para que se les oyese mejor. Aunque confieso que me hubiera producido cierta ilusión el hecho de hablar desde ahí, desde los escaños del Parlamento. Que no en vano es esta Cámara el recinto histórico donde han combatido frente a frente los más altos ideales de la vida.

Nos decía una tarde D. Gabriel Maura, que fatalmente este lugar ejerce sobre nosotros un influjo al emitir en él nuestras ideas. Y, en efecto, aunque estas sean las mismas que las que exponemos a diario en la cátedra, en la revista o en el libro, no cabe duda de que este extraño temblor que me acompaña es debido al recuerdo de los nombres gloriosos que al emitir aquí sus doctrinas labraron un trozo de la historia de España.

Solo deseo, señores asambleístas, exponer en los breves minutos que me conceda el presidente de la Cámara, las modificaciones que la lectura del

---

[78] *Diario de las Sesiones*, núm. 1, 10 de octubre de 1927, p. 8.

[79] *Ibid.*, p. 13.

[80] *Diario de las Sesiones*, núm. 2, 29 de octubre de 1927, p. 2.

[81] *Diario de las Sesiones*, núm. 1, 10 de octubre de 1927, p. 12.

presupuesto de Instrucción Pública me ha sugerido. Voy a limitarme a lo que entiendo que es mi función aquí, en esta Asamblea Consultiva a la que se me ha llamado no para hacer profesión de una determinada ideología, sino para que emita mi consejo sobre los problemas técnicos que son de mi competencia.

Y a eso voy, a dar mi consejo, leal y sincero, sobre lo que debiera hacerse en la Primera Enseñanza, sobre lo que entiendo que es urgentísimo hacer, sobre lo que puede y debe hacer el Gobierno de S. M., precisamente porque este Gobierno está investido de unas facultades y unos poderes que no han tenido los demás Gobiernos.

Y callar en esta ocasión, es decir, silenciar el consejo, sería una cobardía imperdonable, sería defraudar a los maestros que, olvidados en los últimos pueblecitos de España, esperan que, al fin, se alce en este recinto la voz de otros maestros que por ellos hablen y expongan sus necesidades, que son las necesidades de la cultura del pueblo.

El punto de partida para emitir mi opinión y lo que me anima a mantenerla con mayor tesón y energía es la afirmación que hace la Comisión de presupuestos, cuando dice en su dictamen que comparativa y absolutamente las atenciones a que responde el Ministerio de Instrucción Pública son las menos dotadas. Oídlo bien, señores asambleístas, las menos dotadas; y se trata no de un problema que os es más o menos extraño, sino de la cultura de vuestros hijos, de la cultura que reciben en la escuela, en el instituto, en la universidad, que todo está igualmente mal dotado.

No cabe, pues, que se establezca un pugilato entre las diversas partidas de los respectivos ministerios. No; la Comisión empieza por darnos la razón; es, pues, preciso rectificar esta deficiencia. ¿Cómo? No quisiera emplear el argumento que han empleado, de manera brillante, los que han defendido el aumento de los haberes del clero. No quisiera emplearlo porque me apena el dolor que causamos al Sr. ministro de Hacienda que está enamorado, como buen administrador de su superávit. Pero no hay otra solución. Hay que recurrir a ese superávit, porque de veras creo que de nada sirve economizar ese metal precioso, que es el oro de la nación, si quedan infecundas las inteligencias de nuestro pueblo, que son las primeras, las mejores, yo me atrevería a decir las únicas fuentes de producción; ya que sin ellas ni la tierra es fecunda, ni la industria produce, ni el comercio circula.

No conozco bastante, lo confieso, el intrincado laberinto de la economía nacional para saber si, en efecto, lo que más conviene al país es abstenerse de todo aumento de gastos en unos años para emprender luego, con más holgura, obras de más largo aliento. Ese parece que es el criterio del Sr. ministro de Hacienda que, como suyo, lo estimo muy respetable.

Pero, en ese caso, digo que a lo único que no puede aplicarse tal criterio es a la Instrucción Pública. Porque ahí no cabe espera, no cabe mantener un período de interregno en el que se deje de hacer lo que debiera haberse hecho, ya que ahí el tiempo perdido no se recupera jamás, y los niños que quedaron sin escuela, porque en su pueblo no había maestro, o aquellos que recibieron una educación deficiente porque a su escuela le faltaba todo, llevarán para siempre en su cerebro el recuerdo doloroso de sus días de infancia; y esos, que son los descontentos, forman, no lo dudéis, el lastre de todas las revoluciones. (*Muy bien*.).

Escuela y defensa dijo un día como única fórmula la voz apostólica de D. Joaquín Costa. De la despensa, es decir, del bienestar material, os habéis preocupado mucho, y las obras proyectadas y realizadas por el Ministerio de Fomento constituyen un bien indiscutible para el país. Pero en la escuela falta mucho por hacer a pesar del buen deseo del Sr. ministro de Instrucción Pública, cercenado siempre por otras atenciones que el Gobierno juzga más urgentes.

Estos días han llegado hasta mí, como habrán llegado a mis compañeros, peticiones que representan pequeños aumentos en el presupuesto, que me parecen totalmente justificadas.

Son los maestros del segundo escalafón, que ganan dos mil pesetas al año por seis horas de trabajo en condiciones tales que les dejan inhábiles para cualquier otra tarea humana.

Son las profesoras de Escuela Normal que desde hace ocho años no han percibido aumento de sueldo, ni es probable que lo perciban nunca, dadas las escalas existentes.

Es el cuerpo de auxiliares —ya se habla de él en el dictamen—, que no puede vivir con ese salario miserable. En el profesorado de Escuelas Normales hay cuarenta y cuatro que disfrutan —la palabra parece irónica— mil quinientas pesetas al año. O sirve y se le incorpora a la enseñanza de una manera real y efectiva y se le paga con arreglo a su trabajo, o que se suprima. Lo peor es mantener en el presupuesto una cifra que no responde a lo que la realidad exige.

Son los médicos escolares, diez en Madrid y seis en Barcelona, con un sueldo de tres mil pesetas, que no pueden realizar su trabajo si no cuentan, como han contado hasta ahora, con un grupo de auxiliares femeninos que les ayudan en su labor de recolección de datos, anotación de fichas, etc., etc.

Son las alumnas de la Escuela de Estudios Superiores del Magisterio que están en expectación de destino cinco, seis, siete años. El Estado les ha prometido, al ingresar, algo que de hecho no se cumple. Y entre tanto está ahí un personal formado, en el que se ha gastado mucho dinero en su formación, que hace mucha falta al país, porque no tenemos maestras y cada día tendremos menos, y no se le utiliza. ¿Para qué seguir? Así en todo lo demás; con un presupuesto indotado no se pueden hacer milagros.

Y con todo, con ser tan poco halagüeña la situación actual, no me preocupa tanto como la que ha de producirse en un futuro muy próximo, si esto no se remedia. Cuanto más próspera sea la situación del país, más irán nuestros alumnos a buscar en otras carreras lo que no les dan las profesiones docentes. Pero esto no debe ser; estas peticiones no debieran de existir. Este clamor eterno del magisterio español que pide, angustioso, medios de vida, nos resta las energías creadoras que debieran emplearse en eso, en crear nuevos postulados de la cultura. Uno es el mundo económico y otro el cultural, irreductibles entre sí, aunque el uno sea basamento granítico del otro.

Al maestro le toca laborar en silencio en el pequeño huerto de sus ideales el material humano que se entrega a su solicitud; señalar nuevas orientaciones a las normas metódicas; enriquecer con una nueva verdad el contenido científico; despertar en sus alumnos la conciencia de otros mundos no sospechados; henchir su espíritu de verdades eternas, de cosas humanas para derramarlo después generosamente en la morada interior de las almas jóvenes que esperan anhelantes la divina operación educativa, merced a la cual brota la idea creadora. (*Muy bien.*).

El maestro, el catedrático, el profesor de la universidad no debieran tener que ocuparse de la escala de sueldos que corresponde a su esfuerzo. Esto toca al hacendista, al repúblico que, desde el plano de la economía política, tendrá buen cuidado de que el mundo de la cultura pueda seguir avanzando, sereno y tranquilo, sin entrever jamás rumbos vacilantes en la tierra movediza.

Hay que atender estas peticiones, hay que hacer un esfuerzo por convencer y reducir al Sr. Calvo Sotelo, pues la voluntad del presidente del Consejo de Ministros me atrevo a pensar que está ganada de antemano. Él ha expuesto su vida por el anhelo de una España mejor, más noble y pura, y sabe que tales categorías solo se alcanzan por un solo camino: el camino de la cultura. Manos a la obra, que el tiempo apremia y España tiene que hacer honor a su historia.

Si no pueden hacerse grandes alteraciones en las cifras totales del presupuesto ordinario y extraordinario, he aquí las modificaciones que me atrevería a sugerir: gastad menos en edificios y más en maestros.

No vengo a sostener aquí la teoría rousseauniana de que la mejor escuela es la sombra de un árbol. No, hace falta el local, el recinto escolar; pero, construid escuelas modestas, bien emplazadas, por cuyas ventanas entre el aire y el sol, y gastad, en cambio, mucho en dotar mejor a los maestros.

Decía Sadler, el gran pedagogo inglés, en una memorable ocasión: "Gastad en cerebro humano lo que habríais de gastar en ladrillo y en mortero". Y eso lo decía al pueblo inglés, que paga espléndidamente a sus maestros; y el cerebro humano es caro porque es escaso y se cotiza muy alto en el mercado del mundo.

145

Y si no hubiera dinero más que para aumentar a un grupo de maestros, dése la preferencia al maestro rural. Aquí podría repetirse, digo, si yo tuviese la fuerza oratoria del Sr. Bilbao, las frases que ayer pronunció acerca del cura de aldea. Tal os digo, con palabras más opacas, del maestro de pueblo.

La escuela debe ser el centro de la esfera total de la vida y de la localidad del barrio en que esté emplazada. No puede limitarse a educar a los niños, aun tomando esta palabra en su más amplio sentido; tiene que alimentarlos por medio de cantinas para que estén sanos; tiene que crear, como dependencias suyas, escuelas al aire libre para los débiles o enfermizos; tiene que vestirlos para que adquieran la dignidad de su persona. La escuela tiene que ser, en suma, la casa nacional donde el niño pobre encuentre, no de limosna, sino en justicia, lo que en el hogar le falte.

Pues bien, ya se comprende que para labor tan honda, tan bien asentada y expandida en el tiempo y el espacio no basta solo el trabajo del maestro; es preciso que colaboren con él todos los ricos y pobres, autoridades y súbditos, porque es el problema del ser o no ser.

Mas para que el maestro pueda realizar esta labor tiene que ser la clave del arco que sostenga con su valor heroico y su mentalidad firme la resistencia que ofrece el ambiente hostil, y merezca, por la autoridad de su prestigio, la confianza de todos. (*Muy bien, muy bien.*).

Puesto el problema en esta forma, no tiene para nosotros más que una solución: la solución cultural. Hay que borrar para siempre del recuerdo de las gentes la figura del antiguo maestro pobre y desgraciado.

Yo concretaría mi pensamiento en lo que se refiere a las escuelas rurales en una sola frase: a los peores pueblos deben ir los mejores maestros; esto es para mí incontestable. Las pequeñas aldeas necesitan mucho más que las grandes ciudades de un maestro inteligente y culto que irradie su saber por todas partes, que limpie de prejuicios al aldeano receloso, dándole la conciencia de su personalidad y haciéndole entrar, desde niño, resuelto y sin temor en el Sanctasanctórum de la ciencia agrícola, para que la madre tierra le devuelva generosa el esfuerzo de su trabajo.

Además, el muchacho de la ciudad respira ese ambiente de cultura que el progreso lleva a las grandes poblaciones y que se traduce en el periódico, en las bibliotecas populares, en las conferencias públicas; en suma, en todo el influjo del medio social que penetra por las rendijas, y que hasta al más reacio se le mete por los poros.

Mientras que, el niño de la aldea no tiene más que la escuela; ella es el único manantial de donde han de brotar las fuentes de su saber. La escuela es su laboratorio, su biblioteca, el hilo conductor que le pone en comunicación con todo segundo que se agita vertiginoso del otro lado de sus montañas. Véase, si el hombre que ha de dirigir necesita una recia cultura que le rodee y de un serio prestigio que haga intangible su autoridad.

Para mantener vivo el fuego sagrado de la fe en sí mismo el maestro rural necesitaría renovar a diario su cultura, leyendo revistas extranjeras que le contasen cómo se trabaja fuera de su propia vivienda, estudiando las mejores y las últimas producciones científicas y viajando, de vez en cuando, por Europa para orear su espíritu lejos del ambiente mezquino en que vive y evitar que se agote en plena juventud por falta de presión exterior.

Mas para todo esto se necesitan medios económicos de los que carece en absoluto. La máxima diferencia entre nuestras escuelas y las extranjeras no la da tanto las grandes villas como los pueblos pequeños. Habrá seguramente en Madrid, en Barcelona o en Bilbao alguna escuela que pueda colocarse frente a las de Europa con ventaja; pero las de nuestras aldeas perdidas en las regiones de Galicia, Andalucía, etc., etc., no pueden resistir la comparación sin gran desprestigio para España. (*Grandes aplausos.*).[82]

JOSEFINA OLORIZ ARCELUS

Nació el 27 de agosto de 1894 en Mar de Plata (Argentina).

Fue nombrada vocal de la representación ciudadana en la Comisión de Construcciones Escolares de la provincia de Guipúzcoa por un Real Decreto de 10 de julio de 1928.

Desempeñó el cargo de concejala del Ayuntamiento de San Sebastián desde 1928.

A finales de ese mismo año, se presentó a las oposiciones para la inspección de primera enseñanza, superándolas. Su designación se hizo efectiva en junio de 1929, pasando a formar parte del grupo de inspectores del Ministerio de Instrucción con un sueldo anual de cuatro mil pesetas.

Por una Real Orden de 31 de octubre de 1929 se le concedió la excedencia como auxiliar de Letras, un puesto que desempeñaba en la Escuela Normal de Maestras de Guipúzcoa.

Después de haber estado en situación de excedencia voluntaria, se le permitió el reingreso al servicio activo el 14 de agosto de 1937.

En 1939, ascendió en el escalafón de inspectores de primera enseñanza, pasando a ocupar el número sesenta y uno con un sueldo de siete mil pesetas.

No transcurrió mucho tiempo para alcanzar una nueva meta laboral. De nuevo, progresaba en la escala de inspectores de primera enseñanza, y por una Orden de 14 de mayo de 1940, su retribución se veía acrecentada hasta nueve mil seiscientas pesetas.

Como señoría...

---

[82] *Diario de las Sesiones*, núm. 35, 14 de diciembre de 1928, pp. 303-306.

Fue asambleísta por representación de actividades de la vida nacional. El nombramiento se realizó en la sesión plenaria del 10 de octubre de 1927.[83]

Estuvo asignada a la sección 10.ª (Educación e Instrucción).[84]

Le fue encomendada la ponencia *Enseñanza y Educación Primarias*.[85]

Excusó su asistencia a la sesión plenaria celebrada el 28 de noviembre de 1927.[86]

Fue dada de alta el 10 de octubre de 1927 y se hizo efectiva su baja el 15 de febrero de 1930.

INTERVENCIONES EN LA ASAMBLEA

Enmienda al presupuesto de Instrucción Pública para 1929 y 1930. Sesión plenaria celebrada el 11 de diciembre de 1928.

Doña Josefina Oloriz y doña Carmen Cuesta proponían se consigne la cantidad de cuatrocientas mil pesetas para mejora de haberes al profesorado auxiliar de Escuelas Normales, para que el sueldo de entrada sea de tres mil pesetas y el superior de seis mil.[87]

Discurso sobre los Presupuestos Generales del Estado. Ministerio de Instrucción Pública y Bellas Artes. Sesión plenaria celebrada el 15 de diciembre de 1928.

Brevemente y con la mayor concisión que me sea posible, voy a dirigirme por primera vez a la Asamblea, a la que respetuosamente saludo, así como al Gobierno de S. M., para apoyar unas enmiendas que he tenido el honor de presentar a la sección de Presupuestos, a fin de que se sirva unirlas al dictamen.

Pero antes de entrar en el desarrollo de las razones que me han impulsado a presentar esas enmiendas, quiero brevemente hacer resaltar la labor del Gobierno en relación con la enseñanza en general. Decía el Sr. ministro de Hacienda, en su magistral discurso de exposición del presupuesto, que podía

---

[83] *Diario de las Sesiones*, núm. 1, 10 de octubre de 1927, p. 8.

[84] *Ibid.*, p. 13.

[85] *Diario de las Sesiones*, núm. 2, 29 de octubre de 1927, p. 2.

[86] *Diario de las Sesiones*, núm. 7, 28 de noviembre de 1927, pp. 193-194.

[87] Anexo 3.º al Apéndice 3.º al núm. 32 del *Diario de las Sesiones*, 11 de diciembre de 1928.

jactarse el Gobierno de S. M. de haber demostrado palpablemente su preferencia por la cultura, y yo, modesta asambleísta, desde mi escaño asentía en mi fuero interno; pero yo creo que el Sr. ministro de Hacienda, en aquel momento, hablaba más bien en el terreno de las orientaciones pedagógicas de la reorganización de la enseñanza que en el terreno puramente económico con relación al Ministerio de Instrucción Pública.

Y digo que lo creo sinceramente así porque, si bien es cierto que el Ministerio de Instrucción Pública ha desarrollado una labor grande y eficaz en el primer aspecto —y ahí tenemos la reforma universitaria, la reforma de la segunda enseñanza y la reforma de la primera enseñanza, que está en la sección 10.ª de la Asamblea, a la que tengo el honor de pertenecer, y que no tardará en venir a la deliberación del pleno, que lo demuestran—, en el aspecto económico, en relación con el presupuesto de Instrucción Pública, entiendo que no podemos ser tan optimistas.

En efecto, son seis millones en números redondos —no quiero molestar la atención de la Asamblea con las fracciones— los que se han dado al Ministerio de Instrucción Pública este año. Cinco millones van a la primera enseñanza, y yo aplaudo al Sr. ministro de Instrucción Pública esta orientación suya, no porque no entienda, como decía en frase muy feliz un ilustre parlamentario, que de las nieves de la altura debían venir los ríos que regasen y fecundizasen el llano, refiriéndose a la enseñanza superior universitaria; no porque no lo entienda así, sino porque creo que la escuela primaria es la base y fundamento de lo que se llama nivel de la cultura media de un pueblo, y lo importante y lo verdaderamente consolador, al tratar de la cultura nacional cuando se enfocan estos problemas, es precisamente que el coeficiente de cultura media está cimentado en la primera enseñanza, por eso entiendo que toda orientación encaminada a robustecerla será siempre plausible y acertada.

Pero vamos a analizar la distribución de esos cinco millones de pesetas en punto a enseñanza primaria, y tenemos que cuatro millones, aproximadamente, se destinan a la creación de nuevas escuelas, al personal. Yo entiendo que, como se dice en la memoria, siempre será beneficioso para la extirpación de esa plaga curable y vergonzosa de la sociedad que se llama analfabetismo, el aumento de escuelas y de maestros; pero como el problema del analfabetismo, aunque complejísimo, como todos los que se relacionan con la cultura nacional, no es el más importante, sino el que antes he señalado, la creación de escuelas y el aumento de maestros no pueden ser la solución total de este problema —y el Sr. ministro de Instrucción Pública me dará la razón—, ni mucho menos la solución total del problema de la primera enseñanza. Yo, pues, empiezo por reconocer y aplaudir esta orientación, muy necesaria y muy sana en España; pero reconozco, señores, que, paralelamente a esta orientación y no saliéndonos del marco de la enseñanza primaria, es menester intensificar la acción de esta escuela, robustecer esta enseñanza, mejorarla. ¿Cómo? Precisamente mejorando, robusteciendo, perfeccionando la enseñanza primaria, el funcionamiento de la escuela primaria.

En este orden de cosas, creo que dos enfermedades aquejan a nuestra escuela primaria, y lo digo con dolor, porque yo no tengo ningún título para presentarme ante vosotros; ostento con orgullo el de modestísima educadora española.

Lo siento y lo digo: dos enfermedades sufre la escuela nacional. Una, podemos decir que es el aislamiento en que vive con relación a la sociedad, y otra, la rutina. En la entraña pedagógica de la escuela se ha cebado esta enfermedad, y es menester que la rutina desaparezca, porque mientras los procedimientos pedagógicos no mejoren y no prosperen, mientras nuestra escuela permanezca completamente aislada, no esperéis, señores, un fruto fecundo de la escuela primaria; que en vano el maestro podrá luchar con esas dos enfermedades, si no tiene medios para poderlas combatir. Precisamente a estos medios me voy a referir, al apoyar las enmiendas que he tenido el honor de presentar a la sección 12.ª.

En el funcionamiento de la escuela, y tan necesario y principal como las herramientas para el obrero, es el material escolar para el maestro. En el capítulo V, art. 1, que se refiere a material de escuelas de primera enseñanza, hay una partida que aparece reforzada en cerca de cuatrocientas mil pesetas; pero no crean los Sres. asambleístas que esto significa que va a mejorarse la dotación para cada escuela; es que, naturalmente, al aumentar el número de escuelas, tiene que crecer paralelamente la cifra del material. Pero ¿qué dotación tiene cada escuela? La asignación para material es por maestro, no por el número de alumnos (esto es absurdo, y podrá corregirlo el Sr. ministro de Instrucción Pública con facilidad), y asciende, por año, a ciento sesenta pesetas. ¡Ciento sesenta pesetas para material fijo y móvil! Como comprenderán sus S. S. es una cantidad insignificante, irrisoria.

Probablemente, el Sr. ministro de Instrucción Pública me indicará que hay otra partida, que no desconozco, que viene a reforzar en cincuenta mil las seiscientas mil pesetas de material fijo, además de otras cien mil pesetas para las escuelas cuyas necesidades tienen carácter de urgencia en este aspecto de la cuestión; pero, aun con esas setecientas cincuenta mil pesetas para material fijo, que es el más caro (pupitres, armarios, mesas, bibliotecas, etc.), es una cantidad, como la anterior, verdaderamente insuficiente.

Podría exponer a la Asamblea un caso concreto que lo compruebe; pero, por no alargar la intervención, atendiendo a la economía de tiempo a que estamos sujetos, no lo hago.

Unido a este aspecto del material escolar para el cual pido aumento, hay en el capítulo III, artículo 8, un concepto nuevo, por el que felicito efusivamente al Sr. ministro de Instrucción Pública, ya que está en armonía con las teorías que sostengo en punto a mejorar la vida pedagógica de la escuela.

Me parece muy bien, Sr. ministro de Instrucción Pública. Dicho concepto dice así: "Para iniciar el servicio de adquisición y edición de películas cinematográficas, como medio de realizar informaciones científicas, industriales y artísticas y con objeto de dar a conocer en los centros oficiales de España los progresos de nuestra cultura nacional". Pero la consignación para todo esto no es más que de diez mil pesetas.

Yo no entiendo mucho de problemas industriales, pero tengo un punto de referencia para poder opinar en este particular, y es que la Junta de la Caja de Ahorros Municipal de San Sebastián acaba de implantar el cine educativo, lo mismo en las escuelas nacionales que en las municipales de aquella hermosa ciudad, con el espíritu generoso y amplio que tiene aquella Junta, presidida por el dignísimo alcalde de San Sebastián. Pues bien, esa Junta ha votado cuarenta y cinco mil pesetas para adquisición de aparatos y diez mil para el entretenimiento de ese servicio durante el año.

Y recuerdo también que, cuando quiso San Sebastián, el verano pasado, hacer una película de metraje medio, resultó por un coste de once mil pesetas, y eso que estaban a dos pasos, en la frontera, todos los elementos necesarios que impresionaban una película de la costa vascofrancesa.

Siendo así, señores, ¿qué películas se van a hacer, qué medios vamos a utilizar, qué aparatos de proyección se podrán comprar, aunque solo sea para iniciar este servicio, con diez mil pesetas? Esta es una consignación absurda para el fin a que se destina y, por lo tanto, pido a la sección 12.ª y al Sr. ministro de Instrucción Pública que sea reforzada si, como creo, consideran igual que yo, la eficacia que en el orden cultural puede tener.

Voy ahora a ocuparme de la tercera enmienda (he presentado cinco, pero las otras dos voy a apoyarlas brevemente). Es el capítulo VI, "Gastos diversos. Instituciones complementarias de la escuela", que figura en el presupuesto. Dicho capítulo, expresado en forma sintética, comprende: una partida para colonias escolares; otra, para cantinas y roperos; otra, para campos de experimentación y para campos de recreo; otra, para ensayos pedagógicos; otra, para compra de pabellones transportables para escuelas al aire libre, y otras más, que para el objeto que persigo no hace falta enumerar.

Todo esto tiene una consignación de un millón sesenta mil pesetas; y yo, que voy a desglosar y agrupar en dos estas instituciones, voy a fijarme en las instituciones que llamo en este momento de "asistencia escolar", ciñéndome a colonias, cantinas y roperos, y dejando las otras instituciones de carácter pedagógico y cultural, que atiende a la vida de la escuela en otro orden (al perfeccionamiento del maestro, de la inspección, etc., etc.), para otra ocasión. Fijémonos, pues, en el primer grupo: ciento cincuenta mil pesetas para cantinas y roperos, y ciento cincuenta mil pesetas para colonias escolares; de

151

esta partida, por el Real Decreto de 19 de mayo de 1911, hay que deducir una cantidad prudencial para la adquisición de edificios en los lugares convenientes.

Yo creo que no hace falta razonar: a la inteligencia de todos los señores asambleístas y al conocimiento de estos problemas, por muy superficial que puedan tenerlo algunos, no puede escaparse que esta cifra es absurda e insuficiente.

Verdad es que, si nos fijamos en el tanto por ciento de aumento con relación al año anterior, podemos ver que en el presupuesto alcanza a un cincuenta por ciento; pero, si comparamos su valor absoluto con relación a la necesidad, tenemos que convenir que ciento cincuenta mil pesetas es una insignificancia, tanto para el uno, como para el otro concepto. Si, además, la comparamos con la de algunos presupuestos municipales y con el presupuesto de algunas instituciones de carácter privado, como, por ejemplo, la Caja de Ahorros Municipal de Bilbao, entonces se echa de ver que la cifra, verdaderamente, no responde a las necesidades que presenta.

El Ayuntamiento de Madrid (y aprovecho esta ocasión para dirigirle también mi afectuosísima felicitación por el esfuerzo gigante que en orden a la enseñanza realiza) consigna, solamente para cantinas y para colonias escolares, una cifra que oscila alrededor de las seiscientas mil pesetas, más bien más que menos. Esta cifra es el duplo de la que el Estado consigna para ambas atenciones en el resto de España. El mismo Ayuntamiento de San Sebastián, al que tengo el honor de pertenecer, consigna en su presupuesto cincuenta mil pesetas para cantinas escolares, la tercera parte de la que se consigna aquí.

Claro es, señores, que yo voy a empezar por manifestar que estas necesidades de asistencia social, aunque sean escolares, aunque tengan un carácter de complemento de la educación física, con un aspecto preventivo y educativo, tienen también un aspecto sanitario y social que salta a la vista.

Y claro es también, señores, que en estas instituciones que se refieren al bien público de una manera tan general, la sociedad debe coadyuvar al sostenimiento de las mismas, y que sobre el Estado no puede pesar la totalidad de todos estos gastos. No puede, y yo me atrevería a decir no debe.

Porque es menester, preciso, saludable y necesario que se ejerciten las virtudes cristianas y las virtudes ciudadanas, y naturalmente, la vida de esas instituciones, de esas entidades y de esos organismos requiere el ejercicio de esas virtudes.

No voy, pues, a cargar sobre el Estado toda esa cantidad que significa las exigencias todas de estas instituciones, pero no puedo menos de reconocer que el Estado es el que dirige las escuelas nacionales, y al Estado le corresponde, por lo menos, la iniciativa y el despertar el entusiasmo de los municipios y de los particulares, a fin de que se polaricen las energías en ese sentido. Ya lo ha hecho el Ministerio de Instrucción Pública en un aspecto altamente útil y simpático, que es el de las construcciones escolares.

Señor ministro de Instrucción Pública, es un éxito grandioso de S. S., que ha sabido despertar los estímulos de todos los Ayuntamientos españoles, que acuden en masa al Ministerio. ¡Ah! Acuden en masa al Ministerio porque hay un presupuesto extraordinario de cien millones de pesetas, y saben los Ayuntamientos que algo les llegará de esa subvención y tienen el convencimiento moral de que puede realizarse su obra.

Pero ¿cómo van a acudir los Ayuntamientos, las instituciones privadas, al Estado para que coadyuve a estas obras de asistencia escolar, cuando saben que en su presupuesto no hay más que unas migajas que no bastan ni para iniciarlas? Por eso pido, señores, que se refuercen esas partidas. Y voy a terminar.

De la enmienda al capítulo XXI no voy a decir absolutamente nada. El Sr. Pemán, magistralmente, la trató anoche, y yo me sumo a sus palabras.

La enmienda presentada, en unión de la señorita Cuesta, a esta sección del presupuesto sobre mejora de haberes a los profesores auxiliares de las Escuelas Normales, a pesar de su brillante defensa, no puedo silenciarla, porque creo que todavía no hay aquí un conocimiento claro del asunto. El Sr. ministro lo conoce muy bien, y sé positivamente que se interesa por el problema.

Pero, yo siento mucho que no esté aquí el Sr. ministro de Hacienda para poder llevar a su ánimo la persuasión de la necesidad, de la justicia del mejoramiento de esta clase; porque aunque no os dijera más que es uno de los tres grupos de profesores de las Escuelas Normales, y que mientras el profesorado especial, que tenía su misma consignación, por Real Decreto el año 14 ha pasado a tres mil pesetas en su totalidad hace varios años, dicho profesorado auxiliar, en su cincuenta por ciento, mucho más que en su cincuenta por ciento, la casi totalidad, continúa con sueldo inferior a tres mil pesetas, y de esa casi totalidad, un cincuenta por ciento muy corrido en mil quinientas pesetas, comprenderéis señores, que eso es absurdo para un profesorado que tiene que realizar una función de colaboración con el profesorado numerario, a diario y en capitales de provincia, sin más remuneración y sin emolumentos de ninguna clase, y ahora, últimamente, sin el recurso de la enseñanza privada.

Nada más. Espero se repare esta injusticia. En este momento, quiero referirme a unas palabras que pronunció hace más de un año en esta Asamblea el Sr. ministro de Hacienda, y que oía después de labios del Sr. ministro de Gracia y Justicia y de labios del Sr. Pérez Bueno, relativas al alma de las cifras. Yo quisiera que considerara el Sr. ministro de Hacienda cuál es el alma de estas cifras y viera que, detrás de ellas, está el alma nacional. He dicho. (*Aplausos*.).[88]

Discurso sobre el Proyecto de Estatuto de la Primera Enseñanza, en la parte relativa a la formación del maestro. Sesión plenaria celebrada el 21 de marzo de 1929.

Sres. asambleístas, verdaderamente más que una necesidad, la necesidad que suele originarse siempre en toda discusión de contestar a lo que se objeta, cúmpleme en estos momentos llenar un deber de cortesía.

La Srta. Rabaneda no solo no ha encontrado motivo alguno de pugna entre el contenido del dictamen y sus convicciones sobre el asunto, sino que sus frases de aliento, sus frases de alabanza han recreado los oídos de los elementos que constituimos la sección, por lo que en nombre de esta le doy las más rendidas gracias. Pero, señores, a pesar de lo avanzado de la hora y a pesar de que es precisa, muy necesaria, creo yo, la brevedad, no puedo dejar pasar por alto el decir algo para hacer resaltar algunas ideas de las que ha tocado la Srta. Díaz de Rabaneda, y para aclarar, quizás, algunos conceptos, cuyo alcance la Asamblea, por lo que se lleva dicho, no ha podido todavía interpretar suficientemente, y que yo, como maestra antes que todo y encariñada, como es natural, con el problema que aquí se debate, no puedo dejar de resaltar.

La Srta. Rabaneda ensalzaba la iniciativa de la sección de elevar el nivel cultural de los aspirantes al magisterio, y yo he de decirle que la sección ha sentido con ella y con todo el profesorado de Escuelas Normales esta necesidad; que actualmente las Normales inician de una manera tímida y vacilante la instrucción, que suministran por las naturales dificultades de armonizar el contenido de los programas, que han de desarrollarse dentro de sus aulas con el deficiente nivel intelectual o cultural que ordinariamente traen los aspirantes al magisterio; pero la sección no da en esta solución que presenta la solución ideal, Srta. Rabaneda; yo creo interpretar en este momento su sentir.

La sección entiende que entre la escuela primaria y la Escuela Normal no debiera existir laguna alguna; que debiera ser tan perfecta la articulación entre ambas que formaran un todo indivisible. Pero en España no existen, desgraciadamente todavía, las escuelas primarias superiores, que son precisamente las que llenan esa laguna. Por eso tenemos que echar mano de algo equivalente, en cierto modo, con reservas por mi parte, y esto es el bachillerato elemental, de todavía reciente vida en la enseñanza española.

---

[88] *Diario de las Sesiones*, núm. 36, 15 de diciembre de 1928, pp. 317-320.

Sabemos que el bachillerato elemental ofrecerá quizá algunas dificultades para articularlo perfectamente con la Escuela Normal.

Pero la sección confía en que esto, con buena voluntad por parte de todos, ha de realizarse y, sobre todo, ha sabido orillar las dificultades que en orden a la educación de las niñas pudiera derivarse, dando a las Escuelas Normales femeninas la facultad de organizar por sí mismas estos estudios para los aspirantes al magisterio y, por otra parte, también haciendo libre el acceso a las Escuelas Normales, con tal de que la cultura de ese tipo la adquieran donde puedan y en la forma más fácil para ellos, los aspirantes al magisterio. El segundo punto en que me voy a fijar, y en el que también la Srta. Rabaneda insistía de un modo persuasivo, es el de que la cultura del maestro necesita, para cumplir con la finalidad educadora de su misión, se dé precisamente en las Escuelas Normales.

Los que dentro de la sección hemos defendido este criterio con verdadero entusiasmo y con verdadero tesón, lo hacíamos teniendo en cuenta, primero, esto que acaba de indicar el Sr. De Vicente tan elocuentísimamente, contestando al Sr. Ascarza de que no pueden establecerse compartimentos estancos con la preparación cultural y la formación profesional del maestro y, además, teníamos en cuenta que la cultura que el magisterio necesita, la que le es propia, es una cultura de carácter enciclopédico.

¿Y qué enseñanzas de carácter enciclopédico se dan en nuestra organización docente? Las de la escuela primaria y las del bachillerato elemental nada más, porque en el bachillerato universitario se inicia la especialización. De ahí que, como no podíamos ceñirnos a la cultura que pudiera darse en la escuela primaria, por cuanto que el maestro debe saber mucho de lo que enseña, nos hayamos fijado en el bachillerato elemental.

Pero este comprendía la sección perfectamente que, aunque se le considera como enseñanza de tipo secundario, como se suministra a niños de nueve, diez y once años, es necesariamente una enseñanza de tipo primario, porque claro está, la medida de la instrucción no es lo que el maestro pueda enseñar, sino lo que el niño pueda aprender (*Muy bien.*), no podíamos de ninguna manera los que integramos la sección y vivimos tan cerca la vida del magisterio, los que estamos además encariñadísimos con la idea de que la cultura del magisterio se eleve cada vez más, se perfeccione, se pulimente y complete, como muy bien indicaba la Srta. Rabaneda, no podíamos resignarnos a que el contenido cultural de la carrera del magisterio español fuese el bachillerato elemental.

Por eso, como no existan otros centros docentes donde se dé esta cultura, y como por otra parte, las Escuelas Normales tienen ya escritas muchas páginas brillantes en la historia docente española, ¿a dónde si no a las mismas Normales teníamos que volver los ojos, para que allí se perfeccionen y se intensifique la formación cultural de los maestros?

Esta es la razón, Srta. Rabaneda, por la cual ha prevalecido en la sección el criterio de que se siga suministrando en las Escuelas Normales la cultura del magisterio, además de capacitarlo técnicamente para el ejercicio de su profesión.

Y voy ya al último punto, porque no pueda abusar de la benevolencia de la Asamblea. La señorita Rabaneda, suave y acertadamente, aludía también a una feliz iniciativa de la sección, a que se iniciaba en este dictamen una corriente de intensificación de la formación cultural femenina.

Sí, Srta. Rabaneda; precisamente uno de los mayores timbres de gloria —creo yo— que tiene este dictamen, es ese: incardinar, polarizar, por decirlo así, las actividades femeninas hacia esos centros exclusivamente femeninos, centros únicos en España de cultura superior por la mujer y para la mujer.

No podemos olvidar, sobre todo las mujeres que en este momento histórico estamos en esta Asamblea, que ya está planteado un problema gravísimo en orden a la educación femenina; hay que evitar a toda costa que corrientes exóticas envenenen las fuentes de la educación femenina y tuerzan los rumbos tradicionales, de los cuales tan orgullosa se siente la mujer española. (*Aplausos.*).

Las Escuelas Normales femeninas marchan a la cabeza precisamente de esta formación netamente patriótica, netamente española y netamente cristiana de la mujer. Pues bien: a esas Escuelas Normales, que tiene esa historia brillantísima, a esas Escuelas Normales femeninas, que han formado tantas maestras abnegadas, maestras verdaderamente modelos, hay que apoyarlas, cooperando a su progreso de un modo decidido.

Yo puedo decir con satisfacción, y sobre todo lo puedo decir con cierta autoridad, porque he podido contrastar lo que ocurre en otros países con lo que ocurre en el nuestro, en España —me parece que no voy a exagerar el adjetivo— muchísimas maestras, que en aquellas escondidas aldeas de que hablaba tan elocuentemente Su Señoría, están regentando aquellas humildes escuelas, lo hacen con un espíritu tal que no tienen otro calificativo mejor que el de *misioneras*, y cuando las Escuelas Normales han dado al Estado español esa pléyade de maestras, verdaderamente misioneras en el ejercicio de su misión altísima, yo creo que tienen títulos suficientes no solamente para que se las respete, sino para que se las aliente, para que se amplíe cada vez más su radio de acción y se robustezca su vida docente; así darán cada día frutos mayores, mejores, para la patria. (*Aplausos.*).

(…)

Dos minutos nada más, para decir a la Srta. Rabaneda que, en efecto, ni en mis palabras ni en el concepto que envuelven en la contestación que he tenido el honor de dar a su interesante discurso (lea la Srta. Rabaneda el *Diario de las Sesiones de la Asamblea*) hay nada que pudiera parecer la menor oposición entre ella y la sección. Me remito al discurso de S. S. y a la contestación que le he

156

dado, y podrá comprender la Srta. Rabaneda que es imposible que exista esa antítesis.

Quizá por el tono —esto es, de interpretación— es posible que la Srta. Rabaneda, por la vehemencia con que me he expresado, haya interpretado en ese sentido mi discurso. Siento que la Srta. Rabaneda haya podido dar a mis palabras esa interpretación. Crea la Srta. Rabaneda que he de confesarle, en mi descargo, que cuando hablo en público, cuando se trata de problemas tan hondos que diariamente me preocupan, problemas que llevo en el alma, me es imposible hablar de ellos sin dar la nota, quizá un poco excesiva, de hondo sentir que acabo de poner ahora. (*Muy bien, muy bien.*).[89]

BLANCA DE LOS RÍOS NOSTENCH

Nació en Sevilla en 1862.

Contrajo matrimonio con el arquitecto Vicente Lampérez y Romea (1861-1923) en 1892.

Descubierta su vocación literaria, sus primeras obras las publicó bajo el seudónimo de Carolina del Boss.

Ganó el segundo accésit, con una composición en décimas, en el certamen literario musical convocado por la Sociedad Dramática Julián Romea de Barcelona en 1880.

La Real Academia Española le concedió un premio de mil quinientas pesetas por su *Estudio biográfico y crítico de Tirso de Molina*, presentado bajo el lema "Vive en sus obras", al certamen literario que había convocado la referida institución en 1888.

Por una Real Orden de 19 de octubre de 1911, y en vista de los informes favorables realizados por la Junta Facultativa de Archivos, Bibliotecas y Museos, y también por la Real Academia Española, se daba a conocer la adquisición de doscientos cincuenta ejemplares de la obra *Romancero de don Jaime el Conquistador* (1891), destinados a las bibliotecas públicas del Estado.

Desempeñó varios puestos de relevancia, como el de vicepresidenta de la Universidad Iberoamericana en 1911.

Por si fuera poco, fue elegida vocal de la Junta para el Fomento de las Relaciones Artísticas Hispanoamericanas por un Real Decreto de 15 de octubre de 1920.

Ocupó el cargo de vocal de la Junta Superior de Beneficencia por un Real Decreto de 9 de abril de 1926.

Dirigió la revista mensual *Raza Española*, fundada por ella en Madrid en 1919.

---

[89] *Diario de las Sesiones*, núm. 41, 21 de marzo de 1929, pp. 570-571, 572.

En marzo de 1927, en su Sevilla natal, se hizo pública la intención de pedir el premio Nobel de Literatura para ella.

Poco tiempo después, el alcalde de Sevilla solicitaba la presentación de su candidatura para cubrir la vacante del compostelano José Rodríguez Carracido (1856-1928) en la Real Academia Española.

Como era de esperar, y teniendo en cuenta los antecedentes de la referida institución, no se le concedió a ella la silla Z vacía, sino al madrileño Agustín González de Amezúa y Mayo (1881-1956).

En cambio, sí que fue nombrada miembro correspondiente de la Real Academia Gallega en 1956.

Se le encargó el puesto de vocal de la Comisión Hispanoamericana del Consejo Superior de Investigaciones Científicas, según se publicaba en una Orden de 14 de marzo de 1940.

En reconocimiento a los servicios prestados a la cultura nacional, se le otorgó la Gran Cruz de la Orden Civil de Alfonso XII en 1924. Con tal motivo se le rindió un homenaje en la Real Academia de Jurisprudencia en marzo de ese año, presidido por la reina Victoria Eugenia de Battenberg y al que asistieron otros miembros de la familia real.

Por un Decreto de 28 de mayo de 1948 fue galardonada con la Gran Cruz de la Orden Civil de Alfonso X el Sabio, "(…) en atención a sus méritos y circunstancias".

Falleció en Madrid en 1956. Está enterrada en el Panteón de Hombres Ilustres de la Sacramental de San Justo de Madrid, propiedad de la Asociación de Escritores y Artistas.

Como señoría…

Fue asambleísta por representación de actividades de la vida nacional. Su elección se ratificó en la sesión plenaria del 10 de octubre de 1927.[90]

La fecha de alta se validó el 10 de octubre de 1927, mientras que la baja se efectuó el 15 de febrero de 1930.

INTERVENCIONES EN LA ASAMBLEA

Carlos F. Lummis, autor del libro *Los exploradores españoles del siglo XVI.*

Sres. presidentes de la Asamblea y del Consejo de Ministros; Sres. asambleístas: Ante el magno esfuerzo y la magnífica revelación de España

---

[90] *Diario de las Sesiones*, núm. 1, 10 de octubre de 1927, p. 8.

que son las Exposiciones de Barcelona y de Sevilla; ante la solemne cita y la cordial fusión hispánica que se cumple en Sevilla, glorificación única en la historia del mundo, porque solo España alcanzó a completar la tierra y a crearse una familia de naciones, y solo España puede darse el soberano lujo de conmemorar tales supremacías en una ciudad que, por la gracia de su cielo, de su naturaleza, de su historia y de su arte, resplandece como una constelación de soles; en estos días, en que la evocación de nuestro pasado es ineludible, he creído justo elevar un ruego al Gobierno y a la Asamblea pidiéndoles un aplauso y un tributo de gratitud y de admiración para un grande honrador de España, recientemente muerto; el generoso norteamericano Mr. Carlos F. Lummis que, en su libro *Los exploradores españoles del siglo XVI*, alzó el himno que nadie había cantado a la obra de España en América.

Ya que como en el caso de Humboldt, en los de Prescott, de Washington Irving, y tantos otros de todos conocidos, fueron extranjeros los primeros en escribir o en reivindicar nuestra historia, ponga España a lo menos, en empeños tan nobles, la gratitud y la difusión de tales libros.

Difundir el libro de Lummis vale tanto como ensanchar en el concepto de los más las fronteras históricas y los horizontes gloriosos de España.

Y esa difusión comenzaba por el gran español D. Juan Cebrián, que mandó traducir el libro e hizo a sus expensas numerosa edición de él, es la que vengo a pedir al Gobierno de Su Majestad y a su insigne Jefe, tan heroicamente empeñado en levantar el prestigio de España y en estrechar nuestra unión con Hispanoamérica.

El momento en que vivimos es de revelación apoteósica de España: las Exposiciones de Sevilla y de Barcelona evidencian la grandeza insuperable de nuestro pasado histórico y estético, junto a nuestro pujante avance al porvenir; y nuestros aviadores son el símbolo vivo de estas dos Españas triunfales: la que resucita y la que avanza; sus vuelos audacísimos renuevan y aun exceden nuestros heroísmos legendarios; pero los renuevan con mentes alumbradas por la ciencia actual y en aeronaves construidas por manos españolas.

Para que este momento apoteósico no se disipe en vítores y en luminarias, hay que arrancar hasta las raíces de la calumniosa leyenda antiespañola, hay que transfundir a la mente de las multitudes la verdad de nuestra historia en América; y para ello, nada tan eficaz como el libro de Lummis.

Nadie antes que Lummis realizó una reivindicación tan ferviente y, a la vez, tan metódica, tan plástica y divulgable de la triple acción de España en América; de la epopeya de los descubridores, conquistadores y misioneros; porque nadie estuvo mejor constituido, situado y preparado para realizar tan noble empresa como Lummis, hombre de muchas vidas y de muchas almas, que parecía un hermano póstumo de nuestros proteos quinientistas.

159

Hombre de tal reciedumbre que se construyó su casa con sus propias manos y quiso volver a vivir la vida casi prehistórica de nuestros descubridores para saber contarla mejor a sus hermanos de América; así, después de recorrer los inmensos territorios, los inhóspitos desiertos, las bravas costas, teatro de aquellas casi sobrehumanas proezas, y de recoger de labios de los indios la tradición de asombro y reverencia que en ellos debió dejar la fascinadora acción de España, escribió su memorable libro, en cuyas páginas se percibe la vibración de aquel asombro y el pasmo del autor ante los puñados de héroes y mártires españoles, que arrostrando la bárbara hostilidad de los aborígenes, midieron y dominaron aquella colosal naturaleza.

Los tres grandes aciertos de la obra de Lummis, los que han hecho su libro fructuoso, célebre y pegadizo a la memoria de las multitudes son: la demostración cronológica de las gloriosas prioridades de España en la magna empresa de la civilización de América; el relato de las heroicas proezas de nuestros descubridores y conquistadores y misioneros, y el fervoroso brío con que el autor recoge en raudas síntesis y esculpe en frases lapidarias los momentos cumbres y las figuras próceres de nuestra epopeya sin ejemplo.

Por muy conocidos que sean los párrafos en que Lummis, evidencia cronológicamente las gloriosas prioridades de nuestra patria en el dominio y civilización del Nuevo Mundo. Españoles fueron los primeros que vieron y sondearon el mayor de los golfos; españoles, los que descubrieron los dos ríos más caudalosos; españoles, los que, por vez primera, vieron el océano Pacífico; españoles, los primeros que supieron que había dos continentes en América; españoles, los primeros que dieron la vuelta al mundo.

Eran españoles los que se abrieron camino hasta las interiores lejanas reconditeces de nuestro propio país y de las tierras que más al Sur se hallaban, y los que fundaron sus ciudades miles de millas tierra adentro, mucho antes que el primer anglosajón desembarcase en nuestro suelo. Aquel temprano anhelo español de "explorar" era verdaderamente sobrehumano. ¡Pensar que un pobre teniente español con veinte soldados atravesó un inefable desierto y contempló la más grande maravilla natural de América o del mundo —el gran Cañón del Colorado— nada menos que tres centurias antes de que lo viesen ojos norteamericanos! Y lo mismo sucedía desde el Colorado hasta el cabo de Hornos.

De la cristianización de los indios por España —y cristianización significa la más alta educación para los aborígenes y el más noble modo de colonización —dice Lummis, refiriéndose al segundo viaje de Colón, 1493: "Y entonces, con estrictas órdenes de la Corona de cristianizar a los indios y darles siempre buenos tratos, Colón llevó consigo los doce primeros misioneros que fueron a América. El asombroso cuidado maternal de España por las almas y los cuerpos de los salvajes que por tanto tiempo disputaron su entrada en el Nuevo Mundo empezó temprano y nunca disminuyó. Ninguna otra nación trazó ni llevó a cabo un "régimen de las Indias" tan noble como el que ha mantenido España en sus posesiones occidentales por espacio de cuatro siglos".

Y completa así el elogio de nuestra colonización: "Los españoles no exterminaron ninguna nación aborigen —como exterminaron docenas de ellas nuestros antepasados— y, además, cada primera lección sangrienta iba seguida de una educación y cuidados humanitarios. Lo cierto es que la población india de las que fueron colonias españolas en América es hoy mayor de lo que era en tiempos de la conquista, y este asombroso contraste de condiciones, y la lección que encierra respecto el contraste de los métodos, es la mejor contestación a los que han pervertido la historia".

(...) "Nunca pueblo alguno llevó a cabo en ninguna parte tan estupenda labor como la que realizaron en América los misioneros españoles".

(...) "Una ojeada a la vida de los misioneros que iban a Nuevo Méjico por entonces, antes de que hubiese quien predicase en inglés en todo el hemisferio de Occidente, presenta rasgos que fascinan a cuantos admiran el heroísmo solitario que no necesita ni aplauso ni espectadores para mantenerse vivo".

¡Qué noble y valiosa declaración en labios de quien no era ni descendiente de españoles y procedía del más puro abolengo puritano!

"No solamente fueron los españoles los primeros conquistadores del Nuevo Mundo, sino también sus primeros civilizadores. Ellos construyeron las primeras ciudades, abrieron las primeras iglesias, escuelas y universidades, montaron las primeras imprentas y publicaron los primeros libros; escribieron los primeros diccionarios, historias y geografías y trajeron los primeros misioneros; y antes de que en Nueva Inglaterra hubiese un verdadero periódico ya ellos habían hecho un ensayo en México ¡y en el siglo XVII!".

(...) "La legislación española referente a los indios de todas partes era incomparablemente más extensa, más compresiva, más sistemática y más humanitaria que la de la Gran Bretaña, la de las Colonias y la de los Estados Unidos todas juntas... Aquellos primeros maestros enseñaron la lengua española y la religión cristiana a mil indígenas por cada uno de los que nosotros aleccionamos en idioma y religión. Ha habido en América escuelas españolas para indios desde el año 1524. Allá por 1575 —casi un siglo antes de que hubiese una imprenta en la América inglesa, se habían impreso en la ciudad de México muchos libros de "doce" diferentes dialectos indios, siendo así que en nuestra historia solo podemos presentar la Biblia india de John Eliot; y tres universidades españolas tenían casi un siglo de existencia cuando se fundó la de Harvard".

Considera nuestro siglo XVI como "una centuria de exploraciones y conquistas tales como jamás vio el mundo antes, ni ha vuelto a ver después".

161

"Ninguna otra nación madre dio jamás a luz cien Stanleys y cuatro Julio Césares en un siglo; y eso no es sino una parte de lo que hizo España por el Nuevo Mundo. Pizarro, Cortés, Valdivia, Quesada tienen derecho a ser llamados Césares del Nuevo Mundo, y ninguna de las conquistas en la historia de América puede compararse con las que ellos llevaron a cabo".

Cuando un extranjero escribe páginas como estas, la nación que las ha merecido debe proclamarle, aun después de muerto, cuando entra en la eternidad de la historia, benemérito de la patria.

Entiendo pues que el mejor homenaje que España pudiera rendir a Lummis en la ocasión en la que las Exposiciones de Sevilla y Barcelona traerán a los pueblos hispanos al solar materno, será difundir entre nuestros hermanos de raza, en edición copiosísima, el libro de Lummis que contiene no el relato completo, ni el fallo definitivo de nuestra acción en el Nuevo Mundo, pero sí el himno que nadie había cantado a la nación, que por su triple obra del descubrimiento, conquista y civilización de América, se sienta en la cumbre de la historia. (*Aplausos*.).[91]

---

[91] *Diario de las Sesiones*, núm. 47, 5 de julio de 1929, pp. 729-731.

CONCLUSIONES

Maternidad

Concepción Loring Heredia presentaba una moción para la creación de escuelas prácticas de matronas en la sesión plenaria del 23 de mayo de 1928. Su objetivo primordial era garantizar la maternidad social, en lo que atañía principalmente a los niveles sanitario y benéfico.

Hacía extensible desde su escaño el desagrado que le provocaba la situación pésima en la que la mujer tenía que dar a luz, tanto en la vida dura del campo como en la no menos fácil existencia del proletariado femenino urbano. Loring estaba convencida de que la corrección de los desequilibrios en la demografía española era algo inaplazable. Hablaba de lo apremiante que resultaba no solo incrementar la natalidad, sino también, y tanto o más importante que lo anterior, reducir la mortalidad y la morbilidad infantiles.

Con el fin de paliar en parte esta problemática sociológica, veía en el perfeccionamiento y la difusión de la enseñanza profesional de las matronas una solución factible. A esto habría que añadirle la solicitud pública de un aumento del número de matronas y, también, la ampliación de la asistencia a aquellas mujeres embarazadas con un déficit de recursos.

A mayores, le pedía al Gobierno que hiciese cumplir a los Ayuntamientos el artículo 41 del Reglamento de Sanidad Municipal, promulgado por un Real Decreto de 9 de febrero de 1925: "En cada partido médico será obligatorio disponer de un servicio municipal de matronas o parteras para la asistencia gratuita de las embarazadas pobres, consignando en presupuestos el haber oportuno. El servicio de partos se establecerá en los partidos rurales, bajo la dirección del médico titular, y en las grandes poblaciones a base de médicos tocólogos y comadronas".

En el antedicho pleno del 23 de mayo de 1928, Micaela Díaz Rabaneda completaba el discurso pronunciado por Concepción Loring, al matizar algún aspecto como era el dar prioridad a la creación de consultorios prenatales dentro de las escuelas de matronas. Veía en ello una manera de disuadir la posible interrupción de un embarazo no deseado, entre otras cosas, una situación difícil que afectaba a no pocas jóvenes.

163

Fueron varios los diputados que participaron en este asunto. Uno de ellos fue Antonio Simonena Zabalegui (1861-1941), médico asambleísta por representación del Estado, quien corroboraba lo expuesto por Concepción Loring. Defendía la puesta en marcha de más títulos de comadronas.

Antonio Simonena era partidario de formar más y mejor al personal que asistía los partos. El objetivo crucial era evitar la tasa tan alta de mortalidad infantil que había en aquella época, así como las muertes de las madres por fiebre puerperal, además de conseguir la reducción del número de nacimientos con taras por mala praxis, como resultaba ser la ceguera infantil. Solicitaba más recursos destinados a la formación práctica en las casas de maternidad. Por tanto, su posición era muy similar a la de Concepción Loring, conforme se ha indicado.

También Álvaro López Núñez (1865-1936), asambleísta por representación de actividades de la vida nacional y miembro de la sección 14.ª —Acción Social, Sanidad y Beneficencia—, coincidía con las exposiciones realizadas por los anteriores intervinientes, esto es, Concepción Loring y Antonio Simonena.

Ponía en valor la decisión de haber otorgado la forma técnica, a la par que jurídica, al conjunto de aspiraciones expuestas por Concepción Loring: "Es muy satisfactorio para esta sección que persona de la dignificación científica y profesional del Dr. Simonena, haya formado un concepto tan favorable del trabajo que hemos realizado por iniciativa felicísima de la Sra. marquesa de la Rambla"[92].

A esto añadía que "Desde el primer momento, la sección comprendió la importancia social y profesional de la iniciativa de la Sra. marquesa de la Rambla, hija de su larga experiencia caritativa en las obras en que constantemente se ocupa para bien del prójimo"[93].

Por su parte, Álvaro López Núñez se refería también a la intervención de Micaela Díaz Rabaneda, en referencia a la creación de consultorios prenatales dentro de las escuelas de matronas. Decía lo siguiente:

> Y en cuanto a la feliz intervención de la señorita Díaz de Rabaneda, espíritu selecto, siempre en las avanzadas de la idealidad y de las causas buenas, hemos de decirle que ya todas las instituciones a las que el proyecto se refiere tienen consultas que realizan esa acción social y moral tan importante. Pero, de todas maneras, si la señorita Díaz de Rabaneda insiste y el Gobierno lo estima

---

[92] *Diario de las Sesiones*, núm. 23, 23 de mayo de 1928, p. 886.

[93] *Ibid.*

pertinente, creo que la sección no tendrá inconveniente alguno en acentuar esta nota de protección a la mujer, que acogemos con la mayor simpatía.[94]

En cuanto a Miguel Primo de Rivera, como presidente del Consejo de Ministros, aplaudía el proyecto referido. Apelaba a la necesidad de impulsar un mayor grado de cultura en la ciudadanía, puesto que, a mayor preparación, mayor sería también la propagación de valores notables que beneficiarían a la sociedad en su conjunto. En este sentido, mostraba su coincidencia con la postura de Natividad Domínguez: "(...) difundir la enseñanza es preparar su ejercicio, preparar su ejercicio despertando y proporcionando, como decía con elocuencia insuperable doña Natividad Domínguez de Roger, el placer de ejercerla"[95].

Sobre la intervención de Concepción Loring, Primo de Rivera declaraba lo siguiente:

Casi no es preciso decir que la proposición de la señora marquesa de la Rambla no ha tenido oposición en nadie, y que por ser de ella y por ser tan importante y encarnar sentimientos tan altruistas y tan de acuerdo con las opiniones y los actos del Gobierno, en cuanto tiende a afirmar y mejorar las condiciones de sanidad y de higiene del país en todos sus aspectos, había de merecer en el ánimo de todos, y ha merecido, por nuestra parte, la mejor acogida.[96]

El 30 de enero de 1929 se leyeron y pasaron a la sección 14.ª — Acción Social, Sanidad y Beneficencia— unas enmiendas presentadas por María López Monleón al dictamen sobre el Proyecto de Seguro de Maternidad. La protección de las madres y de sus hijos fue uno de los asuntos destacados en las intervenciones asamblearias del día siguiente.

María López de Sagredo alzaba su voz para mostrar su conformidad con que el seguro de maternidad le otorgase a la mujer el derecho a tener seis semanas antes y después del parto. Ahora bien, lo que en la teoría era un gran logro, implicaba en la práctica un trato desfavorecedor hacia las madres trabajadoras por parte de sus contratantes, quienes optaban por seleccionar antes a jóvenes sin cargas familiares, lo que sin duda era discriminatorio e injusto, una situación que se repetía con cierta asiduidad.

Esta diputada se quejaba de la falta de medios para llevar a cabo algunas políticas sociales en torno a la protección de los recién nacidos, muchos de ellos enfermos por una nutrición insuficiente o, en los supuestos más

---

[94] *Diario de las Sesiones*, núm. 23, 23 de mayo de 1928, p. 887.

[95] *Ibid.*

[96] *Ibid.*

dramáticos, por las consecuencias de padecer enfermedades congénitas, las cuales se evitarían con unas atenciones mínimas.

El Proyecto de Seguro de Maternidad fijaba las bases para conceder beneficios de asistencia facultativa a la mujer asegurada, aparte de tener el derecho a la indemnización por descanso. De igual forma, la beneficiaria conservaría su puesto de trabajo, siempre y cuando fuese trabajadora por cuenta ajena, a excepción de las que lo hacían a domicilio o las que realizaban labores por cuenta propia. Estas, todo hay que decirlo, quedaban en una situación de total desamparo, lo que no se le escapaba al ojo crítico y pro derechos de la mujer de algunas de las diputadas referidas.

Intervino a continuación Luis Benjumea y Calderón (1877-1929), asambleísta por representación del Estado y presidente de la sección 14.ª —Acción Social, Sanidad y Beneficencia—. Entre los puntos sustanciales expuestos, le otorgaba bastante trascendencia a solventar la mortalidad exorbitante que se originaba en los partos mal practicados, malográndose muchas veces las vidas de madre e hijo.

Por su parte, José Marvá y Mayer (1846-1937), asambleísta por representación del Estado, ratificaba lo dicho por Luis Benjumea, e insistía en el acierto que suponía la puesta en marcha del Seguro de Maternidad. El propósito fundamental parecía ser la preocupación generalizada por reducir las cifras elevadas de fallecimientos y de enfermos crónicos que había en España. Lo cierto es que, con demasiada frecuencia, los partos se practicaban en unas condiciones ínfimas y se consumaban con unas carencias asistenciales de envergadura.

Esta coyuntura complicada y de una idiosincrasia diversa, y no precisamente de resolución asequible, se recrudecía todavía más por la protección laboral insuficiente que tenían las mujeres más necesitadas. De manera muy conveniente, Gregorio Marañón y Posadillo (1887-1960) se refería a este tipo de situaciones de suma precariedad así: "Si es que la civilización nuestra exige industrias que, a su vez, exigen trabajar en esas condiciones, esa civilización no merece el nombre de tal".

En cuanto a José Jorro Miranda (1874-1954), conde de Altea, asambleísta por representación de actividades de la vida nacional y miembro de la sección 14.ª —Acción Social, Sanidad y Beneficencia—, valoraba el Proyecto de Seguro de Maternidad de forma positiva. En materia de política social, veía en el modelo español un compendio de los puntos básicos ya aprobados en la Conferencia Internacional del Trabajo de Washington de 1919, tal y como había quedado estipulado con la firma del Tratado de Versalles (1919).

Así, se daba prioridad a la prohibición del trabajo de la mujer gestante durante las seis semanas anteriores y posteriores al parto, y se aseguraba su manutención y la del recién nacido a través de una prestación, la cual correría a cargo bien del Estado o bien mediante un sistema de seguros.

166

Sin embargo, Baldomero Argente del Castillo (1877-1965), asambleísta por representación de actividades de la vida nacional y miembro de la sección 6.ª —Leyes de Carácter Político—, intervenía para explicar su desacuerdo con algunos de los puntos del Proyecto de Seguro de Maternidad confeccionado por el Ministerio de Trabajo y Previsión.

Discrepaba de la efectividad de una legislación proteccionista del obrero, a la que le otorgaba la responsabilidad de una mengua hipotética de la cantidad de trabajo y, por consiguiente, causante de que existiesen salarios más reducidos y un número menor de obreros.

Baldomero Argente mostraba también su preocupación por las estadísticas demográficas demoledoras. Se estaría hablando de unas cifras anuales de tres mil madres fallecidas al dar a luz y de treinta mil hijos que no sobrevivían por falta de asistencia o de inanición.

Inocencio Jiménez y Vicente (1876-1941), asambleísta por representación del Estado y miembro de la sección 14.ª —Acción Social, Sanidad y Beneficencia—, dedicó la mayor parte de su tiempo a contradecir al asambleísta Baldomero Argente y a defender el Proyecto de Seguro de Maternidad. Sirva esto de resumen: "(…) con el sistema de seguro social es como se prepara y educa un pueblo, no con el desarrollo de un estatismo que a todos alarma y que solo exige a los ciudadanos voluntad para pedir"[97].

Por su parte, Álvaro López Núñez le brindaba a María López de Sagredo las palabras siguientes: "(…) es deber nuestro agradecer muy profundamente a la Srta. Sagredo las frases de simpatía y de aplauso que ha dedicado a nuestro proyecto. La significación social de la Srta. Sagredo, cuya historia social conocemos todos por su meritoria intervención en las obras de beneficencia y de acción social de Barcelona, da a este voto suyo un valor extraordinario"[98].

En referencia a una puntualización que hizo María López de Sagredo al Proyecto de Seguro de Maternidad, en concreto, la relativa a su disconformidad respecto a igualar las condiciones de las beneficiarias del seguro, fuesen estas madres solteras o casadas, Álvaro López Núñez remitía al Convenio de Washington, el cual había sido ratificado por España en la ley votada en Cortes en julio de 1922.

Y a mayor abundamiento concluía con un párrafo repleto de una dosis de realidad incontestable: "(…) había en el Senado eminentes y calificadas representaciones de la Iglesia española, prelados eminentes maestros de moral que con un silencio que bien puede calificarse de aquiescente por la

---

[97] *Diario de las Sesiones*, núm. 39, 31 de enero de 1929, p. 498.

[98] *Ibid.*, p. 500.

importancia de la materia que se votaba, dieron implícita aprobación a la ley ratificadora del Convenio"[99].

Emilio Tuya García (1880-1974), asambleísta por representación de Ayuntamientos y presidente de la Junta de Protección a la Infancia de Gijón, estaba de acuerdo con María López de Sagredo en la cuestión relativa a la responsabilidad imperiosa de amparar a las mujeres durante la preñez. De este modo, se intentaba rehuir de la proliferación de diversas afecciones, estas responsables de que se frustrasen las vidas de madre e hijo o, en el caso de sobrevivir al parto, causantes de acarrear secuelas irreversibles a lo largo de su vida.

A través de la interpelación de Eduardo Aunós Pérez (1894-1967), ministro de Trabajo y Previsión, se deduce que estaba bastante de acuerdo con María López de Sagredo en la cuestión referente al cuidado de la mujer indefensa y con peores recursos, más que por una mera voluntad caritativa, por una cuestión de mayor calado, como resulta ser la justicia social, "(…) porque el Estado solo puede hablar a los hombres con palabra y la voz de la justicia"[100].

Beneficencia y derechos de la mujer

María López de Sagredo disertó acerca del Plan General de Organización de la Beneficencia en la sesión plenaria del 15 de febrero de 1928. Hacía partícipes de su preocupación en materia de política sanitaria al resto de asamblearios, sobre todo por el aumento de enfermedades contagiosas que diezmaban la población, en especial, aquellas que se ensañaban con la infancia.

Aprovechó aquella ocasión para solicitar la creación de un número mayor de guarderías, de salas cuna y también de parques infantiles en las proximidades de los grandes núcleos industriales. La peticionaria aspiraba a conseguir del Gobierno un aumento de la cantidad de comedores, además de no descuidar otros aspectos como era el proporcionar más facilidades para conciliar los horarios doméstico y laboral, o mejorar asistencial y socialmente las condiciones de las familias peor favorecidas y con más necesidades.

Otra de las reclamaciones que presentó en su discurso tenía que ver con la beneficencia, requiriendo una distribución equitativa de los servicios de auxilio social entre las diversas instituciones. Insistía en la imperiosa y acuciante protección benéfica para menguar la mendicidad y la pobreza en la medida de lo posible.

---

[99] *Diario de las Sesiones*, núm. 39, 31 de enero de 1929, p. 500.

[100] *Ibid.*, p. 503.

Por su parte, Severiano Martínez Anido (1862-1938), ministro de la Gobernación, fue el encargado de contestar a los ruegos de María López de Sagredo. En cuanto a la toma de medidas para velar por la salud pública, defendía el esfuerzo realizado por el Gobierno para dotar al país de más recintos sanitarios en los que salvaguardar a los enfermos pretuberculosos, por ejemplo, o el hecho de mantener las campañas preventivas puestas en marcha por la Dirección General de Sanidad. Así, la vacunación gratuita contra la viruela y la exigencia del certificado en todas las provincias favorecieron la lucha contra la enfermedad, rebajándose el número de afectados de manera cuantiosa.

En lo concerniente a la lepra el ministro hacía referencia a la construcción de un centro en Granada, al que habría que sumarle el proyecto de crear otro en La Coruña. Hablaba también de erigir un recinto en Navalmoral de la Mata (Cáceres) para combatir la proliferación del paludismo. Y a todo esto añadir la intención del Gobierno de poner en marcha un centro de educación para albergar a ciegos y a sordomudos, muchos de ellos condenados a malvivir por las calles y a sobrevivir a base de limosnas. Para llevar a cabo este fin se inclinaba por el Asilo de Barañáin (Pamplona).

Por otra parte, consideraba que había un número suficiente de espacios destinados a la maternidad y a la puericultura, existentes en casi todas las provincias de España. El ministro estimaba que cumplían su cometido de una forma holgada, y afirmaba que allí se daba la instrucción necesaria para criar a los recién nacidos.

Así a todo, no dejaba de reconocer el atraso que existía en España en este sentido. Aclaraba lo siguiente:

En cuanto se refiere a la crianza de niños, es asunto que, desgraciadamente, se encuentra bastante atrasado entre nosotros, lo cual quiere decir que debemos tomar el mayor interés en que se resuelva. La Diputación Provincial de Madrid tiene un expediente en Gobernación referente a la manera de evitar que las madres que dan a luz en la Casa de Maternidad dejen sus hijos en la misma apenas nacidos. Esto no es posible; hay que evitar que pierdan el cariño a sus hijos y los abandonen.[101]

Severiano Martínez concluía su intervención dedicando unos párrafos al abuso cometido por algunas instituciones de beneficencia, sospechosas de ocultar fondos o de hacer un uso fraudulento de ellos. Comentaba a este respecto que "(...) en cuanto se recibe alguna noticia, alguna denuncia, algún anónimo de que una fundación de beneficencia está mal administrada, envío

---

[101] *Diario de las Sesiones*, núm. 14, 15 de febrero de 1928, p. 513.

delegados míos, personas competentísimas, que estudian y comprueban el estado de su administración y se sancionan las faltas y contravenciones, entregando a los reos a los tribunales de justicia"[102].

A raíz de la intervención de María López de Sagredo, pidió la palabra Manuel Escrivá de Romaní y de la Quintana (1871-1954), conde de Casal, asambleísta por representación del Estado y miembro de la sección 17.ª —Mercedes Extraordinarias—. Como delegado de la Reina en el Real Patronato de la Lucha Antituberculosa de España, quiso participar en el referido debate, ratificando la postura del ministro de Gobernación, "(…) que, con tanto acierto, digno del mayor aplauso, está llevando todo lo que concierne a la sanidad del reino, y en especial en cuanto a la lucha antituberculosa se refiere"[103].

Enrique Trénor Montesinos Bucelli y Sacristán (1861-1928), conde de Vallesa de Mandor, asambleísta por representación de actividades de la vida nacional y miembro de la sección 12.ª —Presupuestos Ordinarios y Extraordinarios—, respaldaba la postura del Gobierno en materia de la lucha contra la lepra, rogándole que "(…) insista en su idea y en su iniciativa de que las Diputaciones provinciales sean más constantes en ayudar al sostenimiento de todos los leprosos de cada zona, enviándolos a las leproserías, donde podrán llegar, por los procedimientos modernos, a una completa curación"[104].

Por su parte, el presidente de la Asamblea aludía a la contribución de María López de Sagredo, declarando que "(…) ha venido a confirmar la impresión que la Asamblea tenía de cómo la colaboración femenina dentro de ella es útil y eficaz". Añadía después que "(…) la mujer tiene su puesto señalado en todos aquellos sitios donde se ventilan los altos intereses de la patria"[105].

María López de Sagredo aprovechó la sesión plenaria del 28 de junio de 1928 para reclamar una mayor protección de los locales de enseñanza, alertando de la posible desaparición de muchos de ellos, si se aprobaba el Real Decreto Ley de los Contratos de Arrendamiento de Fincas Urbanas.

A este respecto, Galo Ponte Escartín (1867-1943), ministro de Gracia y Justicia, alegaba que "(…) contaba con la adhesión absoluta del ministerio", si bien admitía que el Decreto de Inquilinato no daba solución a todas las partes implicadas. Sobre el asunto de las escuelas desahuciadas que se habían

---

[102] *Diario de las Sesiones*, núm. 14, 15 de febrero de 1928, p. 513.

[103] *Ibid.*, p. 514.

[104] *Ibid.*, p. 516.

[105] *Ibid.*, pp. 516-517.

visto abocadas al cierre, el ministro se limitaba a contestar a María López de Sagredo que le agradecería le facilitase "(…) los datos sobre el número de desahucios, el tiempo en el cual se han desarrollado y las causas en que se han fundado"[106].

Carmen Cuesta del Muro intervenía en la sesión plenaria del 23 de mayo de 1928 para reivindicar algunos de los derechos civiles de la mujer y denunciar el trato desigual al que estaba sometido el género femenino. La contestación dada por el ministro de Gracia y Justicia, ya de inicio, fue que "(…) el Gobierno está en el camino que la señorita Cuesta ha indicado".

Mas las muestras de realidad expuestas en el discurso pronunciado por Carmen Cuesta tenían un cariz tan palpable que Galo Ponte no halló una argumentación verosímil con la que justificar la desigualdad entre géneros en la España del primer cuarto del siglo XX. Carente de respuestas, intervino de este modo:

> Vayamos, pues, a la igualdad de derecho; pero vayamos, como he dicho, sin esperanzas de posibilidad de llegar nunca a la igualdad en absoluto, porque eso lo impedirán, de una parte, las condiciones de la naturaleza del hombre y de la mujer, y de otra, la necesidad de que haya esta diferencia de que uno proteja a otro. Permítame la Srta. Cuesta que le recuerde, que el hombre y la mujer tienen que continuar desiguales, desiguales en derecho, porque la Srta. Cuesta, que es creyente, sabe que a quien Dios creó de la nada fue al hombre; a la mujer la hizo de una parte del hombre, y eso algo quiere decir (*risas*), algo significa eso, y eso es lo que se ha venido traduciendo en todos los códigos del mundo.[107]

También Galo Ponte hacía referencia al discurso pronunciado por María López de Sagredo en la sesión plenaria del 30 de octubre de 1928, en referencia a su petición acerca de considerar la blasfemia y el abandono de familia como delitos sancionados en el Código Penal. Las palabras dirigidas a ella fueron las siguientes:

> (…) el respeto que debo a la Asamblea, y que me hace estar siempre dispuesto a contestar a cuantas preguntas se me dirigen, y la consideración de que no era un Sr. asambleísta, sino una Sra. asambleísta, la que me la hacía, pues cualquiera que sea el grado de igualdad a que se llegue entre los derechos de los dos sexos, por lo menos para la generación a la que pertenezco yo, que ya va en vanguardia en

---

[106] *Diario de las Sesiones*, núm. 28, 28 de junio de 1928, p. 1041.

[107] *Diario de las Sesiones*, núm. 23, 23 de mayo de 1928, p. 880.

el desfile de las generaciones en su paso por la tierra, tendrán siempre las damas trato preferente.[108]

El ministro argumentaba de esta guisa la decisión de no incorporar la blasfemia al Código Penal. Justificaba entonces la incompatibilidad que suponía la consideración simultánea de la blasfemia como delito y como falta. Es decir, había que decantarse por una u otra, y se determinó que fuese catalogada como una falta.

Galo Ponte decía también que "(…) los códigos no castigan pecados; los pecados se castigan en el tribunal de penitencia, donde también se absuelve de ellos, por muy graves que sean. Los códigos penales tienen que ocuparse de las sanciones para otros hechos que la realidad de la vida presenta"[109].

El otro punto que el ministro de Justicia rebatía a María López de Sagredo era el del abandono de familia. Para ello, Galo Ponte arguyó que debía eludirse el abuso, inclinándose por mantener la igualdad de trato de géneros en estas circunstancias: "(…) si al hombre se le castiga por abandonar a su mujer y a sus hijos, también a la mujer habría de imponerse este castigo por abandonar a su marido y a sus hijos"[110].

Sostenía que era sobradamente complicado averiguar las circunstancias de dicho abandono, concluyendo que, en la mayoría de los casos, "(…) quedan siempre enterradas en el santuario de la familia, y que no se pone jamás a discusión"[111].

En la sesión plenaria del 19 de enero de 1928, después de la intervención de María de Echarri, el ministro de Gracia y Justicia tuvo ocasión de matizar algunos aspectos. Iniciaba su intervención dedicándole estas palabras: "(…) el honor de contestar a una de las damas que, por su virtud, sus méritos y su cultura han venido a esta Asamblea a contribuir con tanta eficacia como los más ilustres varones, al resultado que el Gobierno espera de la gestión de este nuevo organismo"[112].

En cuanto a la reclamación hecha por María de Echarri de la construcción de una nueva cárcel en Madrid, el ministro respondía que los terrenos destinados para esta ya estaban elegidos desde el Gobierno anterior, pero que, finalmente, una cadena de acontecimientos había provocado que ese espacio se lo quedase el Departamento de Guerra, y no el Ministerio de Gracia y

---

[108] *Diario de las Sesiones*, núm. 30, 30 de octubre de 1928, p. 44.

[109] *Ibid.*

[110] *Ibid.*, p. 45.

[111] *Ibid.*, p. 45.

[112] *Diario de las Sesiones*, núm. 11, 19 de enero de 1928, p. 376.

Justicia, como se había pensado en un inicio, quedando sin hacer la tan necesitada prisión de mujeres de la capital estatal.

Sobre la denuncia de abusos en las cárceles que había hecho María de Echarri en su interpelación, el ministro contestaba que el personal de las prisiones era mayoritariamente femenino y perteneciente a una orden religiosa, en concreto, las Hermanas de la Caridad. Galo Ponte defendía la imposibilidad de remediarlo todo, pero se mostraba optimista respecto a evitar y subsanar muchos de los errores existentes en el ámbito penitenciario.

Incidía también, y daba respuesta a otra de las peticiones de la diputada, en que el Gobierno no se podía permitir, por falta de presupuesto, la creación de presidios diferentes para hombres y para mujeres. Citaba los recién inaugurados de La Coruña, Murcia, Zaragoza, Sevilla y Jaén, en los que ya existía la separación por departamentos y sin ninguna comunicación posible entre ambos géneros.

Galo Ponte descartaba instaurar el régimen celular para dormir, otra de las peticiones realizadas por María de Echarri en su momento. Para apoyar su negativa aducía la dificultad que entrañaba su puesta en marcha y lo costoso que era, aparte de no garantizar con ello resultados satisfactorios.

En cuanto a velar por la inclusión social de las presas que ya habían cumplido sus condenas, Galo Ponte estaba a favor de la función que desempeñaban los Patronatos, y se comprometía a reorganizarlos en toda España.

María de Echarri se había quejado también de la poca protección estatal hacia las mujeres recién salidas de las cárceles. A muchas de ellas, la miseria y la falta de amparo las llevaba inequívocamente a delinquir o a prostituirse para sobrevivir.

El ministro de Gracia y Justicia aseguraba entonces que el propio personal de prisiones acompañaba a estas mujeres a las estaciones, en donde se les dispensaba el billete para ir a donde hubiesen solicitado para comenzar una nueva vida. Se buscaba así que no cayesen en redes de delincuencia o de prostitución, las cuales actuaban muchas veces a pie de cárcel, esperando la salida de alguna presa para captarla.

Enseñanza

Concepción Loring participó en la sesión plenaria del 23 de noviembre de 1927, defendiendo la necesidad de cursar la asignatura de religión en los institutos, entre otros aspectos. El ministro de Instrucción Pública, Eduardo Callejo de la Cuesta (1875-1950), hizo uso de la palabra, no sin antes trasladarle a la diputada un mensaje cortés de bienvenida: "(…) cumplo un deber más de justicia que de cortesía, felicitándola muy afectuosa, muy sinceramente, por haber sido la primera dama que habla en la Asamblea y

173

podemos decir también que en este recinto. Hecho y momento histórico que conviene señalar".

Aparte de apreciar su alegato sobre la educación religiosa —una cuestión que el ministro esquivó, explicando que era objeto de consenso de todo el Gobierno—, Eduardo Callejo expresaba su disconformidad hacia la demanda de la asambleísta sobre la subida salarial al profesorado de Religión. A este respecto, acreditaba que su sueldo se había acrecentado en quinientas pesetas el año anterior, pasando de dos mil quinientas a tres mil pesetas.

En lo que respecta al presidente del Consejo de Ministros, este no pudo menos que aludir a la presencia femenina en la política española, calificando la situación de "(…) hecho histórico a registrar de la mayor importancia, tanto más cuanto que esta iniciación de las mujeres en la política española producirá los fecundos resultados que todos esperamos"[113].

José de Yanguas Messía, presidente de la Asamblea Nacional, presidente de la sección 1.ª y asambleísta por derecho propio, intervenía en la misma línea, valorando positivamente "(…) el acierto que tuvo el Gobierno al traer a la mujer a esta Asamblea, porque la interpelación de la Sra. marquesa de la Rambla demuestra que el sentir, el eco, la palpitación de un sector de la sociedad española, tan sano, y que antes no podía dejarse oír, como es el de la mujer, encuentra hoy aquí voz de expresión entusiasta y convencida"[114].

Por otra parte, en la sesión plenaria del 23 de mayo de 1928, Natividad Domínguez solicitaba algunas mejoras para el ámbito de la enseñanza. En consecuencia, el ministro de Instrucción Pública y Bellas Artes, Eduardo Callejo, contestó a sus ruegos, pero antes felicitándola "(…) por el hermoso discurso que ha pronunciado, por los profundos conocimientos que tiene de la ciencia pedagógica y por el programa tan hermoso y grato que bosquejaba"[115].

Así, a la petición de Natividad Domínguez de igualar a los maestros nacionales con el resto de funcionarios estatales, el ministro le decía que "(…) ello es un anhelo muy grato", pero que el Gobierno no podía hacer frente a ese gasto, dado el número de funcionarios que había y la cuantía que supondría hacerlo.

En cuanto a las otras aspiraciones de Natividad Domínguez, Eduardo Callejo creía suficientes los recursos destinados "(…) para enseñanza de adultos, para cursos permanentes, para cursos complementarios, para

---

[113] *Diario de las Sesiones*, núm. 3, 23 de noviembre de 1927, p. 56.

[114] *Ibid.*, p. 58.

[115] *Diario de las Sesiones*, núm. 3, 23 de mayo de 1928, p. 869.

roperos y cantinas, para mutualidad escolar", un patrimonio sacado de la asignación de los presupuestos generales del Estado.

No obstante, le contestaba sobre algunas de sus súplicas, que su ministerio no tenía competencias para abordar este tipo de cuestiones, sino que era el Ministerio de Hacienda el que debía dar o no dar luz verde a las referidas peticiones. Terminaba su intervención de la forma siguiente: "(…) deseo someter al Consejo de Ministros estas aspiraciones, con la esperanza de que puedan, en parte al menos, ser atendidas por un mejoramiento de la dotación que para estos menesteres se consigna en el presupuesto de Instrucción Pública"[116].

Micaela Díaz Rabaneda participó en la sesión plenaria del 21 de marzo de 1929 para solicitar algunas cuestiones en referencia al Proyecto del Estatuto de Primera Enseñanza, en la parte relativa a la formación del maestro. Entre sus reclamaciones se encontraba mitigar el bajo nivel cultural de los aspirantes del magisterio, entre otros asuntos. Para ella se trataba, a todas luces, de un evidente vacío de instrucción entre la escuela primaria y la escuela normal, y que convenía solventar sin mayor demora. Apelaba también al sentido común para llevar a cabo la formación del docente, la cual debía hacerse en las escuelas normales.

En representación de la sección 10.ª —Educación e Instrucción—, le contestó Josefina Oloriz. A la primera preocupación expuesta por Micaela Díaz, Josefina Oloriz estaba convencida de que, si bien no solucionaba el problema en su totalidad, sí lo podría atenuar la implantación del bachillerato elemental, por lo menos para cubrir las lagunas culturales y formativas a las que se refería Micaela Díaz. En este sentido, Josefina Oloriz manifestaba que con ello se hacía "(…) libre el acceso a las escuelas normales con tal de que la cultura de ese tipo la adquieran donde puedan y en la forma más fácil para ellos, los aspirantes del magisterio"[117].

En cuanto al segundo problema que explicaba Micaela Díaz desde su escaño, Josefina Oloriz le respondía que la sección 10.ª —Educación e Instrucción— creía oportuno que fuese en las escuelas normales en donde "(…) se perfeccione y se intensifique la formación cultural del maestro", para "(…) capacitarlo técnicamente para el ejercicio de su profesión".

De forma análoga, ante la petición de una mayor formación de las maestras, sobre todo aquellas que ejercían su profesión en el ámbito rural, Josefina Oloriz expresaba lo siguiente:

---

[116] *Diario de las Sesiones*, núm. 23, 23 de mayo de 1928, p. 870.

[117] *Diario de las Sesiones*, núm. 41, 21 de marzo de 1929, p. 570.

(…) están regentando aquellas humildes aldeas, lo hacen con un espíritu tal que no tienen otro calificativo mejor que el de *misioneras*, y cuando las Escuelas Normales han dado al estado español esa pléyade de maestras, verdaderamente misioneras en el ejercicio de su misión altísima, yo creo que tienen títulos suficientes no solamente para que se las respete, sino para que se las aliente, para que amplíe cada vez más su radio de acción y se robustezca su vida docente.[118]

También Carmen Cuesta mostró su preocupación sobre los presupuestos del Ministerio de Instrucción Pública y Bellas Artes, y participó en la sesión plenaria del 14 de diciembre de 1928. Lamentaba la escasez de institutos femeninos o la inexistencia de una universidad femenina, y más concretamente, de una Facultad de Medicina. Reclamaba más escuelas normales de maestras y el aumento de inspecciones, entre otras cuestiones. En este orden de cosas, solicitaba aclaraciones acerca del rechazo de mociones por parte de la sección de Presupuestos.

El ministro de Instrucción Pública le respondía que "(…) aun cuando pueda individualmente considerarse justo, aun cuando podamos estimar que es una prueba más de todo lo que su corazón femenino sabe interesarse por los necesitados, es algo en que yo no me atrevo a dictaminar y de lo que íntegramente conocerá el Gobierno, así como de las otras propuestas"[119].

En la misma sesión en la que participó Carmen Cuesta, intervino María de Maeztu, basando su discurso en peticiones elementales y necesarias, como era la mayor asignación para formar al personal relacionado con el ámbito de la docencia. Decía muy acertadamente:

El punto de partida para emitir mi opinión y lo que me anima a mantenerla con mayor tesón y energía es la afirmación que hace la comisión de presupuestos, cuando dice en su dictamen que comparativa y absolutamente las atenciones a que responde el ministerio de Instrucción Pública son las menos dotadas. Oídlo bien, señores asambleístas, las menos dotadas; y se trata no de un problema que os es más o menos extraño, sino de la cultura de vuestros hijos, de la cultura que reciben en la escuela, en el instituto, en la universidad, que todo está igualmente mal dotado.[120]

El ministro de Instrucción Pública no dejaba de reconocer que "(…) hay temas muy importantes respecto al magisterio, a las peticiones que se han hecho por personalidades relevantes que tienen un gran conocimiento del

---

[118] *Diario de las Sesiones*, núm. 41, 21 de marzo de 1929, p. 571.

[119] *Diario de las Sesiones*, núm. 36, 15 de diciembre de 1928, p. 350.

[120] *Diario de las Sesiones*, núm. 35, 14 de diciembre de 1928, p. 304.

problema". Sin embargo, se zafaba de dar respuestas concretas, aludiendo a que "(...) la Srta. Maeztu y algunos otros, hacían un canto a las virtudes y a la misión del magisterio y, en realidad, yo creo que no era menester, porque en el sentir de todos y en la conciencia de cuantos me escuchan está saber cómo la labor del maestro es un verdadero sacerdocio"[121].

De una forma similar, el ministro de Instrucción Pública comentaba sobre las asambleístas lo siguiente:

> (...) me congratula también como tantas distinguidas damas asambleístas se aprestaron a traernos todo el encanto de su feminidad en las propuestas que han hecho, en consonancia con los estudios que tienen realizados, aun cuando para mí sea lamentable el que se ponga a prueba mi galantería, ya que no puedo comprometerme a decir, cual quisiera, que están todas complacidas en sus peticiones.[122]

De manera similar, respondía a la petición de Josefina Oloriz sobre el aumento de instituciones complementarias de la escuela (colonias escolares, cantinas, roperos), justificando que el presupuesto se había ampliado respecto a años anteriores, y que el Gobierno miraba "(...) con preferencia estas cuestiones y que no las olvida"[123].

Otros asuntos

El 25 de noviembre de 1927 Micaela Díaz Rabaneda disertaba acerca del abandono al que estaban condenadas algunas regiones españolas, debido al creciente fenómeno migratorio. Después de ella, tomó la palabra Fernando Palanca, asambleísta por representación de Ayuntamientos y miembro de la sección 12.ª —Presupuestos Ordinarios y Extraordinarios—. Al igual que Micaela Díaz, reconocía que se había avanzado algo en materia migratoria, pero no lo suficiente como para frenar el continuo e ingente éxodo de españoles. Quiso llamar la atención sobre la necesidad de legislar los contratos de arrendamiento en el ámbito agrario, planteando esto como una medida básica para mitigar el absentismo poblacional en el medio rural.

Por su parte, el presidente del Consejo de Ministros contestó a Micaela Díaz. Comenzaba su discurso sin contener la galantería tan del gusto de algunos asambleístas: "(...) las discretísimas y dulces palabras con que la Sra. Díaz Rabaneda ha saludado a la Asamblea y ha saludado al Gobierno de Su

---

[121] *Diario de las Sesiones*, núm. 35, 14 de diciembre de 1928, p. 350.

[122] *Ibid.*, p. 347.

[123] *Ibid.*, p. 349.

Majestad, dando motivo para que este se congratule una vez más de haber traído a la Asamblea Nacional Consultiva una aportación tan interesante, tan discreta y tan atractiva"[124].

Continuaba alegando que "Siento que no se le hubiera ocurrido a alguien en el Gobierno invertir los términos de la ponderación de esta Asamblea para que hubieran venido trescientas sesenta señoras y solo doce caballeros"[125]. Fuera de esto, el presidente del Consejo mostraba su acuerdo con Micaela Díaz sobre lo provechoso de trasladar, en la medida de lo posible, la educación y la cultura al campo.

Con posterioridad a la alocución de Blanca de los Ríos en la sesión plenaria del 5 de julio de 1929, el presidente del Consejo de Ministros valoraba en términos de eficiencia su petición para ensalzar la personalidad de Charles F. Lummis: "(…) las palabras de la señora de los Ríos de Lampérez son de una oportunidad y de una justicia indudables". También aducía que el Ministerio de Instrucción Pública había difundido mil ejemplares de su obra, y que la Academia Hispanoamericana de Cádiz había honrado su memoria en varias ocasiones.

Así a todo, el presidente del Consejo de Ministros se comprometía a tributarle honores y a favorecer la irradiación de su biografía y de su bibliografía. Esto quedaba expresamente justificado de la forma siguiente: "España no fue allí ni a realizar persecuciones, ni a extirpar la raza aborigen, sino a encuadrarla, a educarla, a llevarle el rico tesoro del cristianismo y a convertir en pueblo civilizado a aquellos a quienes hasta entonces no había podido llegar este beneficio"[126].

María Dolores Perales participó en la sesión plenaria del 21 de mayo de 1928 con un discurso acerca de la nacionalización de las iniciativas extranjeras en pro de la protección social de la mujer y de la beneficencia, pidiendo que se evitase el laicismo de algunas de ellas.

Su disertación fue contestada por el presidente del Consejo de Ministros, quien, aceptando el ruego de María Dolores Perales, se comprometía a encargar "(…) a todos los órganos de que disponemos que celen para que no se tuerzan los intentos ni se prostituyan las acciones en actividades de esta clase"[127].

En cambio, el presidente del Consejo de Ministros no dejaba de reconocer que la asambleísta se mostraba un poco excesiva en la defensa de su

---

[124] *Diario de las Sesiones*, núm. 5, 25 de noviembre de 1927, p. 125.

[125] *Ibid.*

[126] *Diario de las Sesiones*, núm. 47, 5 de julio de 1929, p. 732.

[127] *Diario de las Sesiones*, núm. 21, 21 de mayo de 1928, p. 797.

catolicismo y que a través de sus palabras se filtraba cierta sospecha hacia lo diferente, primordialmente hacia instituciones o actividades civiles. Le recordaba lo siguiente:

En los tiempos que vivimos es inevitable que todas las corrientes filosóficas, que todas las corrientes sentimentales, que todas las corrientes y fuerzas que emanen de la humanidad tengan una generalización que traspase las fronteras, sin que esto crea yo, y si lo creyera pondría mi mayor empeño en evitarlo, que debilite para nada las líneas que han de caracterizar y que han de separar cada patria congregada alrededor de su bandera.[128]

---

[128] *Diario de las Sesiones*, núm. 21, 21 de mayo de 1928, p. 796.

BIBLIOGRAFÍA

Ahora (Madrid), 13 de noviembre de 1934.

—— 22 de junio de 1935.

Anexo 3.º al Apéndice 3.º al *Diario de las Sesiones* (Madrid), núm. 32, 11 de diciembre de 1928.

Apéndice 1.º al *Diario de las Sesiones* (Madrid), núm. 20, 30 de marzo de 1928.

ARRANZ, C.: "La tragedia de vivir... apegados a la tradición: Blanca de los Ríos y su apuesta por la modernidad", *en La tragedia del vivir: dolor y mal en la literatura hispánica*, 2014, pp. 9-18.

BALLESTEROS GARCÍA, R. M.: "El krausismo y la educación femenina en España: Carmen de Burgos y Dolores Cebrián, maestras de la Normal de Toledo", en *Docencia e Investigación. Revista de la Escuela Universitaria de Magisterio de Toledo* (Toledo), núm. 13, 2003, pp. 7-36.

BENÍTEZ ALONSO, E. M.: "La lucha pacifista en las mujeres andaluzas de principios del siglo XX, pioneras en el periodismo femenino español. De Carmen de Burgos a Blanca de los Ríos", en *Derechos humanos emergentes y periodismo* (Sevilla), 2015, pp. 176-195.

Boletín Oficial del Estado (Madrid), núm. 306, 22 de agosto de 1937.

—— núm. 48, 17 de febrero de 1939.

—— núm. 18, 18 de enero de 1940.

—— núm. 89, 29 de marzo de 1940.

—— núm. 142, 21 de mayo de 1940.

—— núm. 73, 14 de marzo de 1945.

—— núm. 278, 5 de octubre de 1946.

—— núm. 268, 25 de septiembre de 1947.

—— núm. 332, 28 de noviembre de 1947.

—— núm. 163, 11 de junio de 1948.

—— núm. 250, 7 de septiembre de 1951.

BURGOS LEJONAGOITIA, L.: "María de Maeztu y la educación de la mujer: la continuidad en el exilio", en *Setenta años después: el exilio literario español de 1939* (Oviedo), 2010, pp. 177-194.

CAMPOS ROJAS, M. V.: "Jorge Enrique Loring Oyarzábal: primer marqués de Casa-Loring (1822-1900)", en *Jábega* (Málaga), núm. 58, 1987, pp. 32-38.

CAVALLÉ, J.: "Maria Domènech, Feminista?", en *Butlletí. Centre d'Estudis Alcoverencs* (Tarragona), núm. 17, pp. 18-28.

CEBRIÁN Y FERNÁNDEZ DE VILLEGAS, D.: "Métodos y prácticas para la enseñanza de las ciencias naturales", en *Anales de la Junta para Ampliación de Estudios e Investigaciones Científicas* (Madrid), Memoria 3, t. I, 1909, pp. 86-120.

—— "El jardín botánico de una escuela inglesa", en *Boletín de la Institución Libre de Enseñanza* (Madrid), t. XLIX, 1925, pp. 8-11.

CHARLON, A.: *La condició de la dona en la narrativa femenina catalana (1900-1983)*. Barcelona: Edicions 62, 1990.

CUESTA DEL MURO, C.: *La vida y el obrero*. Madrid: Tipografía del Sagrado Corazón, 1915.

—— *La Sociedad de gananciales*. Madrid: Imprenta Góngora-Librería General de Victoria Suárez, 1930.

DIOS DE MARTINA, Á. DE: "María de Maeztu: tras sus pasos en la Argentina", en *Non Zeuden emakumeak?: la mujer vasca en el exilio de 1936* (Guipúzcoa), 2007, pp. 383-408.

D'OLHABERRIAGE, C.: *Vida de María de Maeztu*. Madrid: Eila Editores, 2013.

—— "María de Maeztu y su gran misión pedagógica", en *Revista de Occidente* (Madrid), núm. 413, 2015, pp. 29-43.

Diario de Galicia (Santiago de Compostela), 13 de diciembre de 1911.

Diario de las Sesiones (Madrid), núm. 1, 10 de octubre de 1927.

—— núm. 2, 29 de octubre de 1927.

—— núm. 3, 23 de noviembre de 1927.

—— núm. 5, 25 de noviembre de 1927.

—— núm. 7, 28 de noviembre de 1927.

—— núm. 11, 19 de enero de 1928.

—— núm. 13, 14 de febrero de 1928.

—— núm. 14, 15 de febrero de 1928.

—— núm. 19, 29 de marzo de 1928.

—— núm. 21, 21 de mayo de 1928.

—— núm. 23, 23 de mayo de 1928.

—— núm. 28, 28 de junio de 1928.

—— núm. 30, 30 de octubre de 1928.

—— núm. 32, 11 de diciembre de 1928.

—— núm. 34, 13 de diciembre de 1928.

—— núm. 35, 14 de diciembre de 1928.

—— núm. 36, 15 de diciembre de 1928.

—— núm. 38, 30 de enero de 1929.

—— núm. 39, 31 de enero de 1929.

—— núm. 41, 21 de marzo de 1929.

—— núm. 45, 3 de julio de 1929.

—— núm. 47, 5 de julio 1929.

DÍAZ RABANEDA, M.: "Para nuestras lectoras", en *La Mañana* (Madrid), 12 de diciembre de 1911.

—— "En Novelda. Segundo centenario del natalicio del sabio español D. Jorge Juan", en *Gaceta de Instrucción Pública y Bellas Artes* (Madrid), 8 de enero de 1913.

—— "Comentarios á la Gramática por D. Leopoldo de Selva", en *Gaceta de Instrucción Pública y Bellas Artes* (Madrid), 9 de julio 1913.

—— "Novísima gramática de la lengua española", en *Gaceta de Instrucción Pública y Bellas Artes* (Madrid), 27 de agosto de 1913.

—— "La glosa de un paisaje", en *Gaceta de Instrucción Pública y Bellas Artes* (Madrid), 21 de enero de 1914.

—— "Importancia social del arte", en *Gaceta de Instrucción Pública y Bellas Artes* (Madrid), 4 de febrero de 1914.

—— "La hija de Jefté", en *Gaceta de Instrucción Pública y Bellas Artes* (Madrid), 25 de agosto 1915.

—— "Nuevo triunfo del Sr. Bullón", en *Gaceta de Instrucción Pública y Bellas Artes* (Madrid), 15 de septiembre de 1915.

—— "Diálogos cortos... y muy cortos", en *Gaceta de Instrucción Pública y Bellas Artes* (Madrid), 11 de agosto 1915; 8 de septiembre de 1915; 10 de noviembre de 1915; 15 de marzo de 1916; 1 de noviembre de 1916.

—— "Asamblea de maestros", en *Gaceta de Instrucción Pública y Bellas Artes* (Madrid), 3 de mayo de 1916.

—— "De poesía", en *Gaceta de Instrucción Pública y Bellas Artes* (Madrid), 21 de febrero 1917.

—— "Formación de un ideal común de educación nacional", en *Gaceta de Instrucción Pública y Bellas Artes* (Madrid), 28 de febrero 1917.

DOMÈNECH DE CAÑELLAS, M.: "Caritat", en *Occitania* (Tolosa-Barcelona), 1 de junio de 1905.

—— "Les tres germanes. Balada", en *Occitania* (Tolosa-Barcelona), septiembre-octubre de 1905.

—— "De petitas...", en *Or y Grana* (Barcelona), 27 de octubre de 1906.

—— "Conseqüència", en *La Tralla* (Barcelona), 29 de diciembre de 1906.

—— "Era que no et coneixia", en *Feminal* (Barcelona), 27 de octubre de 1907.

—— "Visió èpica", en *Catalunya Nova* (Barcelona), 2 de febrero de 1908.

—— "Somni", en *El Poble Catalá* (Barcelona), 16 de febrero de 1908.

—— "De Tarragona", en *Feminal* (Barcelona), 26 de julio de 1908.

—— "Violes", en *Feminal* (Barcelona), 27 de junio de 1909.

—— "El ben parlar", en *La Veu de Catalunya* (Barcelona), 3 de febrero de 1910.

—— "Sobre el futur congrés de la Tuberculosi", en *La Veu de Catalunya* (Barcelona), 23 de abril de 1910.

—— "L'home fort", en *Renaixement* (Barcelona), 18 febrero 1911.

—— "Escomesa", en *Renaixement* (Barcelona), 25 de febrero de 1911.

—— "Caritas", en *Renaixement* (Barcelona), 18 de marzo de 1911.

—— "Himne etern", en *Renaixement* (Barcelona), 21 de abril de 1911.

—— "La lliga del Bon Mot a les escoles", en *El Restaurador* (Tortosa), 22 de abril de 1911.

—— "La miss major a vila", en *L'estiuada* (Barcelona), 28 de julio de 1911.

—— "Les ermites", en *L'estiuada* (Barcelona), 18 de agosto de 1911.

—— "Les campanes del meu poble", en *Renaixement* (Barcelona), 12 de octubre de 1911.

—— "Les estrenes dels nostres infants", en *Feminal* (Barcelona), 31 de diciembre de 1911.

—— *Constitución y finalidad de la Federación Sindical de Obreras.* Barcelona: Protectorado de la Federación Sindical de Obreras, 1912.

—— "Remember", en *Catalunya Nova* (Barcelona), 22 de septiembre de 1912.

—— "Salutació", en *Lo Camp de Tarragona* (Tarragona), 12 de octubre de 1912.

—— "Crisantems", en *Feminal* (Barcelona), 24 de noviembre de 1912.

—— "El Balcó. Tricomia", en *L'estiuada* (Barcelona), 1 de agosto de 1913.

—— *Neus.* Barcelona: Biblioteca Joventut, 1914.

—— "La inquietud literària", en *El Día Gráfico* (Barcelona), 21 de junio de 1914.

—— "Visió", en *Diario de Tarragona* (Tarragona), 22 de noviembre de 1914.

—— "Costums tarragonines", en *Vers i Prosa* (Barcelona), núm. 118, 1915.

—— "El papalló d'or", en *Vers i Prosa* (Barcelona), núm. 118, 1915.

—— "Esclat", en *Vers i Prosa* (Barcelona), núm. 118, 1915.

—— "Hora Calda", en *Vers i Prosa* (Barcelona), núm. 118, 1915.

—— "Inquietut amorosa", en *Vers i Prosa* (Barcelona), núm. 118, 1915.

—— "La missa major a vila", en *Vers i Prosa* (Barcelona), núm. 118, 1915.

—— "Les ermites", en *Vers i Prosa* (Barcelona), núm. 118, 1915.

—— "Les fires", en *Vers i Prosa* (Barcelona), núm. 118, 1915.

—— "Plany", en *Vers i Prosa* (Barcelona), núm. 118, 1915.

—— "Record", en *Vers i Prosa* (Barcelona), núm. 118, 1915.

—— "Rellotge de sol", en *Vers i Prosa* (Barcelona), núm. 118, 1915.

—— "Salutatió", en *Vers i Prosa* (Barcelona), núm. 118, 1915.

—— "Siluetes", en *Vers i Prosa* (Barcelona), núm. 118, 1915.

—— "Vaguetat", en *Vers i Prosa* (Barcelona), núm. 118, 1915.

—— "Mireia", en *Feminal* (Barcelona), 30 de marzo de 1915.

—— *Influencia decisiva que la educación y la cultura de la esposa ejerce sobre el carácter y la conducta del marido y en consecuencia de los hijos.* Barcelona: Edición Popular de Divulgación; Librería Parera, 1916.

—— "Los niños de Ginebra", en *La Vanguardia* (Barcelona), 4 de abril de 1916.

—— "La educación en Suiza", en *La Vanguardia* (Barcelona), 9 de mayo de 1916.

—— "A la memoria d'Anton Isern", en *Renovació* (Tarragona), octubre de 1916.

—— "Palmira Ventós (Felipe Palma) 1858-1916", en *Ofrena* (Barcelona), 2 de diciembre de 1916.

—— *Contrallum.* Barcelona: La Novela Nova, 1917.

—— *Memoria de los trabajos hechos en Suiza sobre Instituciones encaminadas a la protección, progreso Moral y Bienestar material de las obreras.* Barcelona: Junta para Ampliación de Estudios e Investigaciones Científicas, 1917.

—— "La Moxa" (1917), en *Feminal* (Barcelona), 25 de febrero de 1917.

—— "La santa mà", en *Feminal* (Barcelona), 29 de abril de 1917.

—— "La Beleta" (1917), en *Feminal* (Barcelona), 28 de octubre de 1917.

—— "La Borda", en *Catalana. Revista Setmanal* (Barcelona), 21 de julio de 1918.

—— *Gripaus d'Or.* Barcelona: La Novela d'Ara, 1919.

—— "A l'entorn d'un llibre fortament interessant", en *La Veu de Catalunya* (Barcelona), 8 de febrero de 1919.

—— "Na Dolors Monserdà de Macià", en *D'ací i D'allà* (Barcelona), abril de 1919.

—— "L'Enterrament de la Xòmpia", en *Catalana. Revista Setmanal* (Barcelona), 23 de mayo de 1919.

—— "La tia Munda", en *El Correo Catalán* (Barcelona), 4 de diciembre de 1919.

—— "Prólogo", en Orison Swett Marden: *La mujer y el hogar. Estudio imparcial del movimiento feminista de nuestra época.* Barcelona: Librería Parera, 1920.

—— "Remembrança", en *La Veu de Catalunya* (Barcelona), 28 de marzo de 1920.

—— *Él...* Barcelona: La Novela Femenina, 1921.

—— "El salt de la reina mora", en *Catalana. Revista Setmanal* (Barcelona), 31 de enero de 1921.

—— "La missa major de l'infant", en *Catalana. Revista Setmanal* (Barcelona), 31 de octubre de 1921.

—— *Al raig de la font.* Barcelona: La Casa del Patufet, 1922.

—— "El hambre en Rusia. A las mujeres de España", en *La Publicidad* (Barcelona), febrero de 1922.

—— "A tientas", en *El Día Gráfico* (Barcelona), 8 de febrero de 1922.

—— "Pasó carnaval", en *La Publicidad* (Barcelona), 4 de marzo de 1922.

—— "La Presa", en *Catalana. Revista Setmanal* (Barcelona), 30 de abril de 1922.

—— "La mujer catalana y los hambrientos rusos", en *El Día Gráfico* (Barcelona), mayo de 1922.

—— "Impresiones", en *Tarragona* (Tarragona), 17 de abril de 1923.

—— *Herències*. Barcelona: Societat Catalana d'Edicions, 1925.

—— "Les clavellines de festa major", en *Catalana. Revista Setmanal* (Barcelona), 28 de febrero de 1925.

—— *El Profesionalismo y los Sindicatos*. Barcelona: Ramón Tobella, 1927.

—— "El cap de dol" (1928), en *Reus* (Tarragona), 23 de febrero de 1928.

—— "No habéis ganado" (1944), en *El Noticiero Universal* (Barcelona), 12 de enero de 1944.

—— *Confidencias*. Barcelona: N.A.G.S.A., 1946.

—— *Al rodar del temps*. Barcelona: N.A.G.S.A., 1946.

DUPONT, D.: "Blanca de los Ríos, Emilia Pardo Bazán, Francisca Larrea y Cecilia Böhl de Faber: hijas, madres y la creación de un modelo de mujer estudiosa o ángel del archivo", en *Siglo Diecinueve: Literatura Hispánica* (Valladolid), núm. 16, 2010, pp. 219-240.

El Adelanto (Salamanca), 22 de noviembre de 1922.

El Álbum Íbero Americano (Madrid), 14 de febrero de 1904.

El Compostelano (Santiago de Compostela), 2 de marzo de 1927.

El Correo de Cádiz (Cádiz), 5 de junio de 1912.

—— 12 de junio de 1920.

El Correo de Galicia (Santiago de Compostela), 16 de julio de 1913.

El Correo de la Moda (Madrid), 26 de septiembre de 1892.

El Correo Español (Madrid), 19 de mayo de 1905.

—— 12 de octubre de 1911.

—— 5 de julio de 1912.

El Correo Gallego (Ferrol), 12 de marzo de 1924.

El Debate (Madrid), 28 de febrero de 1921.

El Diario Palentino (Palencia), 30 de noviembre de 1915.

—— 10 de diciembre de 1919.

El Eco de Gerona (Gerona), 6 de febrero de 1926.

El Eco de Santiago (Santiago de Compostela), 31 de agosto de 1907.

—— 21 de marzo de 1929.

El Globo (Madrid), 1 de octubre de 1904.

El Guadalete (Jerez de la Frontera), 28 de septiembre de 1918.

El Heraldo de Madrid (Madrid), 11 de marzo de 1916.

El Ideal Gallego (La Coruña), 8 de marzo de 1922.

El Lábaro (Salamanca), 5 de abril de 1904.

El Magisterio Balear (Palma de Mallorca), 16 de marzo de 1912.

El Magisterio Español (Madrid), 2 de febrero de 1907.

—— 24 de junio de 1908.

—— 29 de septiembre de 1909.

—— 7 de diciembre de 1909.

—— 12 de marzo de 1912.

—— 13 de julio de 1912.

—— 19 de julio de 1913.

—— 21 de septiembre de 1916.

—— 31 de octubre de 1916.

—— 14 de diciembre de 1916.

—— 24 de marzo de 1917.

—— 14 de junio de 1917.

—— 25 de abril de 1918.

—— 7 de enero de 1919.

—— 25 de noviembre de 1926.

—— 6 de septiembre de 1928.

—— 24 de marzo de 1930.

—— 9 de abril de 1930.

—— 25 de diciembre de 1934.

El Magisterio Gerundense (Gerona), 7 de octubre de 1914.

El Mañana (Teruel), 4 de abril de 1929.

El Noticiero Gaditano (Cádiz), 28 de abril de 1925.

El Noticiero Gallego (Pontevedra), 11 de marzo de 1916.

—— 4 de mayo de 1939.

El País (Madrid), 8 de mayo de 1908.

—— 15 de abril de 1933.

El Pueblo (Valencia), 14 de septiembre de 1908.

—— 30 de enero de 1924.

—— 29 de diciembre de 1925.

—— 16 de junio de 1926.

El Pueblo Gallego (Vigo), 12 de enero de 1928.

—— 13 de febrero de 1936.

El Regional (Lugo), 28 de julio de 1926.

El Salmantino (Salamanca), 14 de abril de 1916.

El Siglo Futuro (Madrid), 14 de agosto de 1912.

—— 12 de diciembre de 1928.

—— 21 de junio de 1935.

El Telegrama del Rif (Melilla), 15 de diciembre de 1929.

Ellas. Semanario de las Mujeres Españolas (Madrid), 18 de noviembre de 1934.

Estampa (Madrid), 17 de diciembre de 1929.

ESTEBAN I CERDÁ, S.: "Escriptors de les comarques tarragonines dins l'epistolari literari de Dolors Monserdà", en *Treballs de la Secció de Filologia i Història Literària* (Tarragona), núm. 5, 1990, pp. 5-21.

EZAMA GIL, M. DE LOS Á.: "Blanca de los Ríos, escritora de cuentos", en *Scriptura* (Lleida), núm. 16, 2001, pp. 171-187.

—— "Arte y literatura en los salones femeninos del siglo XIX: el salón de Trinidad Scholtz. La moda de los cuadros vivos", en *La literatura española del siglo XIX y las artes* (Barcelona), 2008, pp. 111-127.

Feminal (Barcelona), 31 de marzo de 1912.

FLORIT DURÁN, F. DE: "Emilio Cotarelo y Blanca de los Ríos frente a frente", en *De Re poética: Homenaje al profesor D. Manuel Martínez Arnaldos* (Murcia), 2015, pp. 289-312.

—— "Conflictos entre autoridades literarias: Menéndez Pelayo, Emilio Cotarelo, Blanca de los Ríos y el teatro de Tirso de Molina", en *Bulletin Hispanique* (Burdeos), vol. 119, núm. 1, 2017, pp. 159-172.

FRUCTUOSO RUIZ DE ERENCHUN, M. C.: "María de Maeztu Whitney, una vitoriana ilustre", en *Vitoria-Gasteiz: Real Sociedad Bascongada de los Amigos del País* (Vitoria-Gasteiz), Comisión de Álava, 1998.

Gaceta de Instrucción Pública (Madrid), 30 de marzo de 1900.

—— 18 de diciembre de 1903.

—— 30 de julio de 1905.

—— 30 de septiembre de 1909.

—— 28 de enero de 1911.

—— 15 de junio de 1911.

—— 30 de octubre de 1911.

—— 8 de mayo de 1912.

—— 10 de julio de 1912.

—— 17 de julio de 1912.

—— 14 de agosto de 1912.

—— 31 de diciembre de 1913.

—— 5 de abril de 1915.

—— 14 de julio de 1915.

—— 1 de marzo de 1916.

—— 27 de junio de 1917.

—— 25 de julio de 1917.

Gaceta de la República (Madrid), núm. 118, 28 de abril de 1937.

—— núm. 173, 22 de junio de 1937.

—— núm. 85, 26 de marzo de 1938.

—— núm. 160, 9 de junio de 1938.

Gaceta de Madrid (Madrid), núm. 179, 27 de junio de 1888.

—— núm. 206, 25 de julio de 1889.

—— núm. 149, 28 de mayo de 1904.

—— núm. 152, 31 de mayo de 1904.

—— núm. 157, 6 de junio de 1907.

—— núm. 85, 25 de marzo de 1908.

—— núm. 170, 18 de junio de 1908.

—— núm. 225, 12 de agosto de 1908.

—— núm. 105, 15 de abril de 1911.

—— núm. 810, 6 de noviembre de 1911.

—— núm. 188, 6 de julio de 1912.

—— núm. 200, 18 de julio de 1912.
—— núm. 226, 13 de agosto de 1912.
—— núm. 195, 14 de julio de 1913.
—— núm. 100, 10 de abril de 1914.
—— núm. 11, 11 de enero de 1915.
—— núm. 39, 8 de febrero de 1915.
—— núm. 59, 28 de febrero de 1916.
—— núm. 71, 11 de marzo de 1916.
—— núm. 98, 7 de abril 1916.
—— núm. 302, 28 de octubre de 1916.
—— núm. 365, 30 de diciembre de 1916.
—— núm. 163, 12 de junio de 1917.
—— núm. 280, 7 de octubre de 1918.
—— núm. 280, 7 de octubre de 1919.
—— núm. 290, 16 de octubre de 1920.
—— núm. 36, 5 de febrero de 1924.
—— núm. 53, 22 de febrero de 1924.
—— núm. 69, 9 de marzo de 1924.
—— núm. 279, 5 de octubre de 1924.
—— núm. 153, 2 de junio de 1925.
—— núm. 338, 4 de diciembre de 1925.
—— núm. 98, 8 de abril de 1926.
—— núm. 104, 14 de abril de 1926.
—— núm. 127, 7 de mayo de 1926.
—— núm. 328, 24 de noviembre de 1926.
—— núm. 52, 21 de febrero de 1927.
—— núm. 111, 21 de abril de 1927.
—— núm. 200, 19 de julio de 1927.
—— núm. 257, 14 de septiembre de 1927.
—— núm. 278, 5 de octubre de 1927.
—— núm. 312, 8 de noviembre de 1927.
—— núm. 334, 30 de noviembre de 1927.
—— núm. 143, 22 de mayo de 1928.
—— núm. 150, 29 de mayo de 1928.
—— núm. 235, 22 de agosto de 1928.
—— núm. 257, 13 de septiembre de 1928.
—— núm. 342, 7 de diciembre de 1928.
—— núm. 92, 2 de abril de 1929.
—— núm. 196, 15 de julio de 1929.
—— núm. 272, 29 de septiembre de 1929.
—— núm. 319, 15 de noviembre de 1929.
—— núm. 28, 28 de enero de 1930.

—— núm. 77, 18 de marzo de 1930.

—— núm. 94, 4 de abril de 1930.

—— núm. 169, 18 de junio de 1930.

—— núm. 252, 9 de septiembre de 1930.

—— núm. 253, 10 de septiembre de 1930.

—— núm. 275, 2 de octubre de 1930.

—— núm. 44, 13 de febrero de 1931.

—— núm. 154, 3 de junio de 1931.

—— núm. 346, 12 de diciembre de 1934.

—— núm. 356, 22 de diciembre de 1934.

—— núm. 55, 24 de febrero de 1935.

—— núm. 134, 14 de mayo de 1935.

—— núm. 151, 31 de mayo de 1935.

—— núm. 155, 3 de junio de 1936.

GAMERO MERINO, C.: "Aproximación a la labor pedagógica de María de Maeztu", en *Revista Española de Pedagogía* (Logroño), vol. 43, núm. 167, 1985, pp. 111-138.

GARCÍA DE TUÑÓN AZA, J. M.: "Trabajo y vida de María de Maeztu", en *El Catoblepas*, núm. 111, 2011.

——, en *Altar Mayor*, núm. 140, 2011, pp. 504-516.

Gedeón (Madrid), 6 de noviembre de 1910.

GLENN, K. M.: "Demythification and denunciation in Blanca de los Rios' *Las hijas de Don Juan*", en *Nuevas Perspectivas sobre el 98* (Madrid), 1999, pp. 223-230.

GONZÁLEZ LÓPEZ, M. A.: "Aproximación a la obra literaria y periodística de Blanca de los Ríos", en *Fundación Universitaria Española* (Madrid), 2001.

—— "Música y nacionalismo en *Raza Española*: Blanca de los Ríos y el arte", en *Pensamiento español y música: siglos XIX y XX* (Valladolid), 2003, pp. 37-44.

GORRÍA, T.: "María de Maeztu y su vinculación con Navarra", en *Estudios de Pedagogía y Psicología* (Pamplona), núm. 10, 1998, pp. 157-172.

GUERRERO CABRERA, M.: "La creación de Blanca de los Ríos (1859-1956)", en *Estudios de Literatura General y Comparada. Literatura y alianza de civilizaciones* (Córdoba), 2009, pp. 489-508.

Heraldo de Castellón (Castellón), 4 de marzo de 1926.

Heraldo de Madrid (Madrid), 20 de julio de 1927.

Hoja del lunes (Madrid), 19 de enero de 1948.

—— 9 de noviembre de 1970.

HOOPER, K.: "Death and the Maiden: Gender, Nation and the Imperial Compromise in Blanca de los Rios's *Sangre Española* (1899)", en *Revista Hispánica Moderna* (Nueva York), vol. 60, núm. 2, 2007, pp. 171-186.

La Correspondencia de España (Madrid), 9 de diciembre de 1884.

—— 13 de febrero de 1904.
—— 28 de agosto de 1905.
—— 29 de agosto de 1905.
—— 24 de octubre de 1909.
—— 17 de mayo de 1912.
—— 14 de agosto de 1912.
—— 29 de junio de 1914.
—— 5 de diciembre de 1914.
—— 14 de enero de 1916.
—— 21 de marzo de 1916.
—— 30 de octubre de 1916.
—— 12 de junio de 1917.
—— 10 de mayo de 1918.
—— 12 de marzo de 1919.
—— 1 de diciembre de 1921.
—— 28 de agosto de 1923.
La Correspondencia de Valencia (Valencia), 23 de abril de 1927.
—— 14 de junio de 1927.
—— 18 de junio de 1928.
—— 12 de enero de 1932.
La Cruz (Tarragona), 21 de octubre de 1902.
La Educación (Madrid), 30 de diciembre de 1909.
—— 20 de mayo de 1911.
—— 20 de marzo de 1912.
—— 20 de julio de 1912.
—— 20 de agosto de 1912.
La Época (Madrid), 7 de octubre de 1880.
—— 27 de septiembre de 1893.
—— 15 de agosto de 1908.
—— 23 de diciembre de 1909.
—— 25 de septiembre de 1918.
—— 27 de noviembre de 1925.
—— 6 de mayo de 1926.
—— 23 de julio de 1927.
—— 11 de marzo de 1930.
—— 1 de diciembre de 1934.
—— 21 de junio de 1935.
La Escuela Moderna (Madrid), 1 de diciembre de 1924.
La España Artística (Madrid), 1 de julio de 1888.
La Hormiga de Oro (Barcelona), 1 de diciembre de 1927.
La Iberia (Madrid), 28 de junio de 1888.
La Ilustración Católica (Madrid), 5 de julio de 1888.

La Integridad (Tuy), 13 de marzo de 1924.
La Lectura Dominical (Madrid), 13 de noviembre de 1926.
La Libertad (Madrid), 22 de abril de 1927.
—— 31 de julio de 1927.
—— 18 de julio de 1929.
—— 22 de febrero de 1930.
—— 11 de octubre de 1930.
—— 31 de julio de 1931.
—— 16 de julio de 1932.
La Mañana (Madrid), 4 de noviembre de 1911.
—— 5 de marzo de 1912.
—— 14 de agosto de 1912.
La Monarquía (Madrid), 30 de marzo de 1890.
La Nación (Madrid), 26 de octubre de 1928.
—— 19 de junio de 1930.
La Noche (Santiago de Compostela), 8 de enero de 1948.
—— 29 de mayo de 1948.
—— 16 de abril de 1956.
—— 30 de mayo de 1956.
La Opinión (Madrid), 31 de enero de 1929.
—— 9 de abril de 1929.
La Orientación (Guadalajara), 10 de diciembre de 1909.
—— 22 de marzo de 1935.
La Provincia (Lugo), 1 de noviembre de 1924.
La Voz (Córdoba), 21 de octubre de 1926.
—— 29 de noviembre de 1926.
La Voz (Madrid), 6 de julio de 1927.
—— 30 de julio de 1932.
La Voz de Asturias (Oviedo), 7 de octubre de 1924.
—— 24 de octubre de 1924.
La Zarpa (Orense), 13 de febrero de 1936.
Las Provincias (Valencia), 11 de noviembre de 1922.
—— 15 de noviembre de 1922.
—— 16 de mayo de 1924.
—— 16 de junio de 1926.
—— 17 de febrero de 1928.
—— 22 de mayo de 1928.
—— 26 de diciembre de 1928.
—— 29 de enero de 1929.
—— 16 de junio de 1929.
—— 12 de enero de 1932.

LASTAGARAY ROSALES, M. J.: *Los Maeztu una familia de artistas e intelectuales*. Tesis doctoral. Universidad Autónoma de Madrid, 2010.

—— *María de Maeztu Whitney: una vida entre la pedagogía y el feminismo*. Madrid: La Ergástula, 2015.

LÁZARO, R.: "El *Don Juan* de Blanca de los Ríos y el nacional-romanticismo español de principios de siglo", en *Letras Peninsulares* (Tempe-Arizona), vol. 13, núm. 2, 2000-2001, pp. 467-484.

Luz (Madrid), 16 de julio de 1932.

MACIAS ROQUETA, A.: Maria Domènech de Cañellas (1874-1952). *Biografia intel.lectual d'una escriptora i activista social*. Tesis doctoral. Universitat de Vic, 2014.

MACÍAS GARCÍA, A. T.: "María de Maeztu Whitney (1881-1948): ensayos pedagógicos en traducción", *en Retratos de traductores en la Edad de Plata* (Madrid), 2016, pp. 109-124.

MADRENAS TINOCO, M. D. y RIBERA LLOPIS, J. M.: "Víctor Català, María Domènech i Teresa Vernet: un intercanvi epistolar entre el consell literari i l'admiració retuda", en *Epístola i Literatura: epistolaris: la carta, estratègies literàries* (Alicante), 2005, pp. 101-112.

Madrid Cómico (Madrid), 31 de octubre de 1880.

MARÍN ECED, T.: *Innovadores de la educación en España (Becarios de la Junta para ampliación de estudios)*. Cuenca: Servicio de Publicaciones de la Universidad de Castilla-La Mancha, 1991, pp. 82-83.

MÁRQUEZ PLATA Y FERRÁNDIZ, V.: "Doña Blanca de los Ríos Nostench", en *Hidalgos. La Revista de la Real Asociación de Hidalgos de España* (Madrid), núm. 532, 2012, pp. 60-63.

MARTÍNEZ PÉREZ, C.: "Carmen Cuesta Muro: una revolución en el pensamiento feminista durante la II república española", en *La mujer, nueva realidad, respuestas nuevas. Simposio en el centenario del nacimiento de Josefa Segovia* (Sevilla), 1993, pp. 199-207.

MEILÁN, E. M.: "María de Maeztu Whitney y Sofía Novoa Ortiz (1919-1936), cultivar la salud, cultivar el espíritu, cultivar la lealtad", en *Circunstancia: Revista de Ciencias Sociales del Instituto Universitario de Investigación Ortega y Gasset* (Madrid), núm. 14, 2007.

MORATA SEBASTIÁN, R.: "El profesorado de la Escuela Normal de Maestras de Madrid (1914-1939)", en *Revista Complutense de Educación* (Madrid), vol. 9, núm. 1, 1998, pp. 177-208.

Mujeres Españolas (Madrid), 16 de junio de 1929.

Mundo Gráfico (Madrid), 9 de enero de 1918.

Nuevo Día (Cáceres), 27 de octubre de 1926.

—— 30 de noviembre de 1927.

—— 14 de enero de 1932.

PÉREZ-VILLANUEVA TOVAR, I.: *María de Maeztu, una mujer en el reformismo educativo español*. Madrid: Universidad Nacional de Educación a Distancia, 1989.

—— "María de Maeztu y la Residencia de Señoritas", en *Ni tontas ni locas: las intelectuales en el Madrid del primer tercio del siglo XX* (Madrid), vol. 1, 2009, pp. 128-169.

—— "De Madrid a Marburgo. El viaje de estudios de María de Maeztu a Alemania", en *Señoritas en Berlín=Fräulein in Madrid: 1918-1939* (Berlín), 2014, pp. 78-92.

Región (Oviedo), 27 de julio de 1926.

—— 19 de noviembre de 1927.

RÉPIDE, P. DE: *Las calles de Madrid*. Madrid: Ediciones La Librería, 2005.

Revista Católica de las Cuestiones Sociales (Madrid), mayo de 1928.

—— mayo de 1929.

—— febrero de 1930.

Revista de Escuelas Normales (Guadalajara), núm. 104, mayo de 1934.

Revista General de Enseñanza y Bellas Artes (Madrid), 15 de marzo de 1912.

Revista Ilustrada de Banca, Ferrocarriles, Industria y Seguros (Madrid), 10 de diciembre de 1926.

RIBERA, J. M.: "Emilia Pardo Bazán & Blanca de los Ríos & Caterina Albert i Paradís-Víctor Catalá: juego de damas a tres", en *La literatura de Emilia Pardo Bazán* (La Coruña), 2009, pp. 635-646.

RÍOS NOSTENCH, B. DE LOS: *Romancero de don Jaime el Conquistador*. Madrid: Enrique Rubiños, 1891.

—— "La tumba del Condestable. Sección de literatura", en *Boletín de la Sociedad Española de Excursiones* (Madrid), vol. 6, núm. 65, 1898, pp. 85-86.

—— "En la Catedral", en *Boletín de la Real Academia Sevillana de Buenas Letras: Minervae Baeticae* (Sevilla), núm. 61, 1933, pp. 43-50.

ROSIQUE NAVARRO, F. y PERALTA ORTIZ, M. D.: "La Institución Teresiana durante la Dictadura de Primo de Rivera. Una aproximación a su proyección educativa, social y pública", en *Hispania Sacra* (Madrid), vol. 64, núm. 129, 2012, pp. 345-377.

Suplemento a La Escuela Moderna (Madrid), 14 de octubre de 1903.

—— 1 de junio de 1904.

—— 29 de septiembre de 1909.

—— 20 de agosto de 1910.

—— 25 de enero de 1913.

—— 13 de junio de 1914.

—— 23 de septiembre de 1914.

—— 1 de marzo de 1916.

—— 7 de octubre de 1916.

—— 6 de julio de 1918.

—— 5 de octubre de 1918.

—— 30 de junio de 1920.

—— 16 de septiembre de 1922.

—— 8 de diciembre de 1928.

—— 20 de noviembre de 1929.

—— 12 de julio de 1930.

—— 9 de mayo de 1931.

SWETT MARDEN, O.: *La mujer y el hogar. Estudio imparcial del movimiento feminista de nuestra época*. Barcelona: Librería Parera, 1920.

TORRES, G. y TAVERA GARCÍA, S.: "María de Maeztu y los debates sobra la presencia pública de las mujeres en España", en *Arenal: Revista de Historia de las Mujeres* (Granada), vol. 14, núm. 2, 2007, pp. 395-417.

Unión Patriótica (Madrid), 1 de enero de 1929.

VÁZQUEZ RAMIL, R.: "La Residencia de Señoritas de Madrid durante la II República: entre la alta cultura y el brillo social", en *Espacio, Tiempo y Educación* (Salamanca), vol. 2, núm. 1, 2015, pp. 323-346.

VÁZQUEZ RECIO, N.: "*Las hijas de Don Juan* (1907), de Blanca de los Ríos: fin de siglo y mirada femenina", en *Don Juan Tenorio en la España del siglo XX: literatura y cine* (Madrid), 1998, pp. 379-403.

YTURBE SCHOLTZ, M. P. DE: *Érase una vez. Bocetos de mi juventud*. Madrid: Seix Barral, 1954.

ZAFRA ANTA, M. Á.: Medino-Muñoz, Juan: "En el centenario de la Sociedad de Pediatría de Madrid", en *Cuadernos de Historia de la Pediatría Española* (Madrid), núm. 4, diciembre de 2012, pp. 6-19.

ZULUETA, C. DE: *Compañeros de paseo*. Sevilla: Editorial Renacimiento, 2001, pp. 95-108.

ÍNDICE DE AUTORIDADES

ÍNDICE GENERAL